CHARLES DESLYS

L'HÉRITAGE
DE
CHARLEMAGNE

Ouvrage illustré de 129 gravures

D'après ÉDOUARD ZIER

PARIS
LIBRAIRIE HACHETTE ET Cie
79, BOULEVARD SAINT-GERMAIN, 79

4°Y²
1164

L'HÉRITAGE
DE
CHARLEMAGNE

BOURLOTON. — Imprimeries réunies, B, rue Mignon, 2.

CHARLES DESLYS

L'HÉRITAGE
DE
CHARLEMAGNE

Ouvrage illustré de 129 gravures

D'après ÉDOUARD ZIER

PARIS
LIBRAIRIE HACHETTE ET CIE
79, BOULEVARD SAINT-GERMAIN, 79
1887

Droits de reproduction et de traduction réservés.

A MA COUSINE

MADAME LA BARONNE DE POILLY

PREMIÈRE PARTIE

LES TREIZE ÉPÉES DU MOINE

L'héritage de Charlemagne

I

EFFLAM ET CLOTHILDE

Vers la fin du IXe siècle, racontent nos vieilles chroniques nationales, un roi maure, du nom d'Acquin, hasarda une tentative d'invasion sur les côtes de la Grande-Bretagne; mais les Francs étant accourus, Acquin fut contraint à se rembarquer avec une telle précipitation, que tous ses bagages, y compris la tente royale, restèrent au pouvoir des vainqueurs. Dans cette tente on trouva un enfant, le propre fils du roi vaincu. Charlemagne le fit immédiatement baptiser, et voulut lui servir de parrain. D'après les mœurs d'alors, c'était presque l'adopter pour son fils.

Efflam, c'est ainsi qu'on avait nommé le jeune Sarrasin, Efflam ne faillit nullement à ce glorieux patronage, et mérita plus tard que les douze pairs disent de lui :

« C'est un digne filleul de notre maître. »

Comme récompense de ses hauts faits, il reçut en fief le château de Glay, situé non loin de la plage où il avait été recueilli, et dont le nom s'ajouta tout naturellement à celui qu'il tenait de son père. On l'appela désormais le comte Efflam de Glay-Acquin.

Durant toute la fin de la grande épopée carlovingienne, il continua de se montrer reconnaissant, fidèle et brave; c'était un de ceux que le vieil empereur tenait en plus haute estime, et sur lesquels il comptait le plus pour l'avenir de son œuvre.

Quelques jours avant de mourir, Charlemagne le fit mander auprès de lui avec une sorte de solennité mystérieuse. Il y eut alors entre eux un long entretien, dont nul autre ne sembla connaître le secret.

Puis vint le déplorable règne de Louis le Débonnaire, ou plutôt de Lodwig le Pieux. Efflam continua au fils la vaillante assistance qu'il avait vouée au père, et ce fut surtout à son habileté, à son courage, qu'on dut la répression et la mort du terrible révolté breton, l'héroïque Morvan.

Mais, à quelques dix années de là, dégoûté des intrigues de la nouvelle cour, et l'esprit tout attristé de sinistres pressentiments, il sollicita le commandement des marches de Bretagne et se retira dans son château de Glay, avec la ferme intention de ne plus quitter désormais ce poste de péril et d'honneur.

Là, durant son absence, avait grandi une enfant dont l'histoire rappelait la sienne, à cela près qu'au lieu d'y jouer le rôle de filleul, il avait à son tour rempli celui de parrain.

C'était au sein de la victoire remportée sur les Bretons. Dans la demeure écroulée du grand rebelle, sous un amas de décombres et de cadavres, on retrouva vivante une pauvre petite fille éperdue de terreur et de désespoir.

« C'est la fille du roi Morvan, assuraient quelques capitaines, qui déjà se disputaient cette riche proie.

— Estimez-la au prix que vous voudrez, intervint Efflam, je la veux dans ma part de butin. »

Puis se tournant vers l'un des évêques qui avaient suivi l'armée, il ajouta :

« Ainsi l'empereur Karle a fait pour moi jadis, ainsi ferai-je aujourd'hui pour cette enfant ! »

Elle demeura subitement immobile.

Le baptême eut lieu dès le lendemain ; l'orpheline, devenue chrétienne, s'appela Clothilde.

Le comte Efflam était reparti en ordonnant qu'on la traitât comme si elle eût été sa fille. Lorsqu'il revint au château de Glay-Acquin, Clothilde avait seize ans.

Elle avait été prévenue du retour de son parrain ; elle accourut, précédant les filles du domaine, et le giron tout plein de fraîches fleurs qu'elle comptait respectueusement effeuiller sur le chemin.

Mais, à l'aspect de ce fier et beau capitaine, dont elle se rappelait à peine les traits, elle demeura subitement immobile : elle laissa tomber toute son offrande printanière; elle oublia jusqu'au compliment de bon retour que le chapelain lui avait appris la veille au soir, et, dans son admiration naïve, elle ne put que murmurer à demi-voix, ainsi qu'en un rêve :

« Oh! mon parrain... mon parrain... comme vous avez l'air vaillant et bon !... »

Efflam aussi paraissait frappé d'un enchantement soudain. Il avait abandonné les rênes de son cheval, et, joignant les mains comme à l'aspect d'une sainte, ou plutôt d'une fée, qui lui serait apparue en travers de sa route :

« Clothilde, avait-il dit... oh! Clothilde, que vous êtes belle !... »

Certes, ils avaient grandement raison tous les deux.

Avez-vous quelquefois remarqué, dans de vieilles peintures sur bois, ces sveltes et douces vierges au visage plus blanc que le lis, au sourire extra-terrestre, aux grands yeux bleus illuminés de tendresse et de foi? La robe qui les habille, jusqu'à la naissance du cou, dessine, mais sans impudeur aucune, leurs formes encore enfantines. Une auréole couronne les ondes dorées de leur abondante chevelure; elles semblent à peine tenir à la terre, et, dans la perspective ingénue des maîtres primitifs, elles se confondent avec les anges.

Telle était Clothilde.

Jamais rien d'aussi pur, rien d'aussi gracieux, d'aussi charmant n'avait, par une matinée d'avril, effleuré la bruyère bretonne en allant à la rencontre d'un plus accompli chevalier.

Efflam de Glay-Acquin avait trente-cinq ans à peine, mais il était loin de paraître cet âge, grâce à la chaste et rude existence qu'il avait toujours menée. Ses yeux noirs brillaient de tout l'éclat de la jeunesse, et les sourires du printemps de la vie fleurissaient encore ses lèvres, ombragées par la longue moustache franke. La mate pâleur de son teint bronzé, sa chevelure chatoyante comme l'aile du corbeau, attestaient énergiquement son origine orientale. Dans la coupe de son visage, il y avait ces lignes accentuées et puissantes qui font ressembler certains hommes d'élite aux animaux rois : Efflam était évidemment de la famille des lions et des aigles. Terrible dans le combat ou dans la colère, sa physionomie offrait, au repos, cette haute tranquillité, cette douceur particulières à la force et qui la font aussitôt aimer comme une protection offerte à tous. En ce moment surtout, il était admirable à voir, fièrement campé sur son beau cheval de guerre et n'ayant pour tout vêtement qu'un fin tissu de mailles de fer, qui adhérait sans nul pli à ses membres vigoureux,

Il se sentait heureux auprès de Clothilde.

à sa taille svelte, à ses larges épaules, et qui, remontant en forme de capuchon, coiffait avec une sorte de coquetterie héroïque sa belle tête, aussi noblement portée que celle d'un empereur.

Au bout de quelques instants de muette contemplation, il mit cependant pied à terre et vint offrir courtoisement le bras à Clothilde, qui rougit aussitôt et baissa ses longues paupières.

La foule tout entière les suivit avec des vivats et des hourras. On arriva bientôt aux portes du manoir.

« Clothilde, dit alors le comte, je croyais retrouver en vous une fille, mais je me sens trop jeune encore pour vous servir de père:.. Entrons chez nous, ma sœur! »

Durant tout un mois, il y eut entre le parrain et la filleule une intimité charmante. Clothilde s'était promptement familiarisée avec Efflam; il était si doux avec elle, si bon et si gai! Et vraiment il n'avait pas grand mérite à cela; il se sentait heureux auprès de Clothilde : elle lui avait rendu ses vingt ans.

Mais tout à coup et sans transition aucune, un brusque changement s'opéra en lui. Au lieu de passer tout son temps avec la jeune fille ainsi qu'il le faisait depuis son retour, au lieu de rechercher sa présence ainsi qu'il l'avait fait la veille encore, il l'évita, il sembla la fuir; il devint taciturne et sombre, il prit l'habitude de partir dès l'aube naissante, pour chasser dans les grands bois d'alentour, et de ne rentrer que fort avant dans la nuit. A peine Clothilde pouvait-elle maintenant échanger avec lui un regard, un mot, une triste allusion aux beaux jours qui semblaient s'être envolés à jamais!

Dire ce qu'il y eut de chagrin dans le cœur de la pauvre enfant, dire combien de larmes versèrent ses yeux, serait impossible.

Mais comme Efflam paraissait souffrir plus encore qu'elle-même, elle prit enfin courage, et, le rencontrant un soir sur la grève, elle marcha droit à lui; elle s'appuya des deux mains à son épaule. Il ne l'avait pas vue venir, et lorsqu'il retourna vivement la tête, elle s'aperçut qu'il pleurait.

« Mon parrain, s'écria-t-elle aussitôt, quel malheur vous est-il donc arrivé? Est-ce moi qui cause votre souffrance? Parlez, mais parlez donc!... Qu'avez-vous?

— Clothilde, répondit-il avec l'élan d'une passion qu'il ne pouvait plus maîtriser; Clothilde, je t'aime!... »

Et il l'étreignait dans ses bras.

« Vous m'aimez! balbutia la jeune fille toute confuse; vous m'aimez... oui, je le sais... comme un frère aime sa sœur...

— Non, grâce à Dieu, car il t'est permis de m'appeler d'un autre nom. Clothilde, il faut que je reparte dès demain ou que tu consentes à devenir ma femme!... »

À ce mot, tout le sang de la jeune fille afflua délicieusement à son cœur; il lui sembla qu'elle allait mourir.

Mais elle se remit promptement, — quelque innocente qu'elle fût, elle était femme, — et les yeux baissés, les yeux couverts d'une délicieuse rougeur, elle répondit :

« Ne partez pas, mon doux sire ! Je serai tout ce qu'il vous plaira que je sois... Ne suis-je pas votre servante ? »

A cette époque les formalités du mariage n'étaient ni très

Elle s'appuya des deux mains à son épaule.

longues ni très compliquées : la simple bénédiction d'un homme de Dieu suffisait pour unir les âmes.

Efflam était orphelin, jamais aucun parent n'avait réclamé Clothilde : l'un et l'autre ils ne dépendaient que de leur propre cœur.

Dès le lendemain, ils furent unis.

C'est à dater de cette heure que commence notre récit.

Ils venaient de sortir de la chapelle du manoir; ils avaient échappé aux bruyantes félicitations de leurs amis et de leurs vassaux. Ils s'étaient réfugiés tous les deux à l'extrémité des jardins, et là, sous un frais berceau de chèvrefeuille et de follesroses, les mains dans les mains, les yeux dans les yeux, ils se regardaient avec ivresse.

Efflam, enfin, se laissa tomber sur le banc d'herbe, et voulut faire asseoir Clothilde à ses côtés.

Mais, glissant entre ses bras, elle mit un genou en terre, et, s'accoudant sur l'autre, elle dit :

« Mon doux sire, permis ne m'a pas été de vous exprimer hier toute ma reconnaissance et tout mon bonheur. Je le puis maintenant, j'en ai le droit. Sachez donc que tout ce que vous éprouviez, moi aussi je l'avais dans l'âme... que tout ce qui se réalise aujourd'hui pour vous, moi aussi je l'avais rêvé!... Oui, Efflam, oui, je vous aimais!... Je vous aime... au point que si vous étiez parti, je serais morte!...

— Clothilde!...

— Oh! mais vous resterez maintenant... Je suis votre femme!... Vous ne me quitterez jamais... je vous en prie... n'est-ce pas, jamais? Faites-m'en le serment!...

— Le serment?... »

A ce mot, un nuage soudain passa sur le front radieux du comte.

La jeune femme s'aperçut de ce changement; elle pressentit un secret; elle supplia son mari de lui parler en toute confiance.

« Dieu m'est témoin, répondit-il, que mon vœu le plus cher, que ma volonté sont de demeurer à Glay, où tout un avenir de félicité m'est certain, et de borner désormais toute mon ambition, toute ma gloire, à la garde fidèle des marches bretonnes. Ainsi faisant, je payerai largement ma dette à l'empire et à l'empereur, car rude est la tâche. Mais ne me demande pas de serment, Clothilde... Tu viens de me rappeler que j'en ai fait un... un serment sacré, inviolable, et qui tient engagée toute ma vie peut-être!...

— Efflam, je t'en supplie... explique-toi davantage!

— Je ne le puis... Ah! tu l'as deviné tout à l'heure, et tu le comprends maintenant, je le lis dans tes yeux... Il y a dans ma vie un mystère...

— Un mystère?

— Tout ce que je puis t'en apprendre, c'est que si jamais un homme se présente devant moi, porteur d'une épée sur la lame de laquelle sont gravés deux mots dont je suis l'esclave, en quelque lieu que cet homme me dise d'aller, fût-ce au bout du monde, fût-ce pour des années, à l'instant même, sans hésiter, sans regarder en arrière, Clothilde, je dois partir !...

— Efflam... cher Efflam !... »

Et la jeune femme, toute palpitante, cacha sa blonde tête dans le sein de son mari, qui venait de se relever et qui, les yeux vers le ciel, semblait le supplier d'écarter à tout jamais de son bonheur la douloureuse éventualité dont il venait de révéler le secret...

Une jeune esclave qui, depuis quelques minutes déjà, s'aventurait avec timidité dans les jardins, parut soudainement à l'entrée du berceau.

C'était la suivante favorite de Clothilde.

« Que me veux-tu, Janika ? lui demanda-t-elle affectueusement.

— Pardon, maîtresse, répliqua la jeune esclave, — et rien qu'à la façon dont elle accentuait ce mot, rien qu'à l'expression caressante de ses grands yeux de gazelle, on devinait une de ces amitiés, un de ces dévouements qui ne sont plus, hélas! de notre âge, — pardon, maîtresse... les autres n'osaient pas venir... il y a là un moine...

— Un moine?

— Personne ici ne le connaît, et sans doute il arrive de loin, car sa robe est poudreuse.

— Que demande-t-il?

— Il dit vouloir parler à notre sire à l'instant, à l'instant.

— Fais-le venir ici! » dit Efflam.

Les deux nouveaux époux s'entre-regardèrent, émus par une instinctive appréhension.

« Je ne sais, dit Clothilde, mais j'ai peur!

— Enfant! » fit Efflam.

Et l'enveloppant dans ses bras, il la baisa au front.

Le moine parut bientôt à l'entrée des jardins.

C'était un homme de haute taille, à la démarche imposante, à l'œil étincelant, à la longue barbe grise. Quant aux traits de son visage, ils restaient cachés dans la pénombre austère d'un ample capuchon.

« Moine, fit Efflam, qu'as-tu à me dire ?

— Filleul de Charlemagne, répondit le moine, je viens t'assigner rendez-vous d'ici en un mois, jour pour jour, heure pour heure, sur la rive droite du Rhin, en face de l'île de Nonnenwerth, qui se trouve à mi-fleuve entre Cologne et Coblentz. Efflam de Glay-Acquin, t'y trouveras-tu ?

— Quel est ton droit pour m'adresser cette question ? » fit le comte.

Il en présenta la lame au regard d'Efflam.

Pour toute réponse, le moine rejeta en arrière l'ample manteau de voyage qu'il portait par-dessus sa robe brune, et dans sa main parurent tout à coup deux grandes épées. Il appuya l'une contre le tronc d'un arbre voisin; et, tirant l'autre hors du fourreau, il en présenta la lame au regard d'Efflam.

Sur cette lame deux mots étaient gravés :

« France et Karle, lut le moine en épelant du doigt cette devise.

— France et Karle! » répéta le comte avec accablement.

Puis il regarda Clothilde.

Mais, redressant aussitôt la tête, et avec une mâle résolution :

« J'ai fait serment d'obéir, dit-il, je serai fidèle à mon serment.

— Je n'attendais pas moins de toi », conclut le moine.

Puis, après avoir remis l'épée au fourreau, il la tendit au filleul de Charlemagne, qui l'accepta en disant :

« Sous huit jours je partirai!

— Ce serait trop tard, reprit l'inflexible messager ; car, avant de prendre la droite ligne vers le Rhin, il te faudra remonter jusqu'à l'embouchure de la Seine.

— Pourquoi ?...

— Pour accomplir vis-à-vis d'un autre la mission que je viens de remplir auprès de toi ; pour aller remettre au comte Bayard, qui commande sur la côte de Neustrie, cette seconde épée.

— Ne pourrais-tu toi-même...

— Il en est d'autres encore, et le temps me reste à peine de les porter à ceux auxquels elles sont destinées. Voici trois mois déjà qu'à cette fin je suis sorti de mon monastère, et je me remets en route à l'instant. Si tu veux que nous nous retrouvions exactement au rendez-vous de Nonnenwerth, il te faut partir dès demain. »

Efflam ne put contenir un élan de désespoir, et, montrant sa jeune femme, qui des mains se suspendait presque évanouie à son cou :

« Moine, s'écria-t-il, mais tu ne comprends donc pas qu'à l'instant même nous venons d'être unis! »

— L'amour, fit sévèrement le moine, aurait-il à ce point changé le cœur du comte Efflam qu'il faillirait à sa parole de chevalier? »

Ce ne fut pas le comte qui répondit, ce fut la comtesse.

Elle venait de comprendre tous les devoirs que lui imposait ce titre, et simple toujours, mais avec une dignité vraiment royale :

« Mon père, dit-elle en s'avançant vers le moine, gardez-vous de douter de l'honneur du comte Efflam ; il partira demain ! »

II

COMME QUOI, POUR LA SECONDE ÉPÉE, IL SE TROUVE DEUX ÉLUS AU LIEU D'UN

Le lendemain, dès l'aurore, une troupe de cavaliers cheminait lentement, se dirigeant vers le Nord. Le comte et la comtesse marchaient en avant. Celle-ci accompagnait son mari jusqu'à la chapelle du mont Faoueck; on l'atteignit au moment où le soleil se levait radieusement à l'horizon.

Les deux époux entrèrent dans la chapelle afin de prier une dernière fois ensemble, elle pour lui, lui pour elle. Ils en ressortirent quelques minutes après, et il y eut sur le seuil un long et suprême baiser. Efflam s'arracha enfin des bras de la comtesse, et, s'élançant sur son cheval, il le mit au galop.

Son plus fidèle écuyer, Landrik, et deux varlets, Kob et Puk, le suivirent. Il laissait au château tous ses autres serviteurs commandés par Romarik, le cousin de Landrik, sur lequel il savait pouvoir compter, et auquel il avait donné durant plus de deux heures toutes ses instructions au cas de troubles probables dans ces temps tourmentés.

Clothilde de son côté reprit en pleurant le chemin du manoir.

Jusqu'au soir, le comte chevaucha sans avoir dit un seul mot. Alors seulement Landrik se rapprocha de lui et lui fit remarquer que les chevaux étaient hors d'haleine, que le soleil descendait à l'horizon, et qu'il serait temps de penser à la halte de la nuit. Du doigt il montrait en même temps dans le lointain un hameau où il était certain de trouver bon gîte et bon visage.

Mais, chose étrange, aucun mouvement ne se remarquait aux alentours; aucune fumée ne s'échappait des toits; aucun de ces bruits qui s'élèvent le soir aux environs des villages ne se faisait entendre.

On atteignit les premières masures; personne, au bruit des chevaux, n'accourut sur le seuil. On appela, on frappa : nul ne répondit. Les maisons étaient désertes.

« Voilà qui est particulier ! fit Landrik. Les Bretons n'ont coutume d'abandonner ainsi leurs demeures qu'au moment de quelque grande révolte. »

Le comte tressaillit et ses regards se portèrent instinctivement dans la direction du château de Glay.

Tant bien que mal, on s'installa, on soupa dans une cabane dont on réussit à ouvrir la porte. Le comte s'étendit ensuite pour quelques heures sur une couche préparée par ses serviteurs et dormit jusqu'au jour, veillé par Landrik, Kob et Puk.

Dès les premiers pas, le lendemain, nos compagnons eurent lieu d'être inquiets. Ce fut d'abord un second hameau déserté comme l'autre, puis diverses bandes de Bretons qu'on rencontra ou plutôt qu'on aperçut de loin, car, à l'approche des cavaliers, ils disparaissaient aussitôt. Vainement Landrik voulut se mettre à leur poursuite; il ne put retrouver leurs traces, au milieu des inextricables halliers qui hérissaient, à cette époque, la sauvage Armorique.

La seule remarque qu'il put faire, d'après l'empreinte des pas, c'est que toutes ces bandes semblaient suivre exactement le chemin que suivait son maître.

Quels pouvaient être ces hommes? Où donc allaient-ils ainsi?

Vers le déclin du jour, la petite cavalcade déboucha dans la vaste plaine qui s'étend au bord de la baie Saint-Michel, et vers le milieu de laquelle s'élève isolément le mont Dol.

Une épaisse forêt remplissait alors cet immense espace et semblait un second océan qui, comme l'autre, avait ses grandes ondulations et ses mystérieuses voix. De même que le mont Saint-Michel surgissait au milieu des flots, de même au milieu des masses de verdure apparaissait le mont Dol, alors surmonté par deux gigantesques menhirs, qui, ce jour-là, se dessinaient

Les maisons étaient désertes.

étrangement en noir sur un ciel enflammé de toutes les ardeurs du couchant.

« Regardez, maître ! cria tout à coup l'écuyer en étendant le bras vers les pierres druidiques, regardez !... Il y a là-bas tout un peuple assemblé... Je comprends maintenant, je comprends pourquoi ces hameaux déserts et ces hordes rencontrées en chemin ; il y a ce soir, sur le mont Dol, une grande cérémonie en l'honneur des anciens dieux gaulois. Voyez-vous les païens ? les voyez-vous là-bas grouiller et s'agiter aux derniers rayons du soleil ? »

A cette époque, effectivement, il s'en fallait de beaucoup que la vieille Armorique fût chrétienne. Les efforts des premiers apôtres convertisseurs, les nombreuses victoires remportées depuis Chlodowig n'avaient eu qu'une apparente influence sur les antiques croyances gauloises.

Des monastères et des églises s'étaient élevés, mais les populations n'en avaient pas encore appris le chemin. Teutatès et Koridwen semblaient aussi profondément implantés dans le sol que ces mystérieuses pierres qui leur servaient d'autels. La Bretagne, d'ailleurs, n'est-elle pas le pays du passé ? Avec la même fidélité, avec le même héroïsme qu'elle devait déployer plus tard pour la foi catholique, elle résistait, elle combattait, elle mourait alors pour ses premiers dieux. Charlemagne l'avait soumise, mais non pas convaincue; et maintenant que les Bretons ne sentaient plus peser sur eux la main de fer du grand empereur, ils commençaient à retourner la tête vers leurs chères superstitions d'autrefois, à se réunir dans les grands bois, sur les cimes solitaires, au bord des criques désertes, afin de prêter une oreille fanatique aux farouches divinités qui parlent par la voix des chênes, et qui, la veille de chaque soulèvement général, leur disaient : « Relevez-vous, Bretons, et soyez libres ! »

« Maître, dit Landrik au comte, lorsque ces démons à face humaine célèbrent ainsi leur sabbat, je me suis laissé dire qu'ils ne se font aucun scrupule d'immoler des chrétiens ; évitons, croyez-moi, de passer au pied du mont Dol.

— Vois s'il n'existe pas un autre chemin pour traverser la forêt », commanda le filleul de Charlemagne, dont cet excès de prudence avait paru tout d'abord révolter la grande âme.

Tandis que l'écuyer et les deux varlets descendaient la colline dans des directions diverses, Efflam demeura sur le sommet, et du haut de son cheval continua à regarder à l'horizon.

Le soleil, qui s'abîmait avec lenteur dans l'Océan, semblait entourer le mont Dol d'une auréole de feu, et permettait de distinguer, même à une aussi grande distance, les moindres accidents du plateau, les moindres mouvements de la foule.

Ce furent d'abord des bras, des armes et des branchages convulsivement agités ; puis tout à coup la ligne formée par les milliers de têtes s'abaissa, comme si la multitude tout entière se fût mise à genoux. Une légère flamme, enfin, monta dans le ciel, et l'écho d'une immense acclamation parvint jusqu'aux oreilles du comte.

Kob et Puk reparurent en ce moment, et furent bientôt rejoints par Landrik.

Une seule route allant vers le Nord traversait la forêt ; c'était celle qui passait au pied du mont Dol.

« Le Ciel en soit loué ! dit Efflam ; ils ne se vanteront pas d'avoir fait dévier de son chemin le représentant de l'empereur. »

Et il repartit au galop.

Landrik était un de ces hommes élevés à la rude école de l'obéissance passive, et qui ne songent plus à raisonner lorsque le moment d'agir est venu.

Il recommanda aux deux varlets de se tenir sur leurs gardes, et lui-même il s'élança sur les pas du comte, afin de se trouver là pour lui servir au besoin de bouclier.

L'épaisseur de la forêt, dans laquelle la route était comme perdue, ne permettait plus de voir ce qui se passait au pied des menhirs ; mais, à mesure que la petite cavalcade s'en approchait, le bruit des clameurs augmentait formidablement.

La nuit venait.

A un dernier détour du chemin, on se trouva subitement dans un espace découvert, à la base de la montagne.

Soit que les Bretons eussent été avertis de l'approche des cavaliers, soit qu'ils les aperçussent tout à coup, un cri général s'éleva à leur vue ; chaque main brandit une arme, et la foule tout entière fit un pas en avant comme pour s'élancer sur sa proie.

Efflam avait déjà tiré hors du fourreau l'épée qui lui venait du moine ; déjà Landrik et les deux varlets tenaient en arrêt leurs épieux.

« Arrière ! cria soudainement une voix tellement puissante que toutes les autres voix se turent aussitôt autour d'elle ; arrière, enfants du chêne ! Les dieux, qui parlent par ma voix, vous ont dit d'attendre encore ! »

La multitude, s'écartant avec un saint respect, permit bientôt de voir une femme qui, debout, échevelée, la serpe d'or encore à la main, surgissait sur la pierre plate d'un dolmen ensanglanté, aux quatre coins duquel achevaient de s'éteindre des brasiers fumants.

La druidesse était jeune encore, et conservait sur son pâle visage les traces d'une grande beauté, mais aussi d'une grande douleur. Sa haute taille et ses allures étranges, sa longue chevelure qui flottait au vent, l'éclat surhumain de ses grands yeux noirs, lui donnaient un aspect vraiment prophétique, et quiconque eût pu la voir ainsi, se détachant dans sa blanche robe au milieu du crépuscule et dominant toute cette multitude bizarrement groupée autour d'elle... oh! celui-là eût été profondément ému.

Après qu'elle eut parlé, il se fit sur la montagne un grand silence; on n'entendit plus que le bruit du vent dans la forêt, que le bruit de l'Océan sur la grève. La lune se leva tout à coup, le tableau devint sublime.

La druidesse reprit:

« Efflam de Glay-Acquin, tu peux continuer ta route; mes dieux ne veulent pas que tu meures! Ils m'ont parlé pendant que tu venais; ils me parlent encore. Ils me disent qu'un jour peut-être, tu seras l'instrument de notre délivrance à tous, et que, pour que nous soyons libres, il faut que tu vives! Pars donc sans crainte, et reviens-nous promptement. Mais, sache-le d'avance, les chênes de la Bretagne frémiront de joie quand tu repasseras sous leurs ramures, et, si tu le veux, leur saint feuillage te couronnera roi. Va!

— Femme, questionna le comte, pour me parler ainsi, qui donc es-tu? Il me semble que je t'ai vue jadis, mais je ne te reconnais pas.

— Efflam, répondit la druidesse, — et dans sa voix, il y avait tout à la fois de la tendresse et de la colère, — Efflam, ne cherche pas à lire sur mon visage; ne me demande pas mon nom; je suis celle qui a souffert et qui se souvient! Je suis l'incarnation de nos croyances et de nos dou-

La druidesse était jeune encore.

leurs ! Je m'appelle la Liberté... Je m'appelle la Vengeance !...

. . . .

— Maître, fit Landrik, à quelques milles du mont Dol, — car, sous l'impression de l'étrange scène qui venait de s'y passer, on avait chevauché en silence durant plus d'une heure, — maître, au lieu d'interroger vos souvenirs, qui ne vous répondent rien, pourquoi ne pas me demander plutôt des renseignements sur cette femme !

— La connaîtrais-tu ? s'écria vivement Efflam.

— Si je la connais !... C'est Morgane !

— Morgane... c'est le nom d'une fée...

— Trouvez-vous qu'il lui convienne mal à cette damnée sorcière ? C'est elle-même, du reste, qui l'a choisi, en quittant le sien, dont les Bretons font un secret.

— Un secret ?...

— Moi qui suis curieux de ma nature, j'ai vainement cherché à le découvrir. Tout ce que j'ai pu deviner, c'est que cette femme était la parente ou la favorite du feu roi Morvan. La seule chose bien certaine, c'est qu'elle s'est instituée la vengeresse de sa mort. Voici dix années qu'elle y travaille dans l'ombre. Par je ne sais quels maléfices elle a su acquérir la plus grande influence sur ses sauvages compatriotes, qui la considèrent comme une espèce de divinité. Chaque fois qu'une révolte s'élève dans le pays, c'est elle qui en a soulevé la flamme ; chaque fois qu'un chef frank tombe dans quelque embûche, c'est par ses ordres que le piège a été préparé. »

Le comte demeura pensif en entendant ces paroles ; il songeait à celle qu'il abandonnait.

« En somme, conclut à part lui Landrik, tout me semble tourner à mal en Bretagne, et pour l'empereur et pour nous, Tête-Dieu ! je ne sais pas ce que je donnerais pour être en Neustrie ! »

Le lendemain matin, le vœu du digne écuyer se trouvait accompli.

La Neustrie n'était alors habitée que par des populations

gallo-romaines et franques; ceux qui devaient plus tard lui donner le nom de Normandie commençaient seulement à paraître sur les côtes, non point encore en conquérants, mais en aventuriers dévastateurs et pillards.

Durant la première journée cependant, aucune trace de ce terrible fléau n'apparut sur le passage de nos voyageurs. Bien loin de là, ce fut avec une sorte de béatitude qu'au sortir de la rude et sombre Bretagne leurs regards se reposèrent sur ces riches et vertes vallées, sur ces gracieuses collines toutes couvertes d'arbres vigoureux et de gracieuses métairies.

Mais le lendemain, en arrivant à la cime d'un coteau plus élevé que les précédents, on découvrit au revers un tout autre tableau.

C'était d'abord un village incendié, dont les ruines noircies fumaient encore. A l'entour, les cultures avaient été affreusement ravagées. Plus loin, le sol était couvert de débris de toutes sortes, de cadavres d'hommes et d'animaux. Plus loin encore, au revers du vallon, tout semblait en feu; tout projetait vers le ciel d'immenses tourbillons de flamme et de fumée.

On eût dit que la colère du ciel avait passé sur ce malheureux pays, n'y laissant pas une créature vivante.

Impatient de connaître la cause de cet immense désastre, le comte Efflam précipita sa marche vers l'antique cité de Bayeux, dont les remparts se dessinaient à l'horizon.

Au delà, dans le lointain, une grande foule paraissait également se diriger vers la ville.

Vue de plus près, cette foule prit un aspect singulier. Elle se composait non seulement de guerriers, mais aussi de bourgeois, d'agriculteurs et de serfs, qui tous étaient armés, qui tous portaient quelque proie, qui tous poussaient vers le ciel de grandes acclamations de colère et de victoire.

Afin d'obtenir plus vite encore le mot de ce mystère, le comte Efflam prit à travers champs, et laissant de côté la ville, dont on ne lui eût peut-être point ouvert les portes, il courut droit à la foule ainsi que la flèche au but.

En tête marchait le baron qui commandait dans Bayeux, au nom de l'empereur Lodewig.

Le comte Efflam trouva en lui fort heureusement un de ses anciens compagnons d'armes ; il s'en fit aussitôt reconnaître, il en reçut l'explication si ardemment désirée.

Elle se résumait, d'ailleurs, en peu de mots.

Une nouvelle bande normande s'était abattue sur la côte neustrienne, et, remontant la Seine jusqu'à Rouen, elle avait pris d'assaut cette grande ville et l'avait pillée de fond en comble.

De là, le ravage s'était étendu jusqu'au pays où le comte Efflam avait, la veille au soir, rencontré ses dernières traces, et que venaient à peine de quitter les Normands, pliant sous le

Il courut droit à la foule ainsi que la flèche au but.

poids de leurs rapines, afin de regagner leurs vaisseaux restés sous bonne garde à l'embouchure de la Seine.

Mais, durant toutes ces courses dévastatrices, le commandant des côtes neustriennes avait agi.

Réunissant à la hâte le peu de troupes dont il pouvait disposer, il avait suivi la piste des envahisseurs, et, partout derrière eux, il s'était adjoint les populations réfugiées dans les cités ou dans les bois.

Tant bien que mal, il en avait fait des soldats ; il les avait armés, ceux-ci avec des fourches et des faux, ceux-là avec des haches ou des barres de fer, quelques-uns tout simplement avec de lourds bâtons, qui dans ces mains vengeresses, allaient se transformer en terribles massues.

Enfin, lorsque cette armée improvisée lui avait paru suffisamment grossie, il avait écarté la main qui seule la retenait encore; et s'était élancé le premier vers l'ennemi.

Les Normands ne se doutaient de rien ; ils venaient d'atteindre la grève, ils s'apprêtaient à rembarquer leur proie.

Tout à coup l'avalanche neustrienne fondit sur eux, et, après une courte lutte, elle les écrasa.

Quelques-uns à peine purent regagner les vaisseaux, et s'enfuir à toutes voiles vers le Nord.

Quant aux vainqueurs, ils avaient repris chacun leur bien, et, par grandes bandes, ils s'en étaient retournés chacun chez eux.

C'était l'une de ces hordes triomphantes que venait de rencontrer Efflam.

Après lui avoir donné tous ces détails, le baron de Bayeux conclut ainsi :

« Pour cette fois du moins, la Neustrie est sauvée des Normands !... Honneur au comte Bayard ; c'est à lui qu'en revient la gloire !

— Le comte Bayard! se récria Glay-Acquin, c'est lui précisément que je cherche... Où le retrouver maintenant ?

— Non loin de l'endroit où nous avons combattu... Hélas ! il est blessé.

— Dangereusement?

— Je le crains; mais vous ne pourrez en avoir l'assurance qu'au château d'Honnefleu. C'est là, qu'après la bataille, on a dû porter le vainqueur des Normands. »

Honnefleu, alors simple castel, devait être un jour la ville d'Honfleur.

De Bayeux jusque-là, on compte près de vingt lieues.

Le comte Efflam s'arrêta une heure à peine chez le baron, et repartit en toute vitesse pour aller trouver le comte Bayard.

Au moment même où la petite caravane atteignit les hauts sommets au bas desquels s'arrondit gracieusement la baie d'Honfleur, le soleil couchant disparaissait dans la mer.

Jamais encore nos voyageurs n'avaient vu plus verdoyante vallée, plus splendide horizon, plus ravissant spectacle.

Mais ce qui tout aussitôt concentra leurs regards, ce fut la tour du castel. Sur cette tour flottait un drapeau noir.

De vigilantes sentinelles gardaient tous les passages fortifiés qui défendaient le château. Mais l'arrivant n'eut qu'à dire son nom ; après quelques minutes d'attente, il entra.

Debout sur l'un des côtés de l'estrade, un moine tenait en main le saint ciboire.

L'archer qui lui servait de guide lui fit traverser plusieurs remparts, et l'introduisit dans une grande salle située au rez-de-chaussée du manoir, de plain-pied avec la cour centrale.

L'intérieur de cette salle offrait un spectacle vraiment grandiose.

Tout au fond, sur une large couche exhaussée de quelques marches, et dont les draperies retombantes montraient çà et là des taches de sang, le comte Bayard était étendu, ou plutôt assis, car de nombreux coussins maintenaient presque droit le haut de son corps, et permettaient d'apercevoir dès l'entrée son noble visage, déjà pâli par les approches de la mort.

Debout sur l'un des côtés de l'estrade, un moine tenait en main le saint ciboire, et présentait l'hostie aux lèvres entr'ouvertes de l'agonisant, qui, les mains jointes et le regard élevé vers la voûte, semblait avoir déjà la pieuse immobilité des statues de pierre couchées sur les vieux sépulcres des cathédrales gothiques.

Du côté opposé au moine, la femme et les enfants du moribond formaient un groupe saisissant, d'où, par intervalles, s'élevaient des lamentations et des sanglots étouffés.

En arrière de l'estrade, on apercevait le cheval de guerre du comte Bayard; d'après la coutume d'alors, le mourant avait voulu revoir et caresser une dernière fois son fidèle compagnon de gloire.

Enfin, au pied de l'estrade il y avait trois grands lévriers danois, dont le plus familier, le plus vieux, hasardait ses deux pattes de devant sur le bord de la couche mortuaire et regardait aussi de son côté, comme du sien le cheval. Les deux autres chiens restaient couchés en rond, mais ils ne songeaient pas à dormir, car de temps en temps ils relevaient leur museau attristé et laissaient échapper à leur tour un hurlement plaintif.

Cette admission des animaux intimes à une scène aussi grave ne semblait nullement extraordinaire au IXe siècle. Le temps n'était pas éloigné où l'on enterrait encore avec le guerrier son cheval de guerre. Le temps allait bientôt venir où sur les tombeaux, au pied des chevaliers endormis dans leurs armures, l'art naïf aimerait à sculpter le chien favori du maître.

L'extrême-onction cependant venait d'être donnée par le moine qui s'agenouilla à son tour et pria en silence.

Le comte Bayard releva ses paupières, et du regard, cherchant dans la grand'salle, il dit :

« On m'avait annoncé le comte Efflam? »

Alors seulement le filleul de Charlemagne s'avança.

Le mourant aussitôt l'aperçut.

« Ah! te voilà! dit-il en s'efforçant de lui tendre la main, avec un joyeux épanouissement sur le visage. Te voilà, mon brave Armoricain; je suis content de pouvoir te dire adieu... A ma dernière heure, ta vue me rappelle toutes mes heures glorieuses. Mais si tu as quelque chose à me dire, hâte-toi... Il me reste à peine le temps de te répondre. »

Efflam était trop douloureusement ému pour expliquer sa mission; mais il avait en main la seconde des épées qui lui avaient été remises à Glay, et cette épée disait tout.

Il la sortit donc hors du fourreau, il la fit redescendre au-dessus du comte Bayard, et, d'une voix pleine de regrets, il répéta les deux mots sacramentels qui lui avaient été dits à lui-même :

« France et Karle! »

A cet appel, à cette vue, le moribond tressaillit. Son œil se ranima, ses lèvres s'agitèrent; tout son corps parut comme galvanisé par cette arme mystérieuse qui lui apparaissait soudainement au milieu de son agonie, et qui flamboyait, frappée par un rayon de soleil tombant de la haute fenêtre.

Il sembla lire les deux grands noms incrustés dans la lame; il sembla reconnaître la sainte épée; puis, comme attiré par elle, il se redressa lentement, il parvint à toucher le fer, il eut un cri... un cri héroïque!

Tout à coup, au milieu du profond silence que gardaient tous les assistants, le cheval de guerre se prit à hennir.

Mais déjà le maître retombait, impuissant et désespéré.

De tous les points de la vaste salle, un long sanglot s'éleva.

La comtesse Bayard étendit les deux bras autour de ses enfants, et, dans un même embrassement, elle parut vouloir les réunir tous.

Ils étaient sept... sept fils, la plupart enfants, encore!

Durant quelques secondes, on eût dit que l'assistance tout entière était pétrifiée, sauf, le dernier venu, qui, déposant l'épée auprès de son ancien frère d'armes, se penchait anxieusement au-dessus de lui.

Le vainqueur des Normands demeurait toujours immobile,

mais dans ses yeux grands ouverts respirait encore toute l'énergie de sa vaillante âme.

« Efflam, dit-il enfin, tu es arrivé trop tard ! Mais celui qui t'envoie ne se plaindra pas que je manque à mon serment... car même avant qu'on ne me le rappelât, j'avais déjà commencé à m'en souvenir... Après ma mort, lorsqu'au rendez-vous on appellera mon nom, il y aura... Dieu merci ! deux voix au lieu d'une qui répondront. »

Puis, se retournant à demi :

« Amaury ! fit-il, Amaury et Bérenger, levez-vous ! »

Deux blondes et charmantes têtes surgirent aussitôt du groupe éploré que formaient les enfants autour de leur mère, et les deux aînés parurent debout.

Un même jour les avait vus naître.

Un même jour les avait vus naître, il n'y avait pas encore de cela tout à fait vingt ans.

« Mes fils, dit le comte, prenez cette épée... prenez-la tous les deux... tous les deux vous remplacerez votre père. »

Déjà les jumeaux avaient mis chacun la main droite sur la garde de l'épée ; ils la relevèrent ainsi, ils la placèrent entre eux deux, la pointe dirigée vers la voûte, et d'une même voix ils répondirent :

« Nous voici prêts... Que faut-il faire ?

— Le comte Efflam vous le dira ; demain vous partez avec lui. »

A ces mots la pauvre mère jeta un cri d'effroi.

« Courage ! fit le mourant. Le devoir ainsi le veut, et les enfants eux-mêmes l'ont déjà compris... N'est-il pas vrai, mes fils ? »

Les deux jumeaux redressèrent fièrement la tête, et dans leur énergique et franc regard, le père put entrevoir tout un avenir de vaillance et d'honneur.

« Bien ! bien ! mes lionceaux ! reprit-il avec un souriant orgueil. Mais écoutez jusqu'au bout. Amaury, tu es venu au monde le premier, le premier tu suspendras cette épée à ta ceinture, et cela tout un jour durant. Le lendemain, tu la remettras à Bérenger, ton frère, et ainsi de suite, chacun son tour. Dans une bataille, si celui qui la tient tombe, l'autre aussitôt s'en ressaisira. Si cet autre est frappé, vous aurez avisé d'avance à ce que cette arme sacrée retourne dans notre vieux manoir, où la comtesse Bayard élèvera mes cinq enfants de telle façon qu'ils soient dignes d'en hériter à leur tour, et que l'empereur régnant puisse toujours se dire : « Le comte Bayard n'est pas mort, car il revit dans ses fils ! » Sur ce, mes deux aînés, je vous embrasse et je vous bénis ! »

Les deux jumeaux se penchèrent tour à tour afin de recevoir le dernier baiser de leur père ; puis, sous la bénédiction donnée par ses tremblantes mains, ils s'agenouillèrent en même temps.

Après quelques instants de silence, le comte Bayard se retourna péniblement vers le comte Efflam, et lui donna à voix basse quelques secrètes instructions relativement aux deux jeunes compagnons qu'il venait d'associer à son lointain voyage.

« Que mes fils soient maintenant les tiens, termina-t-il en élevant la voix. Amaury, Bérenger... vous entendez, n'est-ce pas ?... le comte Efflam doit être pour vous un autre moi-même. »

Au-dessus de la couche d'agonie, les mains des deux jumeaux et celles de leur jeune tuteur se rencontrèrent dans une solennelle étreinte.

Le visage du comte Bayard rayonnait ; mais, depuis quelques instants déjà, ses forces commençaient à décliner visiblement.

« Merci, dit-il encore au comte Efflam. Tu leur diras là-bas que le danger est surtout ici. Les Normands !... les Normands !... Une dernière fois, merci... et adieu !... Il ne me reste plus, je le sens, que quelques minutes... Je les dois à celle qui m'a rendu sept fois père, et que j'ai tant aimée ! »

Par un suprême effort, il se retourna vers sa famille, il ouvrit les bras.

Tout à coup, de ce groupe pantelant, un terrible cri s'éleva, un cri qui fit froid au cœur de tous ceux qui l'entendirent.

La veuve et les orphelins s'écartèrent avec effroi, avec stupeur.

Et l'on revit alors le comte Bayard, immobile et livide, les paupières closes, mais les lèvres encore entr'ouvertes et la main droite étendue vers la mystérieuse épée, sur la lame de laquelle posait un de ses doigts, à la place précisément où il y avait écrit : « France et Karle!... » Sainte devise, qui résumait sa vie tout entière, et que, même au delà du trépas, il semblait murmurer encore !

Tout le monde s'était redressé, se penchait en avant, regardait avec l'anxieuse espérance de voir se ranimer le maître... de l'entendre une fois encore parler.

Le comte Bayard était mort!... Le vieux soldat de Charlemagne était allé rejoindre le grand empereur.

. . . .

. . . .

Deux jours après Efflam quitta le château, emmenant avec lui Amaury et Bérenger. Leur mère, avec une intraduisible émotion, dit seulement au comte, au moment du départ :

« Leur père vous les a confiés ; moi, je vous les donne. — Ils sont à vous... Partez !... »

Et elle serra tendrement sur son cœur ses deux chers enfants.

III

LE RENDEZ-VOUS

Au ixe siècle, le Rhin s'appelait déjà le vieux Rhin; c'était déjà le grand fleuve historique de l'Occident.

N'avait-il pas tout d'abord donné passage aux Kimris et aux Gaëls, arrivant du fond des mondes inconnus ? N'avait-il pas vu venir du Midi les Romains de César?

Après deux siècles de civilisation païenne, la croix s'était implantée sur ses deux rives, et le sang des martyrs de la légion thébaine avait pour ainsi dire sanctifié ses eaux.

Puis ce fut de nouveau le tour des barbares. Saxons, Germains, Visigoths, Burgondes et Franks s'entrechoquèrent et se répandirent tumultueusement dans ses vallées et sur ses montagnes, prédestinées aux grandes luttes héroïques. Attila passa le dernier, avec toute une avalanche humaine à sa suite; mais, cette fois, on vit revenir les envahisseurs dispersés et fugitifs. La Gaule ne voulait plus de conquérants, elle allait se faire conquérante à son tour; ce fut de l'Ouest désormais que le Rhin entendit accourir le cri de guerre. Il devint le fleuve frank, le fleuve de Charlemagne, qui vingt fois lui donna le spectacle de ses sublimes départs et de ses retours triomphants. Enfin et tout à coup, il se fit un profond silence : le grand empereur était mort !

Pour la première fois depuis bien longtemps, le Rhin connut le repos. Étonné de ne plus entendre le bruit des batailles, de ne plus s'enflammer au reflet des incendies, de ne plus rouler des cadavres, il se laissa aller à un demi-sommeil calme et grave; il prit cette physionomie mystérieuse et grandiose, que dix autres siècles de transformations et de tumultes n'ont pu lui enlever entièrement, et qu'admire encore aujourd'hui le voyageur, prêtant l'oreille à cette grande voix fluviale qui raconte tant d'épopées, de féeries et de légendes.

. . . .

Ce fut le 17 juin 833, vers le soir, que le comte Efflam atteignit, sur la rive gauche du Rhin, l'endroit indiqué par le moine.

C'était exactement le jour, exactement l'heure du rendez-vous. Une barque, aussitôt, se détacha de la rive droite, et parut se diriger vers les voyageurs, qui venaient de déboucher soudainement à l'étroite issue des grandes roches par lesquelles était alors masquée la route de l'Ouest.

Dans cette barque, il y avait trois hommes : deux rameurs et un chevalier.

Les rameurs étaient des Africains au visage apathique et difforme, des esclaves.

Quant au maître, la belle nuance rousse de ses cheveux et de sa barbe, l'accentuation vigoureuse de ses traits, la couleur caractéristique de ses yeux, qui rappelait celle de la mer, tout en lui dénotait un chef de race saxonne. Force, beauté, bravoure, intelligence et pouvoir, étaient évidemment le partage de cet homme; mais bien que jeune encore, il avait au front ces rides précoces que creusent les soucis, et dans la pâleur de son visage, dans l'amertume de son sourire, on devinait une sorte de fatalité subie en silence, un secret et profond désespoir.

Assis à l'arrière de la barque, et magistralement drapé dans une ample chlamyde brune, il rêvait.

Quand le bateau fut au milieu du fleuve, il se redressa, prit sur le banc un armet de fer et s'en masqua le visage.

Pendant ce temps-là, Efflam et ses compagnons avaient mis pied à terre et contemplaient, avec une muette admiration, le magnifique panorama qui se déroulait à leurs regards.

En amont comme en aval, les deux rives escarpées se confondaient à l'horizon et faisaient ressembler le fleuve à un superbe lac encadré dans de hautes falaises de basalte noire, et dont la surface, çà et là déchirée par des roches de forme bizarre, s'empourprait splendidement aux derniers rayons du soleil. De distance en distance, s'entr'ouvraient de charmantes et profondes vallées; à perte de vue, c'étaient de pittoresques montagnes, empanachées de hautes et sauvages futaies. Au milieu du fleuve, tout plein de fracas et d'écume, l'île de Nonnenwerth allongeait gracieusement ses berges vertes et, derrière un rideau de peupliers, laissait entrevoir un monastère, dont la cloche tintait en ce moment la prière du soir. Ce bruit, au milieu de cette solitude, avait un ineffable charme; il se mêlait harmonieusement au murmure des eaux, à la grande plainte du vent dans les feuillées, et toutes ces voix ensemble, voix du couvent, voix de la forêt, voix du fleuve, formaient un sublime concert qui montait, montait doucement vers le ciel, à travers les miroitantes fantasmagories d'un crépuscule d'été.

La barque, cependant, accosta.

« France et Karle! fit une voix grave sous l'armet de fer du chevalier.

— Karle et France! répondit Efflam en tirant à demi l'épée du fourreau.

— Embarquez. »

Et déjà l'homme au manteau brun faisait signe aux deux nègres de reprendre leurs rames. Le comte rappela son attention sur le rivage, où les deux jumeaux, s'avançant à leur tour, disaient et montraient le mot d'ordre.

« Mais ils sont deux, objectait déjà l'inconnu.

— Ce sont les fils du comte Bayard, voulut expliquer Efflam, et leur père en mourant...

— Le comte Bayard! mort!... ses fils... Oh! qu'ils viennent!... » s'écria successivement sous l'armet de fer une voix qui fit tressaillir le comte, comme s'il se rappelait déjà l'avoir entendue.

Également émus par un vague souvenir, Amaury et Bérenger prirent place dans le bateau.

Quant à Landrik, il reçut l'ordre d'attendre sur la rive gauche le retour de son maître, et de conduire bêtes et gens derrière certain bouquet de sapins qu'on venait de lui indiquer comme abritant déjà, contre les regards indiscrets, une compagnie nombreuse.

Effectivement, il y retrouva force écuyers, varlets, mules, chevaux, et plus loin, à l'écart, treize de ces gigantesques coursiers de bataille, dont la race est aujourd'hui disparue, et qui semblaient expressément créés pour servir de monture aux paladins tout vêtus de fer.

Au départ de la barque, et tant que de la rive il fut possible d'y reconnaître un visage, le silence régna parmi les passagers; mais lorsqu'on fut au milieu du fleuve, l'homme à la brune chlamyde souleva tout à coup la visière de son armet et s'écria du ton de quelqu'un qui vient de supporter une trop longue contrainte :

« Oh! maintenant, mes amis, visage découvert et les mains dans les mains!

— Le comte Robert! fit aussitôt Efflam. Ah! sur mon âme, je t'avais déjà deviné! »

Et les deux anciens compagnons d'armes s'étreignirent et s'embrassèrent à la façon franke.

Quant aux deux jumeaux, ils s'inclinaient respectueusement devant ce grand nom qui venait aussi de s'échapper de leurs lèvres. Puis, à demi-voix et s'entre-regardant l'un l'autre, ils avaient ajouté :

« Le frère de Geneviève! de notre amie d'enfance! »

Presque aussitôt le comte Robert se retourna vers eux, et après le plus cordial accueil :

« Enfants, dit-il, parlez-moi de votre père... dites-moi son dernier vœu, sa dernière pensée!

Amaury et Bérenger racontèrent avec des larmes dans la voix la victoire et l'agonie du comte Bayard.

Le comte Robert, profondément touché de ce récit, tendit la main aux deux jumeaux et leur dit :

« Mes jeunes amis, en tout lieu comme à toute heure, disposez de moi... je suis tout à vous... Votre père m'a sauvé la vie; votre digne mère a élevé avec vous ma sœur et en a fait une sainte fille ! »

Également émus par un vague souvenir, Amaury et Bérenger prirent place dans le bateau.

Et comme la barque atterrissait, il sauta le premier sur la rive droite.

Ses trois compagnons l'y suivirent aussitôt.

Après avoir amarré le batelet, les noirs rameurs disparurent en grimpant à la falaise ainsi que deux chats sauvages.

« Vous êtes arrivés les derniers, reprit alors le comte Robert. Mais je ne vous précédais moi-même que de très peu, et j'ai dû revenir sur mes pas au-devant de vous, comme chacun à son tour a fait pour les autres. Suivez-moi! »

S'engageant le premier dans un val tortueux qui s'ouvrait non loin de là, il introduisit les trois voyageurs dans un bois tellement épais qu'on eût dit que jamais encore un pas humain n'en avait franchi la lisière.

Après un quart d'heure environ de pénible marche, on atteignit une clairière étroite, sous le dôme verdoyant de laquelle il faisait déjà sombre nuit.

A l'approche des arrivants, deux grandes ombres se détachèrent lentement des deux chênes qui formaient l'entrée de la clairière.

C'étaient deux chevaliers entièrement recouverts de la rustique armure du temps, et dont le heaume à haut panache avait la visière baissée.

« France et Karle! articulèrent gravement les deux mystérieuses sentinelles.

— Karle et France! » répondit le comte Robert en faisant successivement passer devant lui ses trois compagnons.

Une torche presque aussitôt s'alluma dans les ténèbres, et vint çà et là réveiller des reflets sur sept autres armures étincelantes.

Cette torche était tenue par un moine dont le capuchon rabattu masquait entièrement les traits, mais qu'Efflam reconnut aussitôt pour celui du château de Glay.

« Les douze épées sont là! s'écria-t-il d'une voix faite pour commander. Honneur à vous, nobles leudes, qui vous êtes souvenus de votre serment, et qui, malgré les liens de la famille, malgré la distance, malgré les périls et les empêchements de toutes sortes, avez trouvé le moyen d'être exacts au rendez-vous. Mais il n'est plus besoin de mystère ici : vous devez avant tout vous connaître les uns les autres. Passez donc chacun à votre tour à ma droite, et ce faisant, montrez vos visages et proclamez hautement vos noms. Ce sont noms et visages d'hommes qui vont accomplir ensemble de grandes choses. »

Il y eut un moment de silence et d'hésitation ; puis un premier parmi les assistants donna l'exemple.

C'était un homme d'un grand âge, mais qui paraissait avoir su conserver, en dépit des ans, toute son énergie et toute sa vigueur d'autrefois.

« Voici, dit-il, l'épée que tu m'es venu remettre... à moi, Honeric de Béthune. »

Et il passa, tout en rentrant au fourreau la sainte lame qui venait de briller et de s'éteindre, ainsi qu'un éclair, à la lueur de la torche approchée par le moine.

Un second chevalier, répétant la même manœuvre, déclara se nommer Guilhem Duplessis, et venir d'Aquitaine. Il alla serrer la main du vieil Honeric, son ancien frère d'armes.

En troisième, parut un paladin, dans toute la fleur de la vaillance et de la beauté chevaleresque. C'était Hervé de la Tour,

Puis un premier parmi les assistants donna l'exemple.

descendant de Vercingétorix et dernier leude de l'héroïque nation des Arvernes.

Puis on entendit retentir le nom de Barthold le Frison, ce terrible chef des flottes carlovingiennes, si fameux dans les légendes de la mer, qui avait su si longtemps maintenir contre les Normands et les Sarrasins l'intégrité de l'empire.

Après lui passa Wilha le Burgonde. A cet illustre preux, succédèrent Hugues et Drogo, les deux grands bâtards de Charlemagne, dont l'empereur Lodewig avait pris ombrage, et qui, renfermés tout d'abord dans un cloître, étaient alors, celui-ci évêque de Metz, celui-là abbé de Saint-Quentin en Vermandois.

« Au souvenir de notre promesse, dirent-ils, nous avons oublié un trop juste ressentiment, et nous voici tout prêts à redevenir soldats, s'il le faut. »

Le tour du comte Robert arriva, puis celui du comte Efflam, qui, tout aussitôt, racontant la fin du comte Bayard, présenta à l'assemblée ses deux fils : Amaury et Bérenger.

« Enfants, dit le moine, soyez les bienvenus, mais vous n'avez à vous deux qu'une épée. Heureusement que nous pouvons vous en donner une seconde.

« Suivez-moi tous ! » commanda-t-il à ses onze compagnons.

A quelques pas de là, sous les premières ramures de la forêt, s'élevait un amas de branches fraîchement coupées.

Sur un signe les deux jumeaux les écartèrent.

Il y avait dessous un cercueil.

Sur ce cercueil, dans une main de fer, une épée pareille aux autres épées.

Un peu plus haut, une tablette de marbre noir dans laquelle des caractères helléniques étaient gravés.

Le moine en approcha la torche, et s'adressant à l'abbé de Saint-Quentin :

« Hugues, dit-il, vous dont on a fait le savant des savants, lisez. »

Voici quelle fut la traduction donnée à haute voix :

« Moi, descendant de Jules César, et que les Grecs ont surnommé *Kalouméros*, c'est-à-dire bon parti, je veux, en me trouvant au rendez-vous, même après ma mort, rester fidèle à mon serment comme à ma devise. Je lègue cette dépouille mortelle à ceux dont je devais être le compagnon ; je lègue cette épée à celui qu'ils jugeront le plus digne d'en hériter après moi. Glorieux succès aux vivants, et leurs prières pour le mort ! »

Tous les genoux s'étaient mis en terre à l'entour du cercueil ; toutes les voix murmuraient déjà une prière.

Quand on se releva, le moine avait désarmé la main de fer, et se tournant vers les deux jumeaux :

Hugues, dit-il, vous dont on a fait le savant des savants, lisez.

« Enfants, dit-il, à vous cette seconde épée. Maintenant la phalange est complète, car moi, frères... je fais le douzième. »

Et la robe de bure tombant tout à coup, le moine se transforma en un chevalier, qui fut aussitôt reconnu, car presque toutes les voix s'écrièrent :

« Éginhard ! Éginhard ! »

C'était effectivement le secrétaire intime de Charlemagne, le confident de sa pensée, l'époux de sa fille.

Au commencement du règne de Lodewig, il s'était éloigné de la scène du monde; après la mort de la belle Imma, il s'était enseveli vivant dans un cloître; et s'il en ressortait aujourd'hui, s'il reparaissait tout à coup avec l'épée sacramentelle, ce ne pouvait être que pour quelque grande œuvre.

Déjà toutes les mains avaient cherché sa main, déjà toutes les voix le saluaient du titre de chef.

« Peut-être ? répondit-il. Mais peut-être sera-ce un plus digne. Et lorsque vous l'aurez revu, celui-là, si toutefois il nous est donné de le revoir, vous comprendrez qu'avec lui, nous serons invincibles !

— Son nom... son nom ?

— Je vous le dirai dans une heure... patience ! Les muets ont disposé non loin d'ici la table ronde, allez m'attendre la coupe en main. Mais si par trois fois vous entendez retentir ce cor (Éginhard montrait le grand oliphant suspendu à sa ceinture), accourez ! Celui que vous trouverez avec moi, ce sera notre maître à tous ! »

Ceci dit, il se mit à gravir la montagne.

Au sommet, il aperçut devant une pauvre cabane un ermite en extase. Il s'avança sans bruit, le toucha à l'épaule et laissa enfin tomber de ses lèvres ce grand nom : « Roland ! »

Il est de ces noms après lesquels il ne faut rien ajouter, car à eux seuls ils disent tout.

Qui ne le connaît, qui ne le ressuscite aussitôt par la pensée, cet héroïque neveu de Charlemagne, ce merveilleux paladin que les poètes ont chanté comme une sorte de demi-dieu, ce Thésée chrétien, cet Achille de l'Occident !

Il avait relevé la tête et regardait avec une émotion contenue celui qui venait de l'appeler ainsi.

« Roland! poursuivit Éginhard avec un étonnement douloureux, Roland ! ne me reconnais-tu pas ?

— Ceux qui n'appartiennent plus à ce monde, répondit enfin l'anachorète, ne se souviennent ni de ce qu'ils ont été, ni même des amis qui leur furent les plus chers. Roland est mort à Roncevaux... Je ne suis pas Roland!

— Tu consentiras peut-être à le redevenir, s'écria Eginhard, lorsque tu m'auras entendu. Écoute! c'est Charlemagne lui-même qui t'ordonne de le faire. — Quelque temps avant de mourir, continua-t-il, le grand empereur pressentit que la main de son fils Lodewig serait impuissante à continuer son œuvre et devint tout à coup inquiet de l'avenir. Un jour qu'il s'était endormi dans ses pensées, l'archange Gabriel, l'archange des Franks, lui apparut en songe, et montrant treize hommes, ou plutôt treize ombres, qui passèrent successivement avec une semblable épée dans la main, il dit : « Par eux-mêmes et par leurs descendants, ceux-là sont prédestinés à être les sauveurs de la France. » Puis, la vision s'étant évanouie, l'empereur se réveilla. Ces treize hommes il savait leurs noms, il les eût lui-même choisis comme ceux en qui s'incarnait le plus complètement la nationalité franke. Cette même épée, par treize fois flamboyant à ses yeux, il l'avait aussi reconnue : c'était la tienne, Roland ; c'était cette invincible Durandal que tu n'avais pu briser contre les roches de Roncevaux, et qu'on disait tombée au pouvoir des Sarrasins. Comment la retrouver ?... Charlemagne fit un mouvement, et sa main rencontra tout à coup le froid du fer. Miracle !... c'était Durandal elle-même que l'archange avait apportée là pendant le sommeil de l'empereur. Il venait d'avoir, non point un rêve, mais une révélation. Il envoya quérir aussitôt l'armurier Munifican, qui jadis avait forgé cette épée, et qui seul au monde pouvait en faire douze autres pareilles. Un mois plus tard elles étaient prêtes... Charlemagne alors manda auprès de lui un à un ceux que lui avait désignés l'archange, et leur fit prêter un serment solennel... que je n'ai pas besoin de te rappeler, Roland, car en dernier lieu Charlemagne vint te trouver ici même, et je l'accompagnais.

— Je me souviens... interrompit l'ermite, dont la taille semblait se redresser au fur et à mesure que lui revenait la mémoire ; je me souviens... Mais vingt ans se sont écoulés depuis

Il s'avança sans bruit, le toucha à l'épaule.

ce grand jour ; mais l'âge est venu blanchir mes cheveux, et maintenant...

— Maintenant, reprit Éginhard, l'empire se démembre et croûle de toutes parts. Maintenant les trois fils de l'empereur Lodewig ont levé l'étendard de la révolte contre leur père ; et, profitant de ces dissensions sacrilèges, Normands et Bretons, Saxons et Sarrasins, s'apprêtent à de sanglantes revanches. Maintenant enfin j'ai pensé que l'heure était venue de tenir notre serment... Voici la dernière des treize épées qui me reste entre les mains... Voici celle qui a servi de modèle aux autres... Roland, voici la tienne ! »

Éginhard, en même temps, écarta son manteau, et présenta à l'ermite ce glaive merveilleux qu'avait rapporté l'archange, et qui lui semblait devoir être le saint palladium de l'œuvre carlovingienne.

« Mon épée ! Durandal ! » s'écria Roland, qui, comme galvanisé par elle, sembla grandir encore en la portant à ses lèvres.

Éginhard prit aussitôt l'oliphant, et fit retentir une première fanfare.

« Que fais-tu ? demanda l'ermite étonné.

— J'appelle à nous les autres élus du maître, j'appelle à toi le bataillon de Roland ! »

Et, pour la seconde fois, il sonna le cor.

L'ermite, cependant, avait eu comme une hésitation.

« J'ai près de soixante ans... dit-il, et là, tout près de nous, il y a une femme... à laquelle j'ai fait aussi un serment.

— Théalda, fit Éginhard, cette pauvre femme qui s'est faite religieuse te croyant mort, celle pour laquelle tu t'es fait ermite, mais apprends donc que l'infâme rival qui a brisé votre vie à tous les deux, qui t'avait vendu aux Sarrasins, qui lui a apporté la fausse nouvelle de ta mort, apprends donc que ce traître est devenu l'âme damnée des fils rebelles, et que c'est lui surtout, lui d'abord que nous allons combattre.

— Ganelon ! Ganelon ! rugit avec une sourde colère le héros dont la blessure venait de se rouvrir tout à coup, Ganelon ! mais je croyais qu'il avait reçu le châtiment de ses crimes.

— Il a, comme toi, miraculeusement échappé à la mort... Plus tard, je te dirai tout; mais, sois-en certain, il existe, et ta vengeance...

— Tais-toi ! interrompit sévèrement l'ermite. Le mot que tu viens de prononcer doit être effacé de mon cœur... Il appartient à Dieu... et si je consens à quitter cet ermitage, à m'éloigner d'elle... si je renonce à la douce paix, au saint rêve de mes derniers jours, je ne veux y être décidé que par le pur entraînement du devoir et de l'honneur !

— Tu consens donc ? fit Éginhard.

— Karle et France ! » conclut majestueusement l'ermite.

Et les deux anciens compagnons d'armes tombèrent dans les bras l'un de l'autre.

Puis, après un silence :

« Revêts-moi de mes armes, » dit Roland, qui du geste indiquait la grotte.

Éginhard aussitôt y courut.

Lorsque, pour la troisième fois, l'oliphant réveilla les échos du Rhin, l'ermite s'était transformé en chevalier.

Le comte Efflam et le comte Robert, les deux jumeaux Amaury et Bérenger, Honeric de Béthume, Guilhem Duplessis, Hervé de la Tour, les deux bâtards Hugues et Drogo, Barthold le Frison et Wilha le Burgonde apparurent en même temps sur le plateau.

« Voici notre chef, dit Éginhard, reconnaissez en lui ce preux des preux, que l'on avait cru mort à Roncevaux, et que le Ciel veut bien nous rendre !

— Roland ! » s'écrièrent toutes les voix avec un profond étonnement d'abord, puis avec un saint enthousiasme.

Parmi ses nouveaux compagnons d'aventures, ceux de son temps l'avaient reconnu, les jeunes gens le devinèrent.

Oh ! c'est que ce n'était plus l'ermite courbé par les ans, l'extatique solitaire de tout à l'heure. A l'aspect de son épée, au contact de son armure, il semblait avoir recouvré toute son ardeur et toute sa force d'autrefois. Haute taille, haute mine, fière allure et regard étincelant, tout lui était en même temps revenu. Sauf la blancheur de sa barbe, il reparaissait tel qu'on l'avait vu tomber à Roncevaux. C'était une transfiguration, une résurrection !

« Où se trouve actuellement l'empereur Lodewig ? demanda-t-il en étendant la toute-puissante Durandal au-dessus des douze autres épées qui venaient de sortir du fourreau pour le saluer chef et maître absolu.

— Au Champ-Rouge, près d'Argentaria, répondit Éginhard.

— En route donc pour le Champ-Rouge ! » commanda Roland.

Et les treize épées, reflétant la lune, se redressèrent vers le ciel resplendissant d'étoiles.

. . . .

Une heure plus tard, les pâtres et les bûcherons, qui commençaient à s'éveiller dans la forêt ou sur la montagne, aperçurent treize ombres mystérieuses qui traversaient le Rhin.

C'étaient les treize élus de Charlemagne.

Roland s'était embarqué le dernier, seul avec Éginhard qui ramait, et en passant auprès du couvent de Nonnenwerth, qu'étoilait encore la lampe solitaire de l'abbesse, il avait dit à haute voix :

« Théalda... Théalda... je reviendrai bientôt ! je reviendrai mourir près de toi ! »

IV

LE CHAMP DU MENSONGE

Le Champ-Rouge, qui, ce jour-là même 24 juin, allait changer de nom, est une vaste plaine située non loin du mont Sigwald, entre Bâle et Colmar, l'Argentaria d'alors.

Au moment où les premières lueurs de l'aube blanchirent l'horizon, un singulier spectacle frappa les yeux de ceux qui pouvaient regarder au loin.

Du côté de Bâle s'étendaient à perte de vue d'innombrables tentes, dont la moitié pour le moins achevait seulement de se dresser, à la lueur pâlissante des torches, au bruit des éclats de rire et des grossiers refrains d'une soldatesque luttant tout à la fois contre le sommeil et contre l'ivresse. Évidemment, dans ce camp-là, celui des fils révoltés, la nuit qui venait de finir n'avait été qu'une longue et générale orgie.

En regard de ce tableau, du côté de Colmar, sur le mamelon où la veille encore, au soleil couchant, campait toute une seconde armée, celle du père et du souverain méconnu, une seule tente s'élevait, monumentale et somptueuse, mais close encore et muette.

Au-dessus, flottait le gonfanon impérial.

C'était la tente de Lodewig le Pieux, de Louis le Débonnaire.

Bien qu'il fît à peine jour, il avait depuis longtemps déjà quitté sa couche, et seul, dans le compartiment qu'il s'était réservé pour oratoire, il priait.

C'était alors un vieillard, un vieillard à l'aspect imposant, au vague regard, au sourire plein de bonté, au pâle et mélancolique visage couronné de cheveux blancs, et sur lequel le chagrin, plus encore que les ans, avait imprimé de profondes rides. Ses traits rappelaient d'une manière frappante ceux de Charlemagne, son père ; mais sa destinée, malheureusement, était bien loin d'offrir avec celle du grand empereur une aussi glorieuse ressemblance.

Il priait.

Avant d'aller plus loin, il nous semble indispensable d'en résumer en quelques mots l'histoire.

Dans la vie de Lodewig le Pieux, comme plus tard dans celle de Charles VI, il y a un revirement instantané inexplicable.

C'est d'abord, et durant trente-quatre années, un brillant roi d'Aquitaine. Il débute glorieusement sous la couronne impériale. Puis, au lendemain même de sa victoire sur le roi Morvan, au moment où il vient de porter à ses lèvres la coupe de soumission que lui présentent les Bretons agenouillés, il tombe frappé d'un mal inconnu, mystérieux ; et quand on est parvenu à le rappeler à la vie, à la raison, on s'aperçoit avec épouvante que son énergie, que son courage, que toutes ses nobles qualités se sont évanouis à jamais.

Qu'a-t-il donc trouvé dans le fond de cette coupe, ou qu'a-t-il vu passer à l'horizon ? L'histoire ne se prononce pas plus à cet égard qu'à celui du fantôme de la forêt du Mans.

Mais elle nous montre aussitôt Lodewig : « n'entr'ouvrant plus même les lèvres pour sourire, quand, à l'heure du repas, les mimes et les jongleurs font joyeusement pâmer ses convives », et passant toutes ses heures à prier et à pleurer, le front sur le pavé des églises... « lui que jusqu'alors on avait renommé pour sa vigueur sans égale à tirer de l'arc et à darder de la lance ».

Il cherche avidement la solitude ; il prend le pouvoir en horreur ; et, sitôt que ses trois fils sont en âge, il leur taille des royaumes dans ses vastes États. Il associe même l'aîné, Lother, à la puissance impériale ; un peu plus, il la lui abandonnait toute entière.

Mais Hermengarde, sa femme, ne l'entendait point ainsi. Bien que mère passionnée, elle était ambitieuse avant tout et voulut rester impératrice.

Un fatal événement survint, d'ailleurs, qui détourna Lodewig de cette première velléité de retraite.

Son neveu Bernhard, roi d'Italie, s'estima lésé par ce partage. Petit-fils de Charlemagne, il se crut la mission de le faire renaître ; il prit les armes.

Mais abandonné par la plupart des siens et vaincu dans une première rencontre, il se vit bientôt réduit à se confier aux trompeuses avances d'Hermengarde, qui depuis longtemps avait juré sa perte, et qui, après l'avoir amené à se rendre à discrétion, s'empressa de le faire jeter dans un cachot, puis condamner à mort par l'assemblée des Franks.

Assurément l'empereur eût fait grâce. La cruelle impératrice usa de ruse, et, comme commutation de peine, Bernhard eut les yeux crevés : supplice très fréquent alors, mais qu'on pratiqua cette fois de telle façon, qu'au bout de trois jours l'ex-roi d'Italie était mort.

A cette nouvelle, le remords s'empara de Lodewig. Il avait fait couler le sang de Charlemagne ; il se crut maudit de Dieu. La mort d'Hermengarde, qui arriva peu de temps après, lui parut un premier châtiment du Ciel. Durant toute une année, il erra comme en démence d'une extrémité de l'empire à l'autre. Partout des ombres sanglantes le poursuivaient, partout il entendait des voix lui reprocher le meurtre de Bernhard. Le cloître seul lui parut un asile contre ses terreurs ; il se déclara prêt à suivre l'exemple de son aïeul Carloman ; il voulut se faire moine.

L'ambition de ses conseillers ne le lui permit pas. Afin d'arracher leur maître à l'entraînement religieux, ils le pressèrent de se remarier ; ils firent venir à la cour toutes les filles des grands et des leudes, toutes les beautés en renom de l'empire, et, nouvel Assuérus, le triste Lodewig chercha dans leurs rangs une nouvelle Esther.

Ce fut la fille d'un comte bavarois, ce fut la Saxonne Judith que Lodewig remarqua. Elle était si rayonnante de jeunesse et de beauté, qu'à sa vue l'empereur s'arrêta tout saisi d'admiration et de ravissement. Il crut rencontrer en elle l'ange du pardon, et, comme disent les vieux manuscrits, il se la *joignit par le mariage*.

Tout d'abord, en effet, Lodewig semble avoir recouvré le calme, le bonheur. Un fils lui naît, qui reçoit au baptême le saint nom de Karle. Mais l'exaltation même de sa joie, sa reconnaissance envers le Ciel lui inspirent la fatale pensée de la pénitence publique d'Attigny. Devant tous, il se prosterne, il se dépouille de ses insignes, il confesse hautement le meurtre de Bernhard et ses autres *crimes*. C'est en vain que les évêques le relèvent et le déclarent plus digne encore après cet acte d'humilité chrétienne ; jamais l'orgueil des Franks ne pardonnera cet abaissement de la grandeur impériale, que la jalousie des fils d'Hermengarde va tout aussitôt mettre à profit.

Un quatrième royaume vient d'être formé aux dépens des leurs ; ils protestent insolemment contre ce nouveau partage, et trop faibles encore pour s'y opposer les armes à la main, ils sèment partout l'esprit de dénigrement et de révolte contre leur père, surtout contre l'impératrice Judith et contre son fils Karle, ces principaux objets de leur haine.

Le vieil empereur chérissait les trois fils de son premier lit, et le leur avait toujours prouvé ; mais pour le jeune Karle et sa mère, il venait de s'éprendre d'un de ces amours qui, naissants au déclin de la vie, sont à la fois les plus profonds et les plus irritables de tous. L'antagonisme qui se révéla tout à coup lui fut une cruelle épreuve. Vainement il essaya de ramener les ingrats par la prière, puis par la menace. La guerre civile était sur le point d'éclater, une guerre terrible, impie, et dans laquelle le bon droit infailliblement succomberait.

Mais il est temps de retourner vers la tente solitaire de l'empereur Lodewig, que nous avons laissé les deux genoux en terre et les mains jointes.

Depuis quelques minutes, les draperies qui masquaient l'un des autres compartiments de la tente s'étaient écartées sans bruit. Une jeune femme avait paru, une femme de haute taille et d'une resplendissante beauté, qui semblait expressément faite pour porter la couronne.

C'était l'impératrice Judith.

C'était l'impératrice Judith.

Elle s'avança lentement, et, pleine de grâce dans ses moindres allures, elle parvint sans être entendue jusqu'auprès de Lodewig ; elle vit sa tristesse et ses larmes.

Alors elle releva vers Dieu ses grands yeux humides ; puis, désireuse d'écarter les sombres nuages du front impérial, elle se pencha pour y mettre un baiser.

Mais un nouveau personnage qui survint tout à coup l'empêcha d'exécuter son généreux dessein.

C'était un jeune garçon de quinze ans à peu près, grand déjà, mais frêle et pâle : un de ces enfants dont l'adolescence hâtive s'arrête soudainement, toute pleine de terreur pour le cœur des mères.

En quelques bonds, il eut traversé la tente, et jetant ses deux bras au cou de l'empereur.

« Salut, père ! » dit-il.

Puis, changeant de ton aussitôt :

« Eh quoi ! ajouta-t-il, déjà tout tristement étonné, eh quoi ! tu pleures ? »

Le pauvre père s'efforça bien vite de sourire, et couvrant son fils de folles caresses :

« Non, jamais, s'écria-t-il, jamais quand tu es auprès de moi, mon Karle bien-aimé, mon unique joie, ma seule consolation, mon seul bonheur ! »

A ces mots, Judith se montra tout à coup, et avec l'accent d'un tendre reproche :

« Lodewig, dit-elle, vous êtes injuste envers votre dévouée compagne.

— Pardon ! fit le vieillard, tout au regret d'avoir été entendu ; pardon, Judith. Oh ! oui, vous êtes bonne, bien bonne, autant que belle, et je vous adore tous deux également !... »

Puis, se levant avec toutes les marques d'une admiration passionnée, il étreignit contre son sein la jeune femme.

Mais, s'arrêtant tout à coup et avec l'expression d'un poignant regret :

« Ah ! gémit-il douloureusement, pourquoi faut-il que mon amour ait fait votre malheur !

— Mon malheur ! se récria vivement l'impératrice. Qu'avez-vous dit là, Lodewig ? Oh ! c'est cruel, et je ne vous en ai jamais donné le droit.

— Judith !

— Je ne me suis jamais plaint de ne pas être heureuse... Je suis heureuse, par vous et par notre fils... Qu'avez-vous donc contre moi ?... parlez... mais parlez donc ! »

Trop ému pour répondre, le vieillard avait attiré peu à peu sur son épaule la charmante tête de la jeune femme. Elle avait d'admirables cheveux noirs ; une de leurs boucles roula parmi les anneaux argentés de la longue chevelure de Lodewig. Il remarqua cette opposition de couleur avec un triste sourire, il réunit entre deux de ses doigts la mèche blanche à la spirale noire, et relevant la main jusqu'à la hauteur des yeux de l'impératrice :

« J'ai... dit-il... j'ai le double de votre âge !
— Lodewig ! »

Et, bien que le front rougissant, Judith sut trouver de si doux reproches, qu'elle parvint à triompher enfin de la sombre mélancolie de l'empereur.

D'un bras il enveloppa sa jeune compagne, de l'autre il serra contre son cœur le bien-aimé Karle, et ce fut avec un franc retour d'espérance qu'il s'écria :

« Oubliez... oubliez tous les deux mes larmes !... je suis un ingrat... vous avez raison, ma belle Judith... je suis un insensé ! Et quand je vous ai là, près de moi, l'un et l'autre... quand je vous réunis tous les deux sur mon cœur, oh ! je sens que le Ciel me protège, et que l'avenir me garde encore de beaux jours !... »

Puis, après un silence :

« Mais, reprit-il presque joyeusement, votre présence ici prouve que déjà le soleil monte à l'horizon... et je n'aperçois personne, et je n'entends aucun bruit. »

Oubliez tous les deux mes larmes !...

Judith se retourna vers l'issue par laquelle elle était entrée, et élevant la voix :

« Amie ! amie ! » appela-t-elle avec un accent familier.

Le jeune Karle s'empressa de soulever la draperie, et cria à son tour :

« Amie ! amie ! »

Parut enfin une jeune fille, dont l'adorable visage, la magnifique chevelure dorée, les grands yeux bleus rêveurs, la svelte taille, le gracieux sourire, avaient quelque chose de vraiment séraphique.

Évoquez en imagination les fées enchanteresses et pudiques de la vieille Allemagne, la Marguerite de Gœthe, et toutes ses sœurs en poésie, jamais vous ne verrez passer dans vos rêves plus fine perle d'outre-Rhin, plus ravissante fleur vivante.

Assurément, ce n'était là ni une esclave, ni même une servante, car sauf le mince diadème orné de pierreries qui couronnait le front de l'impératrice, les deux jeunes femmes portaient identiquement le même costume : une longue et gracieuse robe de soierie bleue garnie d'hermine... et dans le regard que tout d'abord elles échangèrent, il n'y avait d'un côté que du dévouement, de l'autre que de la reconnaissance ; chez toutes deux qu'une mutuelle et simple amitié.

Jamais vous ne verrez passer dans vos rêves plus fine perle d'outre-Rhin.

« Mignonne, fit Judith, prie donc mes femmes de mander ici les pages de l'empereur.

— J'arrive précisément de la chambre de vos femmes, dit la jeune fille, et pas une d'elles n'était là... Je ne sais ce qu'elles sont devenues. Mais j'y vais moi-même. »

Et elle se dirigea vers le compartiment des pages.

Presque aussitôt elle reparut, et la physionomie encore plus étonnée :

« Tous les pages sont absents, dit-elle ; j'ai vainement appelé, pas une voix ne m'a répondu.

— Étrange ! » murmura Lodewig.

Puis, se tournant vers son fils :

« Karle, ordonna-t-il, fais venir ici la sentinelle. »

Le jeune prince courut à la grande entrée de la tente ; mais à peine eût-il passé sa tête entre les rideaux, qu'il jeta soudainement un cri de stupéfaction.

« Qu'y a-t-il ? demandèrent trois voix inquiètes.

— Regardez ! » répondit Karle en écartant les portières.

Ce fut seulement alors que le vieux Lodewig s'aperçut que, durant la nuit qui venait de finir, il avait été traîtreusement abandonné par ses amis, par ses soldats, par ses serviteurs, et que, sur le mamelon désert, il ne restait plus qu'une seule tente debout, la tente impériale.

Il y eut un premier moment de silence et de trouble. Parmi ces quatre délaissés, qui se rapprochaient instinctivement les uns des autres, aucun ne pouvait croire encore à ce que voyaient ses yeux.

« Impossible !... s'écria enfin le vieil empereur. Je suis en démence, je rêve. Mais qui m'expliquera ?... que signifie ?...

— Nous allons te le dire ! » répondirent inopinément deux voix sardoniques et menaçantes.

De l'intérieur de la tente s'avançaient en même temps un homme et une femme.

L'homme, entièrement habillé de fer, avait la visière baissée et l'épée nue.

La femme, vêtue de noir et masquée par de longs voiles de deuil, tenait en main une torche ardente.

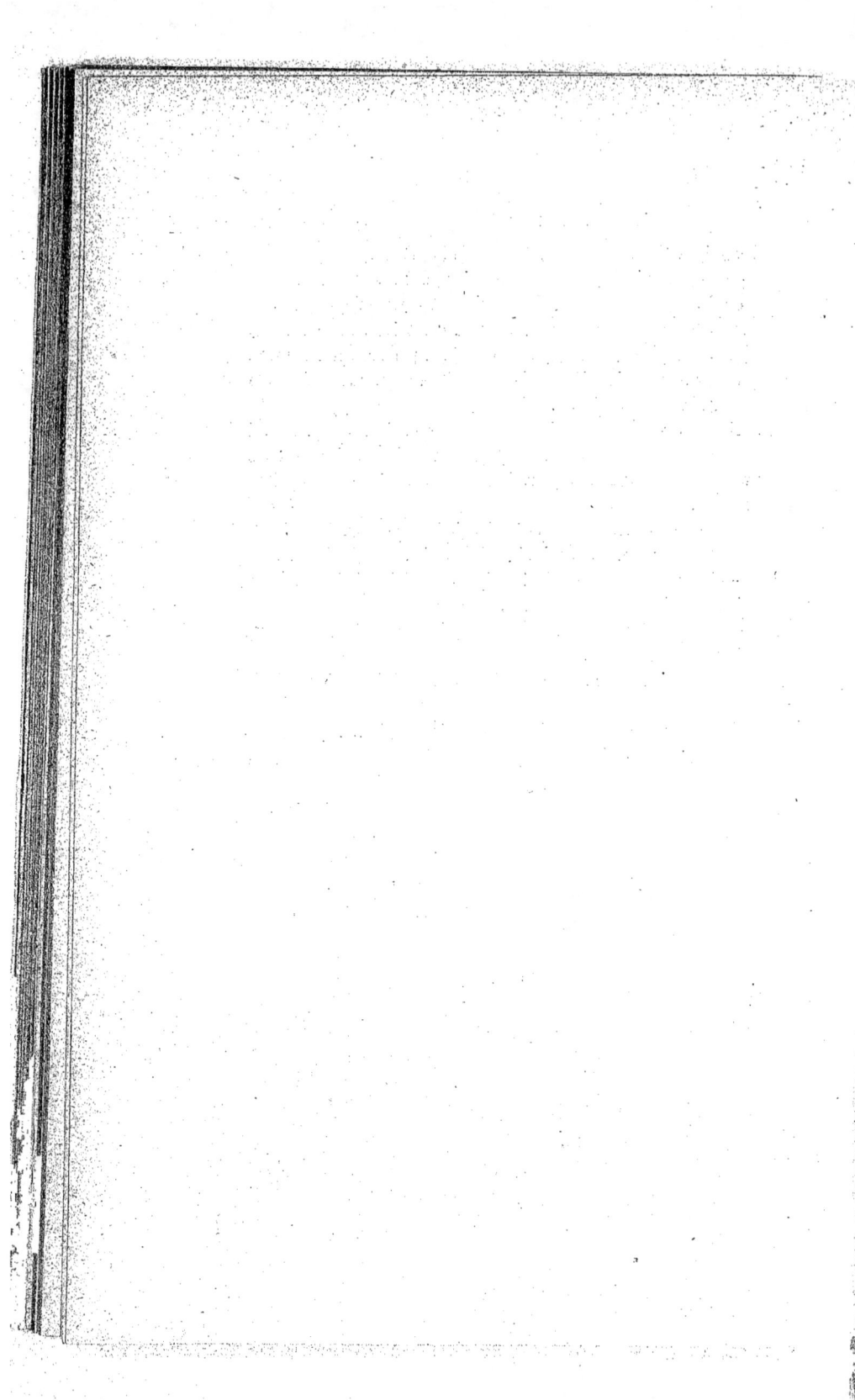

ÉMONS ET ARCHANGES

A l'approche des deux êtres mystérieux qui semblaient être sortis de terre pour quelque sinistre dessein, l'empereur avait attiré vivement à lui sa femme et son fils, et se redressant entre eux, il les entourait de ses bras.

Quant à la jeune fille que l'impératrice appelait du doux nom d'amie, elle s'était placée au-devant de sa chère maîtresse, comme pour lui faire un bouclier de son corps charmant.

Le vieux Lodewig enfin retrouva la parole, et avec un air de majesté vraiment impériale :

« Que venez-vous faire ici ? demanda-t-il aux deux spectres menaçants. Que me voulez-vous ? »

La femme vêtue de noir s'avança d'abord, et tout en approchant sa torche d'un pan de draperies qui tout aussitôt s'enflamma :

« Éloignons-nous de cette tente, répondit-elle. Viens... viens encore... et maintenant regarde mon visage... Il te fera tout deviner. »

Elle avait conduit l'empereur à l'autre extrémité du mamelon; elle écarta tout à coup son voile.

« Bertrade! s'écria aussitôt Lodewig, qui, se reculant avec effroi, baissa la tête et parut un instant atterré.

—Bertrade... oui... la veuve de Bernhard! poursuivit-elle avec lenteur, et comme jouissant du triomphe de sa pâle figure creusée par les larmes, de son œil étincelant de haine et de sa lèvre altérée de vengeance. Bernhard! ce nom seul est ton arrêt, n'est-ce pas? Bernhard! mon pauvre Bernhard... le fils de ton frère... le petit-fils et la vivante image du grand Charlemagne... Il lui a fait arracher les yeux, cet homme!... il l'a tué!... Et il s'imaginait que tout était terminé ainsi... Oh! non! J'avais promis à l'ombre de Bernhard de terribles représailles, et le jour en est enfin venu... Épargne-toi la prière; je me suis traînée jadis à tes genoux... N'espère rien de ma pitié; tu n'en a pas eu pour Bernhard!... Non, non, tu vas mourir, mourir d'une horrible mort, mourir avec ta femme, avec ton fils. Et cette fois rien ne pourra te sauver... non... rien! »

Bertrade alors se croisa les bras et, sublimement horrible ainsi que la Mégère antique, elle sourit.

Karle se blottit sous l'épaule de son père; Judith se voila le visage de ses mains; la blonde et douce jeune fille osa seule regarder encore.

Le vieil empereur releva peu à peu le front, et après un douloureux silence :

« Bertrade, répliqua-t-il avec l'amère résignation du remords, je pourrais te prouver que je ne voulais pas, moi... mais c'est lâcheté d'accuser les morts... Et d'ailleurs, tu me dirais que le seul maître, que le seul responsable, c'est l'empereur. Oui... oui... tu as raison! Je pourrais encore te rappeler que je me suis repenti de ce crime qui n'était pas le mien, que j'en ai fait pénitence publique à Attigny, que devant tous je me suis prosterné dans la poussière, et que Dieu m'a pardonné peut-être. Tu ne me pardonnes pas, toi... j'admets cela... je comprends que tu venges Bernhard... mais sur moi, sur moi seul ! »

L'inflexible veuve fit un mouvement pour interrompre Lodewig.

« Laisse d'abord parler ton compagnon, dit-il. Que lui ai-je fait, à lui ? Qui donc est-il ? »

A cette interrogation directe, l'homme de fer fit jouer la visière de son heaume, et, montrant un visage sur les traits tourmentés duquel l'esprit infernal semblait avoir mis son empreinte.

« Lodewig, demanda-t-il insolemment, me reconnais-tu ? »

Le vieil empereur, cette fois, se redressa de toute la hauteur

« Lodewig, demanda-t-il insolemment, me reconnais-tu ? »

de sa majestueuse taille, et, avec un souverain mépris, avec une superbe bonhomie railleuse :

« Oui... oui... répliqua-t-il, je te reconnais. Tu es celui qui jadis a vendu l'armée franke aux Sarrasins et aux Gascons de Roncevaux... Oui... je te reconnais, tu es Ganelon, n'est-ce pas ? Ganelon que je condamnai à être écartelé vivant... C'est la loi franke, et j'étais roi d'Aquitaine. Je me souviens, tu le vois ? Je t'avais accordé la grâce d'un mois de liberté... Trente de tes parents et de tes amis servaient d'otages à ton serment de revenir... Et tu n'es pas revenu. Et tu les a laissés mourir à ta place. Je ne m'étonne nullement de te revoir l'épée à la main : il n'y a ici qu'un vieillard, un enfant et deux femmes ! Oh ! oh ! je te reconnais et je te comprends, va... Tu es bien Ganelon l'assassin, Ganelon le traître et le lâche !

— Je suis Ganelon le vengeur ! » rugit enfin le misérable, que la honte et la colère rendaient encore plus hideusement terrible.

Et il osa lever son épée.

« Arrête ! fit gravement Bertrade. Ce ne sont pas nos mains qui doivent faire couler leur sang. »

Étonné, Lodewig la questionna du regard.

« Viens ! dit-elle en l'attirant plus loin encore de la tente impériale, déjà toute en flammes... Viens et écoute ! »

On entendait au loin une vague rumeur qui grandissait rapidement comme le bruit qui monte.

« Qu'est cela ? fit l'empereur, qui, saisi d'une instinctive terreur, étreignit plus étroitement encore contre sa poitrine les deux êtres chéris dont il ne voulait pas se séparer.

— Regarde ! » ajouta la veuve de Bernhard en faisant le geste d'abriter son regard contre les ardents rayons du soleil levant.

Lodewig, Karle et les deux jeunes femmes palpitantes aperçurent alors au fond de la plaine une foule immense qui accourait de chaque point de l'horizon, et qui, poussant des clameurs confuses et agitant avec une sauvage frénésie toutes sortes d'armes, semblait devoir promptement cerner le mamelon que couronnait l'incendie.

L'implacable Bertrade poursuivit :

« Ce sont des soldats, des paysans et des esclaves choisis par nous, excités par nous, enivrés et payés par nous. Dans un instant, ils vont être ici : cette flamme leur a servi de signal et les guide. Ils seront aveugles et sourds comme la fatalité, ceux-là... Ils seront plus cruels et plus impitoyables encore que les bourreaux d'autrefois, Lodewig ! Ils frapperont sans relâche ni merci, sur ta compagne comme sur toi, sur ton fils comme sur sa mère... Ils vous massacreront tous les trois... ils vous déchireront à belles dents : c'est une meute !... Et bien loin qu'on songe à nous comme coupables, ou bien à tes fils aînés, on dira tout simplement que l'empereur Lodewig avait tellement irrité les esprits par sa honteuse façon de gouverner l'héritage de Charlemagne, que l'indignation nationale en a fait spontanément justice. Oh! tu le vois, nos mesures sont bien prises, et notre vengeance bien assurée. Adieu, Lodewig! »

Elle adressa un signe à Ganelon, qui fit retentir un coup de sifflet.

Un cavalier mauritain parut aussitôt, conduisant par la bride deux autres coursiers, qu'avait masqués jusqu'alors un accident de terrain.

« Bertrade! cria tout à coup le vieil empereur, dont la fierté

Un cavalier mauritain parut aussitôt.

s'avouait enfin vaincue par l'imminence du péril. Bertrade... la mort pour moi... Mais grâce pour lui... pitié pour elle! »

Le regard plein d'épouvante et de prière, il montrait Judith, il montrait Karle.

La veuve de Bernhard ne semblait plus entendre. Suivant l'exemple que venait de lui donner Ganelon, elle montait silencieusement à cheval.

« Tu n'as pas à te venger d'eux, poursuivit Lodewig arrivant au paroxysme du désespoir et la voix entrecoupée de sanglots.

Elle vivait ignorée tout au fond de l'Allemagne, lorsque ton Bernhard est mort. Karle n'était pas encore né, Bertrade ! Mais tu ne peux pas le faire tuer sous mes yeux, cet enfant ! Je t'en conjure à mains jointes, Bertrade ! Est-ce mon humiliation complète que tu veux !... Tiens... à genoux, je t'en supplie à genoux, Bertrade... emporte-les tous les deux avec toi. Pitié pour tout ce que j'aime ! »

Un rire inexorable et strident fut la seule réponse qu'il obtint. Puis la voix de Bertrade s'écria :

« Comme moi... comme moi, il y a vingt ans... Mais souviens-toi donc, Lodewig... Et toi, Bernhard, regarde ! »

En même temps, suivie de son complice, elle partit au galop.

« Bertrade ! Bertrade ! cria encore le vieillard, qui, toujours agenouillé, tendait éperdûment les bras vers les deux fugitifs.

— Rappelle-toi les otages de Bordeaux ! répondit de loin Ganelon.

— Souviens-toi de Bernhard ! » ajouta de plus loin encore Bertrade.

Si cette époque était celle des grandes amours, c'était aussi celle des grandes haines.

Fou de douleur et d'effroi, Lodewig se releva, tout en promenant des regards égarés sur la horde menaçante qui commençait à cerner étroitement le mamelon, ainsi qu'une marée vivante. Aux premiers rangs on pouvait déjà distinguer les visages... des visages horribles à voir !

« Judith ! se prit à sangloter tout à coup le vieillard. Oh ! je le disais bien : je suis la cause de votre malheur, et je vais être celle de votre mort !

— Ne pensez pas à moi ! interrompit magnanimement la pauvre mère. Ne songeons plus qu'à notre fils ; il faut le sauver, Lodewig !

— Le sauver... mais comment ? comment ? »

Les massacreurs fermaient partout le passage ; déjà parvenus à la base du mamelon, ils commençaient à monter.

L'impératrice appliqua convulsivement les deux mains sur son front, comme pour en faire jaillir une idée de salut. Puis, se tournant tout à coup vers la jeune fille, qui se tenait debout à quelques pas de là, recueillie dans une prière fervente :

« Amie, s'écria-t-elle, cherche à fuir avec Karle ! »

Et elle le jeta, pour ainsi dire, dans ses bras.

« Venez, Karle... venez ! » dit la jeune fille, qui saisit aussitôt la main de l'adolescent, et voulut s'élancer dans la direction la plus favorable, en apparence, à la fuite.

Mais à peine eurent-ils tenté quelques pas que des vociférations de cannibales s'élevèrent tout à coup, et qu'une partie de ceux qui les poussaient reflua à la rencontre des fugitifs, en agitant avec fureur tous les instruments de meurtre dont on les avait armés : lances, épieux, fourches, coutelas et massues.

Aller vers ces bêtes féroces, c'était courir au-devant de la mort.

Le vieux Lodewig bondit vers son fils, et le ramena, pâle et frémissant, sur son sein.

Jusqu'alors l'adolescent était resté muet de stupeur ; en ce moment, il retrouva soudain la parole, et, d'une voix affolée par l'effroi :

« Cache-moi ! s'écria-t-il en cherchant à se blottir sous la chlamyde impériale ; cache-moi, père, je ne veux pas qu'on me tue ! Ah ! c'est demain que j'aurai mes quinze ans ! »

Pendant ce temps-là, Judith disait un dernier adieu à sa jeune compagne.

« Tu n'es pas condamnée, toi. Mais crie-leur donc cela, et que ton sang du moins ne se mêle pas au nôtre !

— J'ai juré de vivre et de mourir avec vous, répondit héroïquement la jeune fille ; je suis prête. »

Et elle se jeta dans les bras que lui tendait l'impératrice.

La foule, cependant, montait toujours.

« Il ne nous reste plus d'espoir en ce monde, dit Lodewig le Pieux avec ce calme auguste que la foi donne aux martyrs. A genoux, tous les quatre... et prions ! »

Les deux jeunes femmes, l'adolescent lui-même, obéirent en silence ; et la tourbe altérée de carnage fit bruyamment irruption devant ce groupe, dont l'aspect eût attendri des tigres, mais ne pouvait rien contre des sicaires aussi merveilleusement choisis par la vengeance.

Il y avait là l'écume et la lie de toutes les peuplades les plus barbares de l'empire : des Awares et des Huns, aussi férocement sauvages que les vieux Gaulois de Brennus ; des Slaves et des Bohêmes, vêtus de la dépouille des loups et des ours ; des bûcherons avec leurs cognées, des paysans avec leurs faux, des esclaves auxquels on avait promis la liberté. Oh ! Bertrade l'avait bien dit, tous ils étaient furieux, tous ils étaient ivres.

Le vieil empereur voulut parler, mais sa voix se perdit dans les clameurs ; il joignit ses mains suppliantes, et montra, d'un regard bien autrement éloquent que n'eussent été des paroles, cette impératrice si majestueusement belle en face du péril, ce pauvre adolescent si terrifié, cette vierge si douce et si pure. Pour toute réponse, il vit toutes les armes se lever à la fois.

Alors, réunissant dans une étreinte suprême et son fils palpitant et les deux jeunes femmes qui venaient de se voiler le visage, il ferma les yeux, croyant n'avoir plus qu'à recevoir le coup de la mort.

Mais voilà que tout à coup la colline tremble sous le galop des chevaux, et qu'une voix tonnante domine les cris de menace déjà transformés en cris d'effroi.

« Arrière, tous... arrière ! »

Lodewig rouvre les yeux.

Miracle !...

Entre le groupe impérial et les meurtriers qui fuient de toutes parts, il y a treize paladins armés de pied en cap, et tous tenant en main une semblable épée.

« Par le roi des cieux ! s'écrie celui qui fait piaffer en tête son cheval de bataille et qui paraît commander aux autres, par le roi des cieux ! nous arrivons à temps... »

Il faut renoncer à peindre la stupéfaction, le ravissement de Lodewig, de Karle, de Judith et de sa dévouée compagne. Ils doutent encore, et pour s'assurer que ce n'est point un rêve, ils se regardent les uns les autres, ils se prennent les mains, ils s'embrassent.

Il vit toutes les armes se lever à la fois.

Au bas du mamelon, cependant, les fuyards ont fait un temps d'arrêt, et, s'apercevant du petit nombre de leurs vainqueurs, ils font un mouvement pour revenir à la charge.

Survient alors un second escadron, que commande notre ami Landrik.

« Laissez-nous faire, crie-t-il aux treize paladins. Châtier de tels mécréants, c'est besogne d'écuyers et de varlets... En avant ! »

Et, sans attendre la réponse des maîtres, sans même s'inquié-

Il s'élance vers la cohue furibonde.

ter s'il est suivi de ses gens, il s'élance vers la cohue furibonde, il y fait du premier choc une sanglante trouée, il frappe jusqu'à ce que son épieu vole en éclats; puis, tirant son épée, l'épée d'Efflam, il en fait alors un si triomphant usage, que les douze chevaliers ne peuvent se défendre de crier bravo ! et que leur chef lui-même ajoute :

« Vrai Dieu ! voici un vaillant qui mériterait d'être des nôtres !... »

Quelques minutes plus tard, les autres écuyers et les varlets ayant rejoint leur capitaine Landrik, la déroute des assassins fut complète.

Alors le vieil empereur éleva la voix à son tour.

« Vous qui nous avez sauvés, demanda-t-il, qui donc êtes-vous ? »

Déjà Roland portait la main à la visière de son casque.

Mais Éginhard, arrêtant son bras, lui dit quelques mots à l'oreille.

Puis, après avoir mis pied à terre, il répondit lui-même à l'empereur :

« Ne demande pas à nous connaître encore, Lodewig... mais dès aujourd'hui, sache-le, nous te sommes envoyés par ton père !

— Par mon père... qui est mort... »

Et, tout bas, le superstitieux vieillard ajouta :

« Sont-ce des archanges qui sont cachés sous ces armures, et qui viennent de foudroyer ces démons à face humaine ? »

Roland, à son tour, s'avançait. Il fléchit le genou devant Lodewig, et lui dit :

« Fils de Charlemagne, où voulez-vous être conduit ?

— Au camp de mes fils aînés », répondit après un instant de réflexion le vieil empereur.

Roland eut un premier mouvement désapprobateur ; mais pour la seconde fois Éginhard vint lui parler à voix basse, et les deux chefs des treize, remontant à cheval, s'écrièrent en même temps :

« En avant ! »

Le camp n'étant éloigné que d'une demi-lieue, tout au plus, Lodewig avait déclaré vouloir s'y rendre à pied.

Les treize paladins formèrent la haie, six de chaque côté, Roland en tête. On descendit ainsi dans la plaine qui, en mémoire de la grande trahison dont elle venait d'être le théâtre, allait changer son surnom de champ Rouge en celui de champ du Mensonge.

Durant dix minutes environ cet étrange cortège avança silencieusement ; puis il se rencontra avec Landrik, qui, superbe encore de l'excitation du combat, revenait d'achever sa victoire.

« Honneur à toi ! lui dit Roland, auprès duquel il passait. Tu te complais donc bien à batailler, mon vaillant ? »

Landrik répondit :
« L'oiseau n'aime-t-il pas à fendre l'air, et le poisson les eaux ? Mon élément, à moi, c'est la bataille ! »

Après cette fière repartie, il alla se placer à l'arrière-garde avec les écuyers et les varlets.

Éginhard ne tarda pas à se rapprocher de Roland, et lui dit :
« Il faut songer à la retraite.

— Eh quoi ! fit Roland, abandonner ainsi ceux que nous venons de sauver ?

— Présentement il n'est plus de danger pour Lodewig, répondit Éginhard, et ses fils, qui peut-être étaient du complot, qui désirent assurément sa mort, vont être contraints de témoigner une hypocrite joie de le voir revenir vers eux. Regardez plutôt ce qui se passe là-bas. »

Effectivement, une certaine agitation commençait à se manifester dans le camp, où déjà, depuis quelques minutes, étaient rentrés les premiers fuyards. Il en ressortit bientôt un grand nombre de soldats, que la simple curiosité attirait au dehors. Puis, au milieu de cette foule confuse, un groupe principal se dégagea, une sorte d'état-major, en tête duquel s'avançaient trois hommes, dont les costumes, couverts d'or et de pierreries, resplendissaient au soleil.

C'étaient les trois fils révoltés qui venaient à la rencontre de leur père.

« Mais, reprit Roland, il est maintenant sans armée, sans amis...

— Vous nous oubliez, capitaine ? repartit Éginhard. D'ailleurs, ce n'est pas le jour même de la trahison qu'il est possible de convertir les traîtres. Quel que soit notre courage, treize hommes contre deux cent mille ; en conscience, ce n'est pas assez. Attendons. Si, comme je le présume, ils traitent leur père en captif, veillons de loin sur l'empereur, tout en restant inconnus pour lui-même. Jusqu'au grand jour de la revanche, notre force est dans le mystère. »

Éginhard était d'autant plus dans la vérité qu'en ce même moment, sur le point le plus élevé du camp, à l'entrée d'une tente que surmontait un gonfanon noir, Bertrade et Ganelon regardaient de loin s'approcher le cortège. Le cœur plein de rage, gonflé de menaces et le regard dévorant l'espace, ils se demandaient l'un à l'autre :

« Quels sont donc ces treize hommes ? »

Ils les virent s'arrêter tout à coup, saluer l'empereur de leurs épées, et disparaître comme ils étaient venus, ainsi que des fantômes.

Avant ce départ, le vieux Lodewig avait encore une fois remercié ses libérateurs, et leur avait demandé quand il les reverrait.

« Chaque fois que vous ou les vôtres vous serez en péril, répondit Éginhard.

— Et quand saurai-je vos noms ? insista Lodewig.

— Le jour où vous serez réellement redevenu successeur de Charlemagne », conclut Roland.

Puis le mystérieux escadron, tournant bride vers l'Est, s'était éloigné au galop.

Dans ce mouvement les deux frères Bayard avaient pu se rejoindre enfin.

« As-tu remarqué cette jeune fille qui marchait à côté de l'impératrice ? s'était empressé de questionner Amaury.

— Demande-moi plutôt si je l'ai reconnue, répliqua vivement Bérenger. Le vent qui soufflait de mon côté a par trois fois soulevé son voile.

— Eh bien ?

— C'est elle, Amaury !... c'est la compagne de notre enfance !... c'est notre bien-aimée Geneviève ! »

L'ASTROLOGUE

Éginhard l'avait bien prévu, ce fut en captif que Lodewig le Pieux se vit installé dans le camp de ses fils.

Mais il se résigna sans se plaindre : on avait laissé près de lui Karle et Judith.

Et puis il espérait que le Ciel ferait descendre un rayon de miséricorde dans les cœurs des fils d'Hermengarde; il comptait sur les deux plus jeunes : Louis le Germanique et Peppin ou Pépin, roi d'Aquitaine.

C'étaient cependant des esprit étroits, grossiers, presque barbares. Le premier n'avait jamais connu d'autre passion que celle de la chasse, le second n'était plus autrement appelé que Peppin le Buveur; mais il restait encore en eux quelques qualités de grande race.

Par malheur, on n'en pouvait dire autant de leur aîné, Lother, roi d'Italie et associé à l'empire. Déchu de ce dernier titre à la suite de ses précédentes révoltes, il en avait conçu contre son père une de ces haines sourdes qui ne pardonnent pas. C'était une nature violente, égoïste, avide et surtout ambitieuse. Tout en feignant de n'être jaloux que du seul Karle, il convoitait avec une égale ardeur les royaumes de ses deux autres frères ; ce qu'il rêvait, ce qu'il voulait, c'était de réunir et d'absorber en lui l'empire tout entier de Charlemagne.

Aussitôt après la réception de Lodewig, Ganelon se rendit auprès de Lother, dont il était l'âme damnée, mais qui cette fois l'accueillit avec un froncement de sourcils des plus significatifs.

Le tout-puissant favori ne s'émut en aucune façon de la hargneuse humeur du maître, et, se penchant à son oreille, il lui dit :

« Ce qui manque une première fois réussit une seconde ; il ne s'agit que de faire renaître l'occasion.

— Mais comment ?... comment ?

— Dans un voyage, par exemple... dans un long voyage, il peut survenir tant d'accidents...

— De quel voyage veux-tu donc parler ?

— N'est-ce pas à Aix-la-Chapelle qu'on couronne les empereurs ?...

— Oui... eh bien ?

— Pourquoi ne pas partir dès aujourd'hui pour Aix-la-Chapelle ? »

Le sourire reparut sur le visage enfiévré de Lother ; mais lorsque Ganelon voulut s'expliquer davantage, il l'arrêta par ces mots :

« Libre à toi d'agir comme tu l'entendras ; je ne veux rien savoir. Dans une heure nous serons en route.

— Dans huit jours, conclut Ganelon, je serai premier chambellan de l'empereur Lother ? »

Le grand conseil fut aussitôt rassemblé ; il vota d'enthousiasme le départ immédiat et le prochain couronnement du successeur de Lodewig.

« Mais... voulurent observer les deux autres fils, mais notre père ?

— Je l'ai vu, interrompit audacieusement Lother; il consentira. »

Puis, il parla à Louis le Germanique des belles chasses dont on pourrait en chemin se donner la joie ; à Peppin le Buveur, des nobles vins que l'on dégusterait en passant, et ni Peppin ni Louis ne pensèrent plus au prisonnier.

Parmi les grands de l'empire, il y en eut cependant quelques-uns qui voulurent s'assurer par eux-mêmes de la vérité de ce qui venait de leur être dit, et qui tentèrent de voir le vieil empereur.

On leur défendit l'entrée de la tente dans laquelle il était renfermé.

Attiré par le bruit, Lodewig voulut sortir. On lui barra brutalement le passage, et, comme il insistait pour parler à ses fils, on lui répondit :

« Si tu ne te soumets pas sans murmurer, à l'instant même, on te sépare de Judith et de Karle! »

Vaincu par cette menace, le vieil empereur se tut aussitôt.

Un peu plus tard, on l'engagea à prendre place dans un de ces vastes et lourds chariots qui servaient à cette époque au transport des blessés, des enfants et des femmes.

Cette fois encore, il obéit : Karle était monté le premier ; après Karle, Judith et Geneviève.

D'épaisses draperies se déroulèrent autour du chariot, le transformant en une sorte de tente roulante.

Les prisonniers avaient du moins la consolation de ne point être vus, mais ils entendaient les propos insultants et grossiers de la soldatesque commise à leur garde.

Ainsi que Ganelon en avait reçu la promesse, l'armée tout entière s'était mise en marche vers Aix-la-Chapelle.

Mais cette immense multitude, encore alourdie par les bagages de guerre, allait trop lentement au gré de l'ambition du futur empereur. Il résolut de prendre les devants avec ceux qui lui semblaient les plus aveuglément dévoués à sa fortune.

Il va sans dire qu'il emmenait également avec lui ses deux frères, dans lesquels il espérait des victimes.

Un peu au-dessus de Strasbourg attendait une flottille réunie à la hâte, et composée tant de radeaux que de grandes barques plates.

Dans l'une de ces dernières fut transportée la tente qui jusqu'alors avait recouvert le chariot, et sous laquelle les quatre prisonniers se trouvèrent de nouveau réunis.

En dehors de la tente restait un large espace destiné à trente-six rameurs, qui se relayaient incessamment, douze par douze.

La rapidité du fleuve et la longueur des rames rendait ce nombre plus que suffisant.

Dans une embarcation à peu près semblable, mais plus vaste encore et surtout plus somptueusement décorée, les trois fils de l'empereur avaient pris place ; mais, soit antipathie, soit pudeur, ils se tenaient constamment éloignés de la flottante prison de leur père.

Vers le déclin du second jour, les embarcations furent amarrées en face de Mayence, qu'on appelait à cette époque la *Ville d'Or*, et qui voulut fêter ses illustres hôtes par un splendide banquet dans l'ancien palais de Drusus.

La grande salle romaine, toute drapée de précieux tissus orientaux, toute garnie de feuillages et de fleurs, était éclairée par cent candélabres vivants, nains grotesques ou jeunes esclaves demi-nues, dont les torches parfumées se reflétaient merveilleusement dans les panoplies et les trophées, dans la lourde orfèvrerie et dans les chatoyants cristaux, sur les armures des assistants qui se tenaient debout tout à l'entour de la table, et sur les éblouissants costumes des convives à demi couchés, à la manière antique, sur de moelleux amas de fourrures.

C'était le temps des robustes appétits et des amples rasades ; c'était le temps où l'on méprisait celui-là qui n'était pas superbement ivre après un royal festin.

Les trois jeunes rois s'étaient montrés dignes de l'hospitalité mayençaise. Dire combien d'amphores avaient été vidées, dire toutes les victuailles qui s'étaient succédé sur les tables, ce serait impossible.

« Comte ! s'écria enfin Lother, qui, bien que s'étant plus ménagé que ses deux frères, arrivait cependant à l'ivresse, comte, au commencement du repas, je vous ai demandé si c'est bien à Mayence qu'a pris retraite ce grand astrologue qui fit de si belles prédictions à notre grand-père Charlemagne et qui écrivit son histoire.

— Effectivement, répondit pour la troisième fois le leude, gouverneur de la ville; et, suivant votre désir, seigneur roi, j'ai fait mander ici ce savant vieillard.

— Pourquoi donc ne le vois-je pas encore?

— Ce retard peut s'expliquer de trois façons : son grand âge... sa demeure assez éloignée de la ville... enfin sa maladie. Il était presque mourant la dernière fois que j'allai lui rendre mes

Les quatre prisonniers se trouvèrent de nouveau réunis.

devoirs; à l'heure où votre message est parvenu chez lui, peut-être était-il déjà dans l'autre monde. »

Tout à coup une voix s'éleva, qui dit :

« Je suis de ceux auxquels il est permis d'en revenir pour annoncer les desseins de Dieu... Me voici! »

Alors seulement, et comme s'il était sorti de terre tout à coup, les convives de l'orgie aperçurent devant eux l'astrologue.

Par-dessus sa longue robe noire à broderies rouges, retombait un grand manteau rouge sur lequel se répétaient en noir les ornementations cabalistiques de la robe. Une cagoule rouge et noire, assez semblable à celles que portent encore aujourd'hui les pénitents espagnols, ne laissait voir de son visage que deux yeux étincelants.

Il y eut un silence; les plus braves eux-mêmes n'avaient pu se défendre d'un premier frisson.

L'astrologue marcha droit à Lother, et reprit :

« C'est toi qui m'as fait demander... que me veux-tu ?

— Connaître l'avenir », répondit le futur empereur après une longue pause.

Le silence devint encore plus profond.

Le voix de l'astrologue, une voix vibrante et grave comme celle du bronze, fit entendre cette réponse :

« Ceux qui s'élèvent seront abaissés, ceux qui sont abaissés se relèveront ! telles sont les paroles de l'Écriture.

— Voudrais-tu faire entendre, questionna Lother, qu'une fois encore notre père se relèvera de sa chute, et l'emportera sur nous?

— Le Ciel n'est jamais du parti des fils ingrats !

— Le Ciel serait donc pour Karle ?

— Dieu permit que Joseph fût vendu par ses frères, mais il le fit devenir le plus puissant d'entre eux.

— Assez ! assez ! » commanda furieusement Lother, qui s'était attendu à un flatteur et qui rencontrait un juge.

Louis et Peppin, fronçant le sourcil, écoutaient avec une stupeur avide. Tous les convives et tous les assistants semblaient peu à peu se transformer en statues. Ganelon seul osa s'avancer vers le mystérieux devin; on eût dit que ses regards ardents cherchaient à voir à travers la cagoule noire et rouge.

Sans paraître le moindrement ému, l'astrologue poursuivit :

« Tu m'as fait venir, Lother, et jusqu'au bout tu m'entendras. Dieu protège l'œuvre de Charlemagne, et veut que la couronne reste au front de son fils. Dieu protège l'empire des Franks, et veut qu'entre tous les peuples ils restent les premiers. Malheur donc aux traîtres endurcis ; mais pardon et gloire à ceux qui ne sont qu'égarés, à ceux qui s'empresseront de revenir au devoir. Fussent-ils un contre cent, ils vaincront : Dieu le veut! Si les vivants ne suffisent pas, il rouvrira les tombeaux, et, pour donner à l'empereur Lodewig des soldats encore plus invincibles, il ressuscitera les morts! »

Un long murmure d'effroi courut dans l'assemblée tout entière. Lother seul osa rire, mais d'un rire saccadé, fiévreux et tel que peut seulement le produire la colère unie à l'ivresse.

Puis, se redressant tout à coup :

« Une preuve que tu n'es pas un imposteur ! cria-t-il à l'astrologue. Une preuve à l'instant, ou je te fais dévorer par mes chiens !

« C'est toi qui m'as fait demander... que me veux-tu ? »

— Regarde ! répondit impassiblement celui qui venait de le menacer ainsi. Regarde, et sois convaincu ! »

Un chevalier armé de pied en cap se trouvait auprès du devin.

Comment était-il venu là ? Nul n'aurait su le dire.

L'astrologue souleva tout à coup la visière du casque de ce chevalier.

« Roland ! cria le premier Ganelon, qui, lui-même, se rejetait en arrière avec épouvante.

— Roland! Roland! répétèrent à l'entour de la table toutes les voix terrifiées.

— France et Karle! » dit le fantôme en brandissant la terrible Durandal, qu'il venait de tirer du fourreau.

Alors, dans la vaste salle, tout à l'heure encore retentissante des joyeuses clameurs de l'orgie, il y eut un indescriptible tumulte. Tous se levèrent et voulurent fuir à la fois; tous étaient ivres et roulèrent confusément les uns avec les autres; la table fut renversée, le sang et le vin se mêlèrent, et comme jadis au festin de Balthazar, les lumières s'éteignirent.

Quand on en rapporta de nouvelles, le spectre et l'astrologue avaient également disparu.

Vainement Lother exigea qu'on reprît place au banquet; vainement il voulut tourner la chose en plaisanterie et raviver la gaieté des convives; une heure après tout au plus, il était seul, entièrement seul, devant l'immense table, roulant dans son cerveau mille pensées sinistres.

VII

LANDRIK

Un peu au-dessous de Mayence, à l'endroit le plus large du fleuve, s'élevait alors une île, que le courant a depuis emportée, que d'anciennes et terribles traditions druidiques protégeaient en ce temps contre toute approche.

Jamais canot, disait-on, n'y avait abordé ; jamais depuis des siècles un pas humain ne s'était hasardé à franchir l'inextricable rempart de verdure qui de tous côtés l'entourait.

Ce matin-là, cependant, si quelque audacieux avait attentivement regardé de l'une ou de l'autre des deux rives, il aurait entrevu briller des yeux vigilants à travers les lianes sauvages qui retombaient tout à l'entour de l'île ainsi qu'un immense vélum brodé de fleurs.

Ces attentives sentinelles, c'étaient les écuyers et les varlets des Treize.

A quelques cent pas en arrière, autour d'un dolmen à demi écroulé, les maîtres étaient assis et tenaient conseil.

Le feuillage était tellement épais au-dessus de leurs têtes que, même par les oiseaux du ciel, ils ne pouvaient être vus.

Éginhard seul se tenait debout et parlait.

« Chacun isolément, disait-il, vous vous êtes introduits dans le camp des vainqueurs, et par vous-mêmes vous vous en êtes convaincus, ce n'est pas au lendemain d'une révolution qu'on peut faire revenir de son erreur une nation toute entière. Laissons se dissiper l'enthousiasme de ceux-ci, l'or de ceux-là, les espérances et les ambitions de tous. Arrivons d'abord à diviser cette grande masse d'hommes, aujourd'hui trop compacte pour nous donner prise, et, lorsque chaque roi sera retourné dans son royaume, chaque comte dans son comté, chaque baron dans son manoir, alors seulement arborons hautement notre drapeau, et faisons resplendir nos épées en plein soleil. Voilà ce que nous dicte l'intérêt bien entendu de notre cause, compagnons ; voilà ce que commande la sagesse !

— Mais en attendant, observa Wilha le Burgonde, le fils de notre maître est captif, et vous n'ignorez pas avec quelle rigueur...

— La prédiction d'hier soir, interrompit Éginhard, a eu pour premier résultat d'adoucir la situation présente de l'empereur. S'il y a crime à ce que nous avons osé, Roland et moi, que Dieu nous pardonne! A la tour de Drusus, nous avons avons frappé de terreur et de remords bien des esprits. Plus tard, mais ayant dépouillé mon déguisement d'astrologue, j'ai conduit Roland à la tente de Peppin, puis à celle de son frère le Germanique, et tous les deux, dans le demi-sommeil de l'ivresse, ils ont revu passer son ombre accusatrice. Aussi, ce matin, ils sont allés trouver Lother, et ils ont eu le courage de lui dire : « Traite mieux notre père »!

— Et Lother a obéi, nous le savons, dit à son tour le comte Robert. Mais nous savons aussi qu'il est capable des plus noirs desseins, et que peut-être même l'idée du meurtre...

En ce moment, l'une des vedettes échelonnées autour de l'île jeta par trois fois le cri du héron.

C'était le signal convenu pour annoncer une communication à venir chercher; car lorsque les maîtres étaient en conseil, jamais écuyers ni varlets ne devaient s'en approcher à moins de cinquante pas.

« Amaury, dit Roland, allez voir ce dont il s'agit. »

Le frère de Bérenger se leva vivement, et disparut aussitôt à travers la feuillée.

Bientôt il reparut en courant, et dit :

« C'est l'un des varlets du comte Efflam, Puk, qui revient de la ville, et qui demande à parler en toute hâte à son maître.

— Allez, comte. »

L'absence d'Efflam ne fut guère plus longue que ne l'avait été celle d'Amaury; mais il revint plus précipitamment encore et avec les marques d'une vive émotion sur le visage.

« Que se passe-t-il donc? demandèrent plusieurs voix.

— Voici déjà près de deux heures, répondit Efflam que les fils d'Hermengarde sont partis en chasse et qu'ils ont emmené avec eux le fils de Judith...

— Karle!

— Oui... c'est une idée de Lother qui prétend prouver par là son retour à de meilleurs sentiments envers les prisonniers.

— Eh bien?

— Dans cette prétendue complaisance fraternelle, mon écuyer Landrik a cru voir un piège.

— Landrik? fit Roland, n'est-ce pas notre brave pourfendeur du Champ-Rouge?

— Précisément, répondit Efflam. Il a reconnu parmi les chasseurs quelques-uns de ceux qui ont échappé l'autre jour à son épée; et de sa propre inspiration il a suivi la chasse, mais après m'avoir tout d'abord dépêché Puk, afin que nous fussions avertis que le petit-fils de Charlemagne est en péril! »

Déjà les Treize étaient debout, tout prêts à se mettre en campagne.

Mais de quel côté fallait-il courir?

« Écoutez! » fit le comte Robert.

Chacun se tut et prêta l'oreille.

Le bruit du cor se faisait entendre au lointain, sur la rive droite.

« En chasse à notre tour! s'écria Roland. En chasse! »

Par malheur, en arrivant au bord de l'eau, il fallut envoyer quérir la barque, qui se trouvait de l'autre côté de l'île et, par conséquent, attendre.

Durant cette attente, les Treize ne pouvaient qu'écouter, que regarder.

En face d'eux se trouvait une assez vaste plaine, enceinte de toutes parts par une forêt, qui, rejoignant plus loin la rive, en amont comme en aval, ressemblait à un immense arc de verdure dont le fleuve figurait la corde.

La plaine était complètement déserte. Dans la forêt, on entendait se rapprocher rapidement les fanfares.

Tout à coup les oliphants sonnèrent avec éclat.

« Malheur! s'écria le comte Robert. Ils chassent l'uroch! »

Et ses douze compagnons, répétèrent avec effroi :

« L'uroch! »

L'uroch, qui ne se rencontre plus guère aujourd'hui que sur les confins asiatiques de l'Europe, c'est le taureau sauvage, c'est le buffle indien, c'est le bison d'Amérique.

A cette époque, il abondait encore sur les rives du Rhin, et, s'il faut en croire les vieux livres de vénerie, c'était un animal bien autrement gigantesque et redoutable que tous ceux-là mêmes que nous venons de nommer.

La chasse à l'uroch offrait donc mille dangers, et comme telle était la passion favorite des Franks. La chronique rapporte que Charlemagne, ce Nemrod impérial, y fut blessé plusieurs fois : c'est tout dire.

On comprendra donc facilement l'inquiétude des Treize. Elle redoubla bientôt, lorsqu'aux appels précipités des cors, ils reconnurent qu'une faible partie seulement des chasseurs venait de s'attaquer à un uroch, et qu'il leur fallait du secours.

La barque n'arrivait pas, la rivière était large et le courant rapide.

Tout à coup, cinq ou six cavaliers débouchèrent dans la plaine.

En tête de ces cavaliers galopait le jeune Karle.

Bien que la distance fût grande encore, les Treize le reconnurent aussitôt, et jetèrent un cri.

Un énorme uroch venait de s'élancer à son tour de la forêt et furieux, écumant, blessé sans doute, il poursuivait avec une effrayante rapidité les fugitifs.

Cependant ceux-ci avaient d'excellents chevaux, ils pouvaient échapper encore.

Un énorme uroch venait de s'élancer à son tour de la forêt.

Leur ennemi, d'ailleurs, fut un instant retardé par une douzaine de ces terribles dogues, pareils à ceux qu'envoya Charlemagne au calife Aroun-al-Raschild.

Impuissants et muets, les Treize assistaient de loin à cette scène dont les péripéties se précipitaient avec une effrayante rapidité.

Telles étaient la force et l'impétuosité de l'uroch, qu'en quelques secondes il eut éventré de ses cornes, ou broyé sous ses pieds, le restant de la meute vaincue qui s'acharnait encore après lui.

Puis, délivré des chiens, il bondit de nouveau vers les chasseurs.

Ceux-ci avaient gagné du terrain; il devenait probable maintenant qu'ils atteindraient la forêt, et pour eux c'était le salut. En ce moment, un des cavaliers se rapprocha tout à coup de Karle, et d'un revers de couteau de chasse il coupa l'une des jambes de son cheval.

Le cheval aussitôt s'abattit, entraînant l'enfant dans sa chute.

Quant à ceux qui eussent dû l'entourer et le défendre, ils précipitèrent leur fuite, excités par un cri de l'infâme dont ils étaient les complices, et dans lequel Éginhard et Roland venaient de reconnaître Ganelon.

Karle, cependant, s'était relevé. D'un rapide regard ayant choisi le bouquet d'arbre le plus rapproché, il courait.

Il semblait impossible maintenant que le pauvre enfant échappât à la mort.

L'uroch rencontra tout d'abord sur son passage le cheval qui venait de s'abattre, et d'un seul coup de ses redoutables défenses, il l'envoya se briser au loin derrière lui.

Puis, la tête baissée de nouveau, il s'élança sur Karle.

Mais, depuis quelques instants déjà, un homme, ou plutôt une sorte de géant, était, sans que personne le remarquât encore, apparu sur la lisière de la forêt.

Il bondit tout à coup jusqu'à l'adolescent, et lui faisant un rempart de son corps, il le rejeta vivement en arrière.

Puis il se campa résolument sur ses robustes jarrets, et les deux mains en avant, pareil à l'Hercule antique, il attendit l'uroch lancé à fond de train. Il l'empoigna par les cornes au moment où le terrible animal relevait la tête, et l'arrêtant net, il le contraignit même à ployer les genoux.

« Hurrah! cria de loin la voix du comte Efflam, qui venait de reconnaître ce miraculeux sauveur. Hurrah... c'est Landrik! »

Les douze autres paladins répétèrent ce cri d'encouragement; et, comme la barque arrivait enfin, ils s'y précipitèrent tous à la fois, afin de courir en aide à l'héroïque écuyer, ou tout au moins d'assister de plus près à sa victoire.

Malheureusement, la rive droite était en cet endroit assez élevée; elle ne permettait pas aux Treize de voir ce qui se passait dans la plaine. Le seul Roland, grâce à sa haute taille, dominait la berge, et pouvait tenir ses compagnons au courant du terrible duel engagé entre le géant et l'uroch.

« Il tient ferme! disait-il avec une croissante admiration. Et l'animal, cependant, se débat avec rage. Il se ramasse, il secoue son front si terriblement armé, il se cabre. Oh!... non... non. L'homme est décidément le plus fort : il a été soulevé de terre, mais il vient de retomber debout en même temps que l'uroch et toujours le maîtrisant des deux mains... Il s'efforce de le terrasser maintenant... Hurrah!... Il incline de côté les cornes, il pèse dessus de tout son poids. Un faux pas, un seul instant de faiblesse, et elles lui crèvent aussitôt la poitrine. L'uroch se raidit dans un dernier effort, mais il cède. Oui... oui... Landrik lui tord le cou... il le renverse... il l'enlève à son tour... il... »

Roland n'eut pas besoin d'achever; un bruit sourd et pesant venait d'ébranler la terre... l'uroch était tombé, l'uroch était vaincu.

« Par le roi des cieux ! s'écria Roland, je ne sais pas si dans toute ma force d'autrefois, j'eusse été capable d'un tel triomphe! »

Un dernier effort des rameurs porta la barque jusqu'au rivage; et les treize paladins s'empressèrent de remonter la berge, qui, pour quelques instants encore, les empêchait de voir et d'être vus.

Pendant ce temps-là, Landrik achevait sa victoire.

« Tirez votre couteau de chasse, avait-il dit à Karle, et frappez ici... ici, dans cette tâche noire. »

Du regard, il indiquait le poitrail haletant de l'uroch ; des deux mains et des deux genoux, il le maintenait terrassé.

Revenu de son effroi, le petit-fils de Charlemagne obéit à la voix de celui qui venait de le sauver d'une mort certaine, et l'on entendit presque aussitôt un terrible mugissement d'agonie.

Ganelon atteignait en ce moment la lisière de la forêt; il regarda tout à coup en arrière; il aperçut l'enfant debout et l'uroch expirant : il jeta un cri de rage.

Mais, auprès de Karle, il n'y avait que Landrik qui se relevait tout sanglant, et Ganelon était escorté d'une demi-douzaine de sicaires entièrement acquis au service de sa vengeance.

Il leur donna le signal du meurtre en tirant le premier son skramasac, et, montrant de loin le fils de Judith, il allait s'élancer. Tout à coup les Treize surgirent au niveau de la plaine, et crièrent en agitant leurs épées :

« Karle et France!

— Encore eux! » rugit Ganelon.

Et rétrogradant aussitôt, il disparut dans la forêt.

Roland et ses compagnons se hâtèrent de rejoindre le fils de Judith ; mais, en arrivant auprès de lui, ils furent très surpris de n'y plus rencontrer Landrik.

« Où donc est mon brave écuyer? demanda le comte Efflam.

— Qu'est devenu votre héroïque sauveur? ajouta Roland.

— Je ne sais, répondit Karle. Il vient de s'élancer à travers le taillis, comme afin de poursuivre les cavaliers qui tout à l'heure étaient là.

— Impossible, fit Roland ; il est comme nous à pied.

— Oh... oh! sourit Efflam, vous ne connaissez pas Landrik. C'est le plus alerte coureur qui soit en Bretagne ; et quelque rapide que soit le gibier qu'il chasse, s'il s'est mis en tête de l'atteindre... soyez sans crainte... il l'atteindra... »

— Qui êtes-vous? questionnait en même temps Karle ; lorsque mon père me demandera qui m'a sauvé, que lui répondrai-je?

— Que ce sont ses treize amis du Champ-Rouge ! »

Le fils de Judith parut frappé de ce souvenir et s'inclina sans questionner davantage.

« Songeons que l'accident de la chasse est peut-être déjà connu, observa vivement le comte Robert, songeons que l'empereur doit être inquiet de son cher Karle. »

L'ordre fut aussitôt donné d'amener les chevaux, qui se trouvaient cachés non loin de là, et le mystérieux escadron servit d'escorte au petit-fils de Charlemagne.

En arrivant en face de l'embarcation impériale, que de fortes amarres maintenaient au milieu du fleuve, il fut facile de voir que déjà de mauvaises nouvelles y étaient parvenues.

L'empereur Lodewig, debout à l'avant du bateau, commandait impérieusement qu'on le conduisît à terre. Soutenue par Geneviève, l'impératrice Judith suppliait et pleurait.

En ce moment les Treize apparaissent sur la rive, tirent de nouveau leurs épées, de nouveau font entendre leur cri de guerre; puis, s'écartant tout à coup, ils montrent le jeune Karle, caracolant et souriant au milieu d'eux.

Il le maintenait terrassé.

Un canot justement se trouvait là, échoué sur le sable. En un clin d'œil, il fut mis à flot; Karle y prit place, et les deux frères Bayard reçurent l'ordre de lui servir de rameurs, tandis que le reste du bataillon de Roland attendait leur retour sur la rive. Quelle joie pour Amaury et Bérenger; pendant un instant ils allaient être rapprochés de la bien-aimée compagne de leur enfance! Aussi la traversée fut prompte, et le petit batelet ne tarda pas à accoster la grande barque.

Karle bondit aussitôt vers sa mère; puis, tous deux réunis dans un même embrassement, ils s'élancèrent dans les bras du vieil empereur. Profitant de ce que l'attention générale se concentrait sur ce touchant tableau, Amaury et Bérenger se redressèrent contre le bordage, et tous deux penchés vers le pont :

« Geneviève ! murmurèrent-ils d'une même voix, Geneviève ! »

La jeune fille se retourna vivement.

Mais les deux jumeaux avaient la visière baissée ; mais déjà, obéissant à un appel parti de la rive, ils repoussaient au large le batelet.

Geneviève ne put donc apercevoir leur visage, elle n'entendait plus leurs voix. Et cependant, émue, palpitante, elle s'avança jusqu'au bord du bateau, elle se pencha au-dessus du fleuve, elle regarda longuement les deux jeunes chevaliers qui s'éloignaient avec rapidité, mais toujours les yeux fixés sur elle.

Les avait-elle reconnus ?... N'était-ce encore qu'une vague divination, qu'un simple pressentiment? Nous ne nous prononçons pas, mais nous croyons que les souvenirs d'enfance laissent au fond du cœur de tels échos, qu'il suffit parfois pour les réveiller d'un seul mot murmuré tout bas.

Quand les deux jumeaux furent remontés à cheval, quand, au moment de disparaître, ils se retournèrent une dernière fois, Geneviève les regardait encore.

« Comme elle est devenue grande et belle ! dit Amaury.

— Ce n'est plus une enfant, répliqua Bérenger, mais c'est toujours un ange ! »

Et ils rejoignirent leurs compagnons, qui venaient de les distancer quelque peu.

Une heure plus tard la sainte phalange se trouvait de nouveau réunie sous les grands arbres de l'île aux Druides.

Le conseil, aussitôt repris, se prolongea jusqu'au repas du soir. A la dernière rasade, la nuit était déjà venue, et les paladins se préparaient au repos, lorsque le cri d'alarme retentit sur la rive droite. Chacun se leva, attendit.

Bientôt les branches, s'écartant avec fracas, donnèrent passage à Landrik. Le comte Efflam, et surtout Roland, voulurent tout d'abord le féliciter.

Mais dès les premiers mots, le digne écuyer les interrompit :

« Il ne s'agit plus du péril passé, dit-il, mais bien du péril à venir.

— Aurais-tu donc découvert un nouveau complot... un nouveau piège ?

— Dieu m'a fait cette faveur, mes maîtres... Écoutez-moi. Je suivais à la piste celui que vous savez.

— Ganelon ?

— Ganelon... oui... Oh ! je le reconnaîtrai maintenant, celui-

Émue, palpitante, elle s'avança jusqu'au bord du bateau.

là !... J'allais enfin l'atteindre, lorsqu'à l'un des détours du chemin tracé dans la forêt, il se rencontre avec le roi Lother, qui court aussitôt à lui, l'interroge avec impatience, puis se laisse aller à un tel emportement, que j'ai vu l'instant où le misérable assassin allait payer de sa vie le crime de ne pas avoir encore réussi cette fois.

— Landrik !

— Pardon de me prononcer ainsi contre le fils aîné de l'empereur, contre le propre frère de Karle. Pardon, mais je dois la vérité tout entière.

— Continue.

— Ganelon tremblait ni plus ni moins que les feuilles agitées tout à l'entour de lui par le vent. Il parvint cependant à se faire entendre et à attirer son maître à l'écart, auprès d'un vieux chêne que des roches et des buissons isolaient quelque peu du reste de la futaie. Quant à moi, caché à tous les yeux, je regardais de loin. A la façon dont le roi Lother se calmait graduellement et commençait à reprendre son sourire sinistre, je devinai que Ganelon lui proposait de racheter ses deux premiers échecs par une troisième infamie. Je mis aussitôt ventre à terre, je rampai parmi les broussailles, je parvins à portée de tout entendre, et, Dieu aidant, j'ai tout entendu !

— Eh bien ?

— Eh bien !... c'est quelque chose de terrible cette fois, d'infernal ! Alerte, chevaliers, alerte !... Ce n'est plus seulement le jeune Karle que menace le danger, c'est aussi l'impératrice et l'empereur. Si vous n'êtes pas là pour les sauver, ils doivent du même coup mourir tous les trois !

— Mais comment... mais où donc cela ?

— Au Bingerloch ! » répondit Landrik.

VIII

LE BINGERLOCH

De nos jours encore, ce n'est pas sans une certaine appréhension que les bateliers du Rhin franchissent la redoutable passe du Bingerloch, ou Trou-de-Bingen.

Parvenu à cet endroit de son cours, le fleuve se resserre tout à coup, et, transformé en une sorte de torrent, se précipite avec fracas entre deux abruptes falaises d'une prodigieuse hauteur. Partout, à la surface des eaux écumeuses, surgissent des roches aiguës et menaçantes. Au milieu même du courant, sur un îlot de granit machuré par le flot, se dresse, sinistre ainsi qu'un grand fantôme noir, le Mausethurm... la Tour-aux-Souris... la Tour de l'archevêque Hatto.

Trop de voyageurs ont fait la pittoresque excursion rhénane pour qu'il soit permis de raconter encore cette vieille légende ou de décrire ce grandiose et sombre tableau.

Bornons-nous à rappeler l'inscription apposée sur la rive gauche :

« Ici le lit du Rhin était rétréci par un banc de rochers contre lequel beaucoup de bateaux se brisèrent. Sous le règne de Frédéric-Guillaume III, roi de Prusse, ce passage fut, après trente années de travaux, élargi de 210 pieds, le triple d'autrefois. 1832. »

Si c'est à cette date seulement que la main des hommes est parvenue à maîtriser l'impétuosité du fleuve, s'il a fallu l'effort de dix siècles pour renverser les obstacles, qu'on juge, en voyant ce qu'est encore aujourd'hui le Bingerloch, de ce qu'il était au temps de Charlemange !

Une bien mince issue au milieu d'une cataracte, une étroite passe entre deux gouffres.

Cela posé, reprenons notre récit.

Deux jours se sont écoulés depuis la chasse à l'uroch; la nuit vient, une orageuse et sombre nuit.

Par intervalles, cependant, le vent qui pourchasse les sinistres nuées ménage à la lune une furtive apparition, et, parmi les rochers comme parmi le bouillonnement du fleuve, tout miroite alors et resplendit.

Puis, au bout d'un instant, toute cette sauvage et fantastique nature retombe dans la nuit, et l'on n'entend plus que l'éternel mugissement des eaux.

Au premier abord, les alentours du Bingerloch semblent complètement déserts.

Mais en examinant avec plus d'attention, on arrive à découvrir une barque qui se maintient avec peine dans le remous incessant d'une petite anse formée par de grandes roches, à quelques centaines de mètres en avant du terrible passage.

Dans cette barque, il y a treize hommes, armés seulement d'un léger surtout de mailles d'acier, mais portant tous au ceinturon une même et longue épée encore captive dans son fourreau de buffle.

Tous ils paraissent attendre avec une impatience mêlée d'angoisse.

« Décidément Landrik ne revient pas, dit enfin l'un d'eux. S'il n'avait pu parvenir à remonter le courant... s'il avait péri !

— Soyez sans crainte ! interrompt une seconde voix, celle du comte Efflam. Mon brave Landrik a été élevé sur la plus périlleuse de nos côtes bretonnes ; il a l'habitude de lutter avec l'Océan, et les colères d'un fleuve sont pour lui des jeux d'enfants. Vous savez si c'est un bon soldat ; c'est encore un meilleur matelot, et je vous garantis... »

L'époux de Clothilde n'acheva pas.

Le croc d'une gaffe venait de frapper le roc, et presque aussitôt un étroit batelet aborda la grande embarcation, dans laquelle sauta lestement Landrik.

Kob et Puk, qui lui avaient servi de rameurs durant sa

Un étroit batelet aborda la grande embarcation, dans laquelle sauta lestement Landrik.

périlleuse exploration, restèrent dans le canot. Ceux-là aussi étaient des matelots bretons.

« Eh bien ? demandèrent à l'envi les treize voix anxieuses.

— Eh bien ! répondit Landrik, dont la puissante voix eut peine, cependant, à dominer le fracas de la cataracte ; eh bien ! l'infâme Ganelon a merveilleusement choisi l'endroit, et jamais encore je n'avais vu tourbillon capable d'engloutir aussi promptement la proie qui s'y jette, ou qu'on lui jette. Quand nous avons abordé de l'autre côté, à droite puis à gauche, nous avons vu les deux rives jonchées de débris... et puis plus loin des tombes... beaucoup de tombes !... Oh !... pour tous ceux-là qui enfilent la passe, il n'est plus d'espoir de salut !...

— Et tu as eu assez de jour encore pour bien examiner ?

— Je réponds de moi là-dedans, ni plus ni moins qu'au milieu de nos récifs de Penmarc'h, par un fort vent d'ouest.

— Mais, se récria quelqu'un, comment ont-ils pu trouver des complices qui affrontent un tel péril.

— Je vous l'ai déjà dit, expliqua Landrik, ce sont des condamnés à mort auxquels on a promis grâce entière s'ils en réchappent, ce qui est possible, en se jetant à la nage, aussitôt après avoir lancé la barque dans le faux courant. De plus, en cas de succès, cent karolus d'or à chacun... Et puis l'on dira que c'est une catastrophe... oh ! j'ai tout entendu.

— Les misérables !

— Ils ne méritent pas votre colère, mes maîtres. Gardez-la tout entière pour les deux pilotes. Ils étaient de la chasse, et je les reconnaîtrai bien... Oh ! quant à ceux-là, pas de pitié ! Mais occupons-nous de l'essentiel... Tout ce qu'il faut est bien là ?

— Oui..., tout ! »

Ne se fiant qu'à ses propres yeux, le digne écuyer vérifia par lui-même les différents engins de navigation qu'on lui montrait, à savoir : des gaffes d'une longueur et d'une force extraordinaires, des grappins d'abordage, une sorte de pont volant, etc., etc.

Cet examen terminé, il s'assura que sa hache d'armes jouait librement à son ceinturon. Puis, se penchant une dernière fois comme pour reprendre quelque objet oublié, il se redressa avec son grand arc et son rustique carquois armoricain.

« Que diable veux-tu faire de cela cette nuit ? demanda en souriant Efflam.

— Qui sait ? » répliqua laconiquement Landrik.

Et comme on n'avait plus qu'à attendre, on attendit.

Au bout d'une heure environ, on commença à distinguer au loin sur le fleuve des lueurs mouvantes, qui s'avançaient rapidement et ressemblaient à des feux follets.

C'étaient les fanaux de la flotte.

« Attention ! » fit Landrik.

Il appela Kob et Puk, qui passèrent dans la grande barque, et saisissant les avirons, la conduisirent jusqu'à l'extrême pointe de la roche.

Plongés encore dans l'ombre, et par conséquent invisibles à tous les regards, les compagnons de Roland, pareils à des lions à l'affût, pouvaient d'un seul bond s'élancer sur leur proie.

Il y eut quelques minutes d'un tel silence et d'une telle immobilité, qu'on eût dit que la barque, les treize paladins et les deux rameurs étaient transformés en pierres.

L'avant-garde de la flottille ne tarda pas à devenir distincte; elle frôla la roche, elle passa.

Aucun des Treize n'avait fait un mouvement, aucun n'avait été soupçonné là.

Et cependant, dans les cinq ou six embarcations qui venaient de disparaître, emportées par le courant, deux regards inquiets cherchaient à percer les ténèbres : le regard de Lother et celui de Ganelon.

Seul avec plusieurs archers, ce dernier montait une petite péniche dont la marche était quelque peu plus lente, et lorsqu'elle eut passé, il se retourna pour regarder fiévreusement en arrière.

Les bateaux de Peppin et de son frère le Germanique commençaient seulement à poindre dans l'éloignement, et pour que le seul secours possible arrivât trop tard, la grande embarcation impériale s'efforçait de les distancer encore.

Elle approcha enfin des rochers.

Un seul fanal, flamboyant à l'avant, éclairait de ses rougeâtres reflets les trente-six rameurs, tous en ce moment penchés sur leurs avirons.

Sous la tente qui s'élevait au milieu tout restait obscur et muet. Le vieux Lodewig et les siens dormaient sans doute.

Tout à coup, Roland donna le signal.

En deux coups de rames, l'abordage eut lieu; en un tour de main, les grappins et le pont volant furent jetés.

Mais déjà l'agile Landrik avait bondi à l'attaque; déjà, d'un coup de hache, il précipitait dans le fleuve celui qui tenait le gouvernail.

Puis, courant au second pilote, qui se tenait à la proue, il lui fit éprouver le même sort.

Avant même que les trente-six rameurs fussent revenus de

leur première surprise, ils avaient à leur gauche les douze paladins, qui, six de chaque côté et tous l'épée nue, criaient :

« Haut les avirons... ou vous êtes morts ! »

Roland avait pris en main le gouvernail.

Landrik, auquel Kob et Puk venaient de passer les grandes gaffes, se tenait à l'avant, tout prêt à lutter avec les écueils du Bingerloch.

En ce moment, la lune apparut tout à coup entre deux nuées, et ce fut un admirable spectacle à voir que ces douze hommes de fer tenant en respect les trente-six rameurs terrifiés, tandis que les gigantesques silhouettes de Roland et de Landrik se profilaient au loin sur les flots argentés, avec les grandes ombres immobiles des épées et des avirons.

Au premier bruit des voix, cependant, les portières de la tente s'étaient écartées, donnant passage à la tête blanchie du vieil empereur Lodewig.

« Dormez en paix ! dit lentement Roland ; dormez, fils de Charlemagne. Les élus de votre père veillent sur vous ! »

De l'autre côté également, les draperies s'écartaient, mais sous les blanches mains de Geneviève.

Elle se trouva précisément en face d'Amaury et de Béranger. Leurs visages cette fois étaient découverts. La jeune fille et les jeunes gens se reconnurent. Ils étouffèrent à grand'peine un cri de joie ; ils restèrent immobiles, charmés, et se regardant les yeux dans les yeux, comme en rêve !

L'embarcation, durant ce temps-là, franchissait le terrible passage.

« Karle et France ! » crièrent les Treize.

Ce cri de triomphe, Ganelon l'entendit. La lune brillait encore. D'un regard, il vit tout, il comprit tout ; et de la péniche, qui se rapprocha rapidement, on put entendre s'élever un rugissement de rage.

Mais aucun des Treize ne le remarqua. Le fils de Charlemagne était encore une fois sauvé ; ils ne songeaient plus qu'à repasser en toute hâte dans leur canot, que Kob et Puk avaient su maintenir au flanc même de la barque impériale.

Ce fut un admirable spectacle.

Tout à coup, Ganelon se redressa dans la péniche, et tenant en main l'arme qu'il venait de prendre à l'un de ses archers :

« Oh! s'écria-t-il, cette fois du moins je saurai si ce sont des hommes ou des spectres! »

Guidée par la haine, la flèche vint frapper en pleine poitrine Wilha le Burgonde, qui enjambait en ce moment le canot et qui tomba dans le fleuve.

« Je le sauverai! fit Landrik. Mais, avant tout, je le venge!... Béni soit Dieu, j'ai là mon arc! »

Et tandis que Ganelon, frappé à son tour, se tordait convulsivement aux bras de ses archers, Landrik se précipitait la tête la première dans le tourbillon où venait de disparaître le Burgonde Wilha.

IX

QUI DE TREIZE RETIRE UN, RESTE TREIZE

C'est à l'ermitage de Roland qu'il faut de nouveau nous transporter.

Deux des Treize gravissent le sentier qui conduit au plateau : Éginhard et Roland.

Suivi des frères Bayard, le comte Efflam descend à la rencontre des deux arrivants, et, sitôt qu'ils les a rejoints, il leur demande :

« Eh bien! avez-vous réussi?

— Je l'espère, répond Éginhard. Oui,... nous aurons à nous applaudir d'avoir retenu comme prisonniers de guerre quelques-uns des rameurs de Ganelon. Nous les avons conduits auprès de Louis le Germanique et de Peppin, nous leur avons fait confesser hautement le nouveau crime de Lother.

— Et alors?...

— Peppin et Louis ont eu un noble mouvement d'indignation ;

et, bien que n'osant pas encore rompre ouvertement avec leur aîné, déjà cependant ils ont rebroussé chemin, sous prétexte d'aller activer chacun la marche de son armée.

— Oh! Lother les domine... ils en ont peur, ils le rejoindront à Aix-la-Chapelle.

— Nous y serons nous-mêmes dans quelques jours, et nous verrons bien. Mais parlez-nous de notre blessé; comment va-t-il ce soir?

— Hélas! répondit Efflam, tout espoir est perdu. Dans ce moment peut-être, il rend l'âme!

— Hâtons-nous! s'écria Roland. Je veux du moins lui dire un dernier adieu. »

Les cinq chevaliers pressèrent le pas, et bientôt atteignirent l'entrée de la grotte.

Là, sur une épaisse couche de fougère, Wilha le Burgonde agonisait.

A sa droite était agenouillé Landrik; à sa gauche se tenait un homme de Dieu qu'on était allé quérir au plus prochain monastère, et qui, après avoir rempli auprès du moribond l'office de chirurgien, venait de préparer son âme pour le ciel.

Deux torches ardentes éclairaient ce funèbre tableau, et permettaient d'apercevoir, dans le fond de la grotte, une longue pierre noire disposée en forme de tombeau, et qui portait cette simple inscription :

J'ATTENDS LES AUTRES.

Puis, un peu plus bas, ce seul nom :

KALOUMEROS.

C'était là que reposait ce dernier descendant de Jules César qui, même après sa mort, avait voulu se trouver au rendez-vous.

A l'aspect de ses compagnons, le blessé parut se ranimer; il se releva même à demi; il prit la main de Roland et de l'autre montrant le tombeau :

« Éginhard, dit-il, tu as permis que l'épée du mort fût relevée par une main vivante... permets à celui qui va mourir de disposer librement de la sienne. Je ne veux pas qu'on l'enterre avec moi, je ne veux pas qu'elle se rouille et devienne inutile au moment même où va commencer la lutte. Je désire, au contraire, qu'elle continue de briller au soleil à côté des douze autres, et qu'elle fasse aussi son œuvre... Éginhard, me refuseras-tu cette consolation suprême ?

— Non! répondit d'une voix profondément émue le gendre de Charlemagne. Non... Mais qui donc as-tu choisi pour hériter de ton épée?

— Oh! reprit le blessé avec exaltation, il en est digne, celui-là... Il a fait sous nos yeux ses preuves : il a risqué sa vie pour me sauver... c'est Landrik!

— Landrik! » répétèrent avec les marques d'une vive approbation tous les assistants.

Quant au brave écuyer, confondu, doutant encore s'il rêvait, honteux d'un tel honneur, il voulut parler, refuser.

Roland l'interrompit, et d'une voix grave :

« Landrik, dit-il, cette nuit même l'ombre de Charlemagne m'est apparue en songe », et se montrant à moi :

« Roland, m'a-t-il dit, j'ai oublié de vous adjoindre un homme qui ne fût rien par la naissance, mais qui représentât dans vos rangs le peuple armé. C'est parfois dans les entrailles d'une nation que Dieu lui choisit des sauveurs. Roland, celui-là aurait dû être des vôtres.

— Tu as eu ce rêve? fit avec un étonnement étrange Wilha le Burgonde.

— Oui.

— Moi de même!

— Tu le vois bien, Landrik, reprit Roland, c'est le désir du maître, et c'est la volonté de Dieu! »

Puis, prenant l'épée que lui tendait le moribond :

« A genoux donc, Landrik, commanda-t-il, à genoux! »

Landrik obéit.

Par trois fois, Roland lui frappa l'épaule gauche de la sainte lame; puis le relevant de la main droite :

« Et maintenant, conclut-il, embrasse tes pairs!... »

Après avoir reçu l'accolade d'Éginhard et de Roland, Landrik se précipita tout en pleurs dans les bras que lui tendait l'agonisant.

Quelques minutes plus tard, Wilha le Burgonde était mort.

Une seconde tombe fut creusée en avant de celle de Kaloumeros, et, sur la pierre noire qui la recouvrit, le stylet du moine traça seulement ce grand nom :

WILHA LE BURGONDE.

Lorsque les chevaliers, qui s'étaient agenouillés pour la dernière fois, se relevèrent, Roland laissa solennellement tomber ces paroles :

« Chaque fois qu'à son tour l'un de nous succombera dans la lutte, les survivants auront soin de faire rapporter ici son corps, afin que nous dormions ensemble côte à côte, et qu'au jour du jugement dernier, nous relevant tous à la fois, nous allions droit au maître pour lui dire : « Es-tu content de nous, Charlemagne? »

La nuit étant venue, on se remit en route vers Aix-la-Chapelle, dont les huit autres paladins devaient déjà s'approcher, avec les écuyers et les varlets.

Roland chevauchait le premier, taciturne et songeur. Ne venait-il pas de voir s'illuminer la cellule abbatiale du couvent de Nonnenwerth? Ne venait-il pas de s'éloigner une seconde fois de Théalda !

Éginhard le suivait de près, tout entier aux combinaisons de l'avenir.

Venaient ensuite Amaury et Bérenger; ce ne pouvait être que de Geneviève qu'ils s'entretenaient aussi chaleureusement à voix basse.

Quant au comte Efflam, qui fermait la marche avec le nouveau chevalier, tout d'abord il lui avait dit :

« Eh bien... Landrik... te voici maintenant mon égal?

— Je n'en reste pas moins tout dévoué à votre service...

Oh ! oh ! je me souviens de ce que j'ai promis à Madame Clothilde ! »

A ce nom, le comte Efflam devint pensif.

Et pendant toute une heure le silence fut gardé par les chevaucheurs de nuit.

Il n'était pas jusqu'à Landrik qui ne semblât aussi méditer.

Roland lui frappa l'épaule gauche de la sainte lame.

Mais sa méditation à lui se trahissait fréquemment par une brusque question, toujours la même :

« Croyez-vous, demandait-il alternativement à chacun de ses compagnons, croyez-vous que ma flèche ait porté en plein ? Croyez-vous que Ganelon soit bien mort ? »

Pauvre Landrick ! si ses regards avaient pu percer les ténèbres et l'espace, à cette même heure, et tout près de là précisément, dans un vieux manoir mérovingien, il aurait pu voir Ganelon assisté de deux médecins arméniens, qui lui commandaient un repos absolu durant six mois au moins, mais qui répondaient de sa vie.

Au chevet du blessé se tenait Bertrade.

AIX-LA-CHAPELLE

Aix-la-Chapelle, l'ancienne *Aquisgranum* de César et de Drusus, avait été la résidence favorite de Charlemagne, qui s'était plu à l'embellir d'une façon vraiment impériale, et qui, sur le fronton de son palais, avait fait graver cette inscription :

« Que cette ville soit regardée comme le siège de l'empire au delà des Alpes, et comme la capitale de toutes les provinces et cités de la Gaule. »

La cathédrale, gigantesque basilique octogone d'une prodigieuse hauteur, avait été solennellement consacrée par le pape Léon III, en 804, le jour des Rois. S'il faut en croire les vieilles chroniques latines, elle était resplendissante d'or et d'argent.

Au centre même de cette sublime coupole s'élevait le tombeau de Charlemagne, vaste mausolée de granit, flanqué de quatre aigles aux ailes étendues, et dans lequel on entrait de plain-pied par une sorte d'arc triomphal aux portes de bronze.

Là, sur un magnifique fauteuil de marbre, le grand empereur était assis, revêtu du splendide costume impérial, l'épée au flanc, la couronne en tête, son livre d'évangiles sur les genoux, son sceptre et son bouclier à ses pieds, sa grande bourse de pèlerin suspendue à sa ceinture ainsi que lorsqu'il allait à Rome.

Des médecins égyptiens avaient été chargés de son embaumement, et s'en étaient si merveilleusement acquittés qu'il semblait dormir.

Enfin, au-dessus de ce superbe monument, qu'à la fin du même siècle les Normands devaient détruire, on lisait :

« Ici repose le corps de Karle, grand et orthodoxe empereur, qui étendit glorieusement le royaume des Franks, et sagement le gouverna quarante-sept années durant. »

Quant à la ville elle-même, c'était la Rome de l'Occident.

Dans l'une des nombreuses villas des alentours, les Treize se trouvèrent de nouveau réunis ; les derniers arrivants demandèrent aussitôt des nouvelles.

Éginhard ne s'était pas trompé dans ses prévisions : ni Peppin, ni Louis ne se trouvaient au rendez-vous d'Aix-la-Chapelle.

Ils s'en étaient retournés, chacun avec son armée, chacun dans son royaume. Bien plus, avant de se séparer, ils avaient fait parvenir à Lother un message ainsi conçu :

« Respecte les jours de notre père, ou tous les deux nous reviendrons en ennemis. »

Cette menace, ce premier acte de repentir, n'étaient-ils pas le présage d'un revirement complet, d'une prochaine croisade en faveur de l'empereur Lodewig ?

Lother en avait jugé ainsi ; après un premier accès de fureur, il s'était pris à songer aux moyens d'assurer immédiatement le triomphe de son ambition, et, bien que privé des conseils de Ganelon, voici ce qu'il avait imaginé :

Lodewig, Judith et Karle venaient d'être renfermés dans trois prisons différentes. Peu s'en était fallu que le vieil empereur n'expirât de désespoir ; mais à ses imprécations, à ses supplications, à ses larmes, on avait inflexiblement répondu :

« Si tu veux revoir ta femme et ton fils, si tu veux vivre libre avec eux dans celle des villas qu'il te plaira de choisir, déshérite Karle du royaume que tu lui as donné, et pour toi-même abdique l'empire ! »

A cette audacieuse et déshonorante proposition, le fils de Charlemagne avait retrouvé toute son énergie, et les émissaires de Lother s'étaient retirés avec un refus.

Mais deux jours s'étaient écoulés, deux jours d'isolement, d'angoisses, de douleur; et le pauvre vieillard, à bout de forces, venait de demander qu'on le conduisît dans la cathédrale et qu'on l'y laissât seul afin qu'il pût en liberté réfléchir et prier auprès du tombeau de son père.

Cette autorisation, Lother l'accorderait-il ? On l'ignorait encore.

En ce moment, le comte Robert, qui seul manquait au conseil, rentra tout à coup.

« L'empereur, dit-il, sera mené à la cathédrale. Mais, de crainte qu'il n'y retrempe son courage, Lother a donné l'ordre qu'il y retrouvât l'impératrice et son fils.

— Habile calcul !... sourit Éginhard. Mais il aura compté sans nous. »

Sitôt que le soleil disparut à l'horizon, les Treize s'acheminèrent silencieusement vers la ville.

A cette même heure, Lother se promenait à pas fiévreux dans la haute salle du palais bâti par son grand-père, et par intervalles il se disait :

« Ce soir enfin,... ce soir même, je serai empereur ! »

Puis, allant interroger le gigantesque sablier qui marquait l'heure :

« Quand tout ce sable sera tombé, murmurait-il, j'irai moi-même savoir sa réponse... Mais dès à présent, je n'en saurais douter... cette réponse, ce sera la couronne de Charlemagne ! »

Et toujours il reprenait sa promenade, de plus en plus impatiente.

Dans la ville, aussi, grande était l'anxiété. La population tout entière désertait les maisons, et se massait en bourdonnant autour de la basilique, que gardait un triple rang de soldats, et dans laquelle venait de disparaître le vieil empereur.

Les portes presque aussitôt se refermèrent sur lui.

Dans ces deux derniers jours, il semblait avoir vieilli de dix années, et sur son visage, affreusement pâle, on lisait clairement tout ce qu'il avait souffert.

Lentement et le front incliné sur sa poitrine, il marcha jusqu'au tombeau, et se croyant seul, ainsi qu'il en avait manifesté le désir, il allait s'agenouiller, lorsqu'un bruit de pas lui fit soudainement retourner la tête.

Judith et Karle s'avançaient à sa rencontre. Il leur tendit les bras, mais trop ému pour les accueillir autrement que par des caresses, il les étreignit en silence contre sa poitrine, il les embrassa tous deux en pleurant.

Cette touchante scène fut interrompue par la voix sèche et brève de l'archevêque de Reims, Ebbo, qui, comblé des bienfaits du vieil empereur, achevait de se déshonorer ce jour-là par son ingratitude.

Il représentait en ce moment Lother, et, montrant à Lodewig un écrit qu'il tenait à la main, il lui dit :

« Dans une heure, tu signeras cet acte de renoncement et d'abdication... ou bien, à l'aube prochaine, tu partiras pour le couvent de Saint-Médard de Soissons, qui te sera prison éternelle !

— Et l'impératrice ?... demanda le vieillard épouvanté. Et mon fils Karle... quel sort leur réserve-t-on ?

— Pour l'enfant, le monastère de Prüm, sur les confins des Ardennes ; pour la mère, la citadelle de Tortone, au delà des monts, tout à l'extrémité de l'empire. Il te reste une heure pour te décider, empereur Lodewig. Que Dieu t'éclaire ! »

Et l'impitoyable prélat les laissa seuls tous les trois dans l'église.

Il y eut un long silence.

Puis Lodewig, reculant de quelques pas et les yeux dirigés vers Judith :

« Compagne de ma vieillesse, lui demanda-t-il solennellement, que me conseillez-vous ?

— Est-ce à l'impératrice que vous vous adressez ? fit-elle. Est-ce à l'épouse ? Est-ce à la mère ?

— A toutes les trois, Judith.

— Oh ! le Ciel m'en est témoin, je n'ai ni ambition personnelle ni égoïste orgueil. S'il ne s'agissait que de nous deux, j'abandonnerais sans regret cette vaine puissance, en butte à la calomnie, à la haine ; et depuis longtemps je vous aurais dit :

Lother se promenait à pas fiévreux.

« Épargnons à nos ennemis le crime de nous arracher la couronne, descendons volontairement du trône, allons cacher notre abaissement dans quelque humble retraite où je m'efforcerai de rendre vos derniers jours heureux. » Mais je ne veux pas abdiquer pour notre enfant... mais je me sens le courage de lutter pour mon fils !

— Karle... notre cher Karle... Oh ! oui, oui...

— Nous avions placé de si belles espérances sur cette jeune tête tant aimée, et nous laisserions s'appesantir sur elle les froids ciseaux d'un monastère ! Ce devait être une glorieuse vie que la sienne, tout le présageait ; on allait même jusqu'à prédire que la grande âme de Charlemagne revivrait en lui tout entière ? Et nous le condamnerions à l'obscurité, à l'impuissance, au déshonneur !

— Jamais ! interrompit Lodewig avec un énergique élan. Jamais ! »

Et, la main droite appuyée sur la blonde tête de Karle, il ajouta majestueusement :

« Enfant... tu seras roi ! »

Ce fut au tour de Judith de revenir à l'irrésolution, à la crainte.

« Roi ! s'écria-t-elle avec égarement. Mais ce titre pour lui c'est peut-être la mort... Souvenez-vous des paroles de cet homme ! Le couvent des Ardennes, a-t-il dit. Et Karle y serait seul, entièrement à leur merci. Ils me le tueraient... Oh ! je me rappelle les derniers Mérovingiens... Oh ! j'ai peur... j'ai peur !... »

Elle venait d'attirer Karle sur son sein, elle l'entourait de ses bras, comme pour le défendre contre des ennemis invisibles.

« Ma mère ! murmura l'adolescent tout en pleurs. Tout ce que je demande, moi, c'est de ne pas te quitter, ma mère ! »

Alors seulement Lodewig comprit le piège que cachait cette réunion inespérée. Le père et l'époux devaient infailliblement l'emporter en lui ; auprès des êtres si chers à sa tendresse, il ne pouvait plus avoir l'héroïsme de rester empereur.

Brisé, désespéré, vaincu, il se retourna vers le mausolée et, tombant à genoux :

« Charlemagne ! s'écria-t-il, ô mon père, viens à mon aide ! Je succombe, tu le vois, sous la lourde tâche qu'a créée ton génie, que seul peut-être il pouvait porter. S'il est dans les desseins du Ciel que je m'efface devant mes fils ingrats, s'il est de l'intérêt de ton peuple que je leur cède cette puissance qu'ils ambitionnent, si je suis indigne de continuer ton œuvre, prouve-le-moi par quelque signe, et je me soumettrai sans murmurer. Mais si mon fils Karle est, ainsi qu'on l'a dit, l'élu de l'avenir, s'il me reste une espérance, si Dieu doit nous susciter des défenseurs, donne-moi la croyance en des jours meilleurs et surtout le courage de les attendre. Je n'ai plus de recours qu'en toi, mon père ; soutiens-moi, éclaire-moi, inspire-moi ; qu'une voix sorte de ton tombeau ! Parle ! oh ! parle ! »

Lodewig achevait à peine cette évocation, que déjà les portes de bronze semblaient s'émouvoir, et lentement s'ouvraient.

Stupéfait et béant, le vieil empereur se rejetait en arrière, et regardait d'un œil égaré. Il en était de même de Judith et de Karle, qu'elle serrait plus étroitement entre ses bras.

Les Treize sortirent silencieusement du mausolée, et se rangèrent six d'un côté, six de l'autre ; le dernier continua de s'avancer jusqu'auprès de Lodewig, et, le relevant avec respect, il lui dit :

« Fils de Charlemagne, tu nous as donc oubliés ?... tu ne te souviens donc plus que nous sommes envoyés vers toi par ton père ?

— Mais qui êtes-vous ? répétait le vieillard interdit. Qui donc êtes-vous ?

— Tu veux le savoir ?... Eh bien ! regarde... »

Alors, sous cette imposante coupole où commençait à planer l'ombre du soir, auprès de cette tombe entr'ouverte, devant ce vieillard, cette femme et son enfant, une chose extrêmement grandiose se passa.

Pareils à des statues de fer, les treize paladins défilèrent silencieusement ; d'une main ils saluaient avec l'épée, de l'autre ils relevaient chacun la visière de son casque.

Et le vieil empereur reconnut successivement : Roland, sous la bannière duquel il avait fait ses premières armes ; Éginhard, dont il était l'élève ; Hugues et Drogo, ses deux frères auxquels il demanda pardon du passé ; Honeric de Béthune et Guilhem Duplessis, aux sages conseils desquels il avait dû les premières prospérités de son règne ; Hervé de la Tour, Barthold le Frison, les comtes Efflam et Robert, dont les noms lui rappelaient maints souvenirs glorieux et semblaient être la garantie d'une nouvelle ère de victoires.

Vinrent ensuite Amaury et Bérenger, dans les traits desquels revivait doublement le comte Bayard, ce prototype de la vaillance et de la fidélité. Vint enfin Landrik, dont le visage aussi bien que le nom étaient inconnus, mais vers lequel Karle s'élança soudain en s'écriant : « Voici celui qui m'a sauvé de l'auroch ! »

Après cette merveilleuse revue, après quelques explications que crut devoir donner Éginhard, une complète métamorphose s'opéra chez le vieux Lodewig. Il s'était redressé de toute la hauteur de sa taille; il semblait redevenir empereur.

« Avec votre appui, dit-il, je me sens certain de l'avenir, et c'est avec calme que j'attendrai l'heure de la revanche. Mais j'en exige le serment : il y aura toujours un de vous qui veillera au salut de l'impératrice Judith, il y aura toujours un de vous qui veillera au salut de mon fils Karle.

— Je le jure au nom de tous ! répondit Roland. Soyez sans crainte : dans une année tout au plus vous serez réunis ; dans une année tout au plus nous aurons exaucé le dernier vœu de Charlemagne.

— Bien ! fit Lodewig. J'espère en vous, et j'y crois. »

Puis, se tournant vers le tombeau :

« O mon père ! ajouta-t-il. O mon père, merci ! »

En ce moment, une grande clameur, qui s'élevait tout à l'entour de la basilique, annonça l'approche de Lother.

« Rentrez dans ce tombeau, commanda le vieil empereur, et de là écoutez... Je serai digne de vous ! »

Les Treize obéirent.

A peine les portes du mausolée se refermaient-elles, que celles de la cathédrale s'ouvrirent.

Lother se considérait comme tellement certain du triomphe, qu'il s'était fait précéder de tous ses partisans, qu'il avait permis à la foule elle-même l'entrée libre de la basilique.

Il en résulta un premier moment de confusion et de tumulte à la faveur duquel Lodewig put échanger avec sa femme et son fils un suprême adieu.

Parut enfin Lother, qui n'avait pas craint de ceindre d'avance son front de la couronne impériale.

Il marcha droit à Lodewig, et, la tête haute, le regard insolent, les lèvres presque railleuses :

Les treize paladins défilèrent silencieusement.

« Permettez-moi, dit-il, permettez-moi de vous féliciter d'une détermination... »

Il n'acheva pas.

L'auguste vieillard venait de se retourner vers lui, le visage resplendissant d'un superbe courroux, d'une irrésistible majesté.

De sa main gauche, il s'appuya sur l'épaule de Lother et le contraignit à se courber; de sa main droite il lui arracha sa couronne, et d'une voix tonnante :

« A genoux! cria-t-il, à genoux, fils ingrat, rebelle sujet! A genoux devant moi ! Je suis votre père et votre empereur ! »

. . . .

Le lendemain, à l'aube naissante, l'empereur Lodewig sortait de la ville par la route de Soissons.

Outre la nombreuse escorte d'hommes d'armes qui l'entourait il avait auprès de lui plusieurs moines de Saint-Médard.

Comme on arrivait au sommet du Louisdorf, haute colline à laquelle en des jours plus heureux il avait donné son nom, celui qui commandait l'escouade s'arrêta tout à coup, en étendant le bras vers les deux points opposés de l'horizon :

« Regarde! dit-il, regarde ces deux troupes parties à la même heure que nous. L'une s'en va vers les Ardennes avec ton fils Karle; l'autre, avec l'impératrice Judith, se dirige vers l'Italie. Il en est temps encore, Lodewig, abdique, et...

— Marchons! interrompit résolument l'empereur.

— Bien! murmura sous l'un des capuchons une voix qui fit tressaillir le vieillard. Bien, martyr ! »

Et désormais il ne quitta plus des yeux ce moine, qui manœuvrait évidemment sa haquenée de façon à se rapprocher le plus possible du cheval que montait l'auguste captif.

Quand il fut assez près pour n'être entendu que de lui seul, il souleva légèrement sa capuche, et Lodewig reconnut Éginhard qui lui dit à voix basse :

« Silence!... et regarde une seconde fois sur le chemin de Prüm, sur le chemin de Tortone... »

Lodewig regarda.

Au sommet, derrière lequel venait de disparaître l'escorte de Karle, commençaient à surgir quelques cavaliers. Celui qui chevauchait le premier, et que sa sombre armure permettait de reconnaître à distance, c'était le comte Robert.

Sur l'autre route, celle qu'on faisait suivre à l'impératrice Judith, se distinguait en tête d'une seconde cavalcade la haute stature de Roland.

Tout à coup comme pour donner à Lodewig un encouragement suprême, les épées sortirent des fourreaux et resplendirent aux rayons du soleil levant.

Le vieil empereur éleva vers le ciel un regard reconnaissant, et continua sa route.

. . . .

Effectivement, à cette même heure, les Treize s'étaient remis en campagne.

Divisés en trois escouades, ils suivaient de loin les trois prisonniers. Puis, après s'être assurés qu'on les conduisait réellement là où il avait été dit, après avoir commis à la garde de chacun d'eux une vigilante sentinelle, ils devaient se répandre dans chaque royaume, dans chaque comté, dans chaque manoir, et susciter à leur noble cause assez de champions pour en faire trois armées.

La plus nombreuse des trois escouades était celle qui s'en allait jusqu'au delà des Alpes, celle de Roland.

Outre le chef, elle se composait d'Amaury et de Bérenger, heureux de suivre les traces de Geneviève — car Geneviève avait obtenu l'autorisation de continuer son œuvre de dévouement — heureux d'avoir à la protéger, à la défendre, et qui sait, peut-être à mourir pour elle ! de Landrik et du comte Efflam.

Pauvre comte ! Chacun des pas de son cheval l'éloignait davantage encore de Clothilde.

De Clothilde, dont il n'avait pas encore reçu de nouvelles !

Vers le déclin du jour, la petite cavalcade rencontra une jeune voyageuse qui, cheminant avec peine et les vêtements couverts de poussière, semblait avoir fait une bien longue route.

Au moment où nos cavaliers passaient près d'elle, elle releva la tête comme pour implorer un renseignement ; mais, changeant aussitôt de visage, elle s'élança vers le comte Efflam avec une folle joie :

« C'est lui ! s'écria-t-elle. Ah ! béni soit Dieu. Je vous retrouve donc enfin, mon bon maître !...

— Janika ! » fit avec stupeur Efflam, qui venait de reconnaître la fidèle servante de la comtesse.

Et sautant à terre, il reçut dans ses bras et alla déposer sur un tertre voisin la pauvre enfant qui, brisée par la fatigue et par l'émotion, venait de tomber évanouie.

Quand elle revint à elle, quand elle put parler, depuis longtemps déjà le comte la questionnait anxieusement.

« Aussitôt après votre départ, répondit-elle enfin, les Bretons révoltés sont venus mettre le siège devant le château de Glay.

— Juste Ciel ! s'écria le comte, et Clothilde ! Oh ! je veux partir à l'instant, voler à son secours...

— Efflam ! interrompit Roland, dont le regard le rappelait au devoir.

— Maître, fit Landrik, souvenez-vous que mon cousin Romarick est là-bas ! »

Janika, de son côté, poursuivit :

« Ce n'est pas dans ce but que ma maîtresse m'a dépêchée vers vous, bien au contraire ; elle a craint que cette nouvelle, si vous l'appreniez par d'autres, ne vous détournât du chemin que vous devez suivre ; elle m'a bien recommandé de vous dire qu'elle avait autour d'elle des amis vaillants, que durant toute une année elle se sentait la force de défendre dignement l'honneur de votre nom et l'héritage de son enfant.

— Son enfant !

— Quand vous reviendrez, maître, la comtesse Clothilde sera mère !

— Mère !... Oh ! je ne puis la laisser ainsi ; je ne...

— N'appréhendez rien pour elle, mon bon maître. Lorsqu'elle saura que vous vouliez accourir à son aide, que vous avez pleuré que vous l'aimez toujours... oh ! elle aura bien du courage, elle sera invincible ! »

En ce moment, Roland faisait éloigner les autres, et s'éloignait lui-même en disant :

« Comte Efflam, nous vous donnons une heure. »

Durant cette heure-là, que se passa-t-il entre la messagère et le paladin ? Dieu seul le sait.

Quant à la chronique, elle se borna à dire que, lorsque les quatre autres chevaliers se rapprochèrent, Efflam pleurait la tête cachée dans ses mains, et que Janika lui disait :

« Courage, maître ! et remettez-vous en chemin de votre côté. Moi, je repars pour la Bretagne.

— Oh ! fit le brave Landrik, elle ne peut traverser ainsi tant de pays sans guide et sans défenseur. Il faut lui donner au moins un de nos varlets : Kob ou Puk.

— Que penserait-on de moi ?... interrompit l'héroïque jeune fille. Non... non... seule je suis venue, seule je m'en retournerai... Que craignez-vous ? Ce que Dieu garde est bien gardé !

— Mais, fit tout à coup le comte, je ne t'ai pas encore demandé comment il se fait que ce soit toi et non point un messager...

— Plusieurs étaient d'abord partis, ils ont été arrêtés et tués par les assiégeants. Alors je me suis offerte, avec l'espérance d'exciter moins de soupçons chez nos ennemis et de pouvoir mettre en défaut leur vigilance. Je me trompais : les Bretons se sont également emparés de moi et m'ont conduite, les mains garottées, vers celle qui les commande.

— Celle qui les commande ?

— Oui, c'est une femme. Et j'allais l'oublier. Si elle m'a laissé la vie, si elle m'a permis de continuer mon chemin, c'est à la condition que je vous répéterais des paroles qu'elle m'a dites pour vous.

— Quelles paroles ?

— « Si le comte Efflam n'empêche pas la Bretagne de reconquérir sa liberté, ses fils un jour seront rois des Bretons. S'il se déclare notre ennemi, il ne reverra que des ruines de son château, il ne pourra jamais retrouver les traces de la comtesse Clothilde. »

— Vaines menaces ! fit Landrik. Oh ! Romarick est là !

— Maître, ajoutait de son côté Janika, espérez tout du courage de ma maîtresse et de la protection du Ciel ! »

Mais le comte Efflam n'entendait plus rien. Il s'était redressé vivement, et, pâle, hagard, il semblait étrangement songeur.

« Janika ! s'écria-t-il tout à coup, Janika, quelle était cette femme... son nom ?

— Morgane !

— Morgane ! répéta-t-il avec épouvante. Morgane !... »

Et, bondissant en selle :

« Oh ! c'en est trop... Le salut de Clothilde avant tout... Je reviendrai... je reviendrai... Mais elle d'abord... elle... »

Il allait s'élancer vers l'Ouest.

Du regard, plus encore que du geste, Roland l'arrêta.

Tirant hors du fourreau la sainte épée, dont il montra la devise :

« Comte Efflam de Glay-Acquin, dit-il, souviens-toi de ton serment ! »

Un dernier combat s'accomplit dans l'âme du paladin. Mais l'honneur enfin l'emportant :

« France et Karle ! » s'écria-t-il.

Et, après avoir jeté à Janika quelques derniers mots pour Clothilde, il piqua des deux sur la route d'Espagne !

DEUXIÈME PARTIE

LA REVANCHE DU CHAMP-ROUGE

Deuxième partie

I

LE CHATEAU DE TORTONE

Tortone, aujourd'hui bien déchue de son ancienne splendeur, n'est plus qu'une toute petite ville du royaume de Sardaigne.

A l'époque carlovingienne, Tortone jouissait d'une grande importance, et se glorifiait d'avoir été fondée par Brennus, le vainqueur de Rome.

Son château, dont le temps a même effacé les ruines, est souvent cité par les vieux chroniqueurs comme l'une des plus redoutables forteresses de la Gaule cisalpine.

Majestueusement assise sur la rive droite de la Scrivia, dont elle défendait le passage, elle élevait ses épaisses murailles et ses lourdes tours sur un mamelon isolé de toutes parts.

De là, le regard planait sur une immense et fertile plaine que

Deuxième partie

I

LE CHATEAU DE TORTONE

Tortone, aujourd'hui bien déchue de son ancienne splendeur, n'est plus qu'une toute petite ville du royaume de Sardaigne.

A l'époque carlovingienne, Tortone jouissait d'une grande importance, et se glorifiait d'avoir été fondée par Brennus, le vainqueur de Rome.

Son château, dont le temps a même effacé les ruines, est souvent cité par les vieux chroniqueurs comme l'une des plus redoutables forteresses de la Gaule cisalpine.

Majestueusement assise sur la rive droite de la Scrivia, dont elle défendait le passage, elle élevait ses épaisses murailles et ses lourdes tours sur un mamelon isolé de toutes parts.

De là, le regard planait sur une immense et fertile plaine que bornaient à l'horizon, d'un côté, les cimes des Alpes, de l'autre les premiers renflements de l'Apennin.

Ce qui rendait surtout cette position redoutable, c'est qu'il était difficile d'en approcher sans être aussitôt aperçu par les nombreuses sentinelles qui, jour et nuit, veillaient sur ses remparts.

Lother avait donc fait acte de prudence en choisissant cette prison pour l'impératrice Judith.

Depuis plusieurs mois déjà elle était là, seule avec ses angoisses et ses regrets, seule avec sa toute dévouée Geneviève.

Telle était la surveillance exercée à l'égard des deux captives, telle était leur claustration qu'aucun bruit du dehors, qu'aucune nouvelle ni de Lodewig ni de Karle n'avaient pu leur parvenir encore.

Tout d'abord même, on les avait traitées avec la dernière rigueur. La promenade des remparts leur était interdite, et lorsqu'elles voulaient respirer à l'une des fenêtres de leur étroit appartement, les archers en sentinelle les menaçaient de leurs flèches.

Au bout de quelques semaines cependant, ce rigoureux système s'était adouci tout à coup. Un nouveau gouverneur venait d'arriver au château de Tortone.

C'était un Lombard, nommé Maugis.

Sa physionomie rude et farouche avait semblé tout d'abord un sinistre présage, et les deux prisonnières s'en étaient épouvantées.

Mais le Lombard Maugis était jeune encore, et passait pour être des plus galants.

La beauté de Geneviève fit sur lui une impression profonde. Il prit l'habitude de visiter chaque jour ses deux captives; il prolongea de plus en plus ses visites, et pendant tout le temps de leur durée, sans cesse il fixait ses yeux ardents sur l'angélique visage de la jeune fille.

« Amie, dit un jour l'impératrice à sa fidèle suivante, il me semble que notre geôlier s'éprend d'amour pour toi?

— Oh! frissonna la pudique Geneviève, ne me dites pas cela, chère maîtresse... Cet homme me fait peur!

— Que crains-tu donc, mignonne?

— Je ne saurais l'expliquer, mais j'ai là comme le pressentiment que ce Maugis est mon mauvais génie... qu'il doit causer mon malheur, ma mort peut-être!...

— Tais-toi, enfant, tais-toi! »

Et prenant dans ses bras la douce jeune fille, Judith l'embrassa au front.

Puis elle lui dit :

C'était un Lombard, nommé Maugis.

« Calme-toi, ma belle Geneviève, et ne crains rien. Si tu t'es dévouée pour l'impératrice, l'impératrice te doit dévouement pareil... et, si besoin en est, elle te défendra. »

Geneviève remercia sa maîtresse, mais non sans un amer sourire.

En effet, Judith n'était plus qu'une pauvre prisonnière, impuissante à se défendre elle-même.

Le lendemain soir, comme Geneviève se trouvait seule dans la première pièce, Maugis entra tout à coup.

Il voulut sans doute profiter de l'occasion; il s'élança vers elle, et lui saisissant la main, il la supplia de l'entendre.

Mais déjà la jeune fille avait jeté un cri d'effroi; Judith parut sur le seuil.

Son maintien vraiment impérial, sa parole pleine d'une irrésistible autorité, en imposèrent à l'audacieux Lombard, qui, tout interdit, baissa les yeux et courba le front.

« Si ce scandale se renouvelait, poursuivit Judith, je saurais faire parvenir mes plaintes au roi Lother, qui ne peut vouloir qu'on manque de respect envers la femme de son père... Mais en attendant cette occasion, dès l'heure même d'une seconde insulte, gouverneur Maugis, je vous interdirai de paraître en notre présence ! »

A cette dernière menace, le Lombard recouvra soudain la parole :

« Pardon, dit-il, pardon... mais votre compagne s'est méprise sur mes intentions. Si je n'ai pas été le maître de ma joie, c'est que j'apportais une heureuse nouvelle pour vous, madame... L'autorisation que, suivant votre désir, j'avais sollicitée, vient de m'être enfin donnée. Désormais, vous êtes libre de faire une promenade chaque soir sur les remparts et sur la plate-forme du donjon. »

En achevant ces paroles, il salua profondément, et se retira.

Le bonheur que venaient de ressentir les deux prisonnières leur fit momentanément oublier tout le reste.

Elles allaient donc pouvoir franchir cette porte tant de fois maudite ! Elles allaient donc revoir l'espace, la vraie lumière ! Elles allaient pouvoir rafraîchir leur visage et leur poitrine au grand air d'une sorte de liberté.

Le soir même, elles firent à plusieurs reprises le tour des murailles. Au moment de rentrer elles entendirent distinctement ce cri lointain : « Karle et France ! » Il en fut de même pendant quelques jours, puis brusquement la voix cessa de se faire entendre.

L'impératrice, qui avait déjà repris quelque espoir, se laissa bientôt aller à un profond découragement. Ses forces diminuèrent avec une effrayante rapidité. L'instant arriva où la promenade même du soir devint impossible.

Trois jours s'étaient écoulés ainsi ; la soirée du quatrième s'avançait, lorsque tout à coup Judith dit à Geneviève :

« Amie, monte sur le rempart. Peut-être entendras-tu la voix mystérieuse. »

Malgré une vive répugnance à sortir seule, la jeune fille jeta sur ses épaules une légère mante, et s'élança au dehors.

La nuit était déjà complète ; une orageuse et sombre nuit.

Geneviève marchait vite, mais sans bruit, afin de mieux prêter l'oreille.

Son désir d'entendre, son émotion étaient tels que son

Le soir même, elles firent à plusieurs reprises le tour des murailles.

cœur, étrangement serré, ne semblait plus battre qu'à peine.

Une singulière angoisse, un indéfinissable malaise faisaient frissonner tout son être. N'était-ce pas un pressentiment ?

Tout à coup, à l'un des détours du rempart, Maugis se dressa devant elle, et sans même lui donner le temps de jeter un cri, l'enveloppa dans ses bras.

Alors quelque chose d'étrange, quelque chose de fantastique se passa.

A travers ses paupières mi-closes, car elle s'était sentie défaillir, Geneviève aperçut une seconde ombre, une ombre gigantesque, qui lui sembla comme surgir du rempart, à quelques pas en arrière de Maugis.

Ce muet fantôme se rua vers le gouverneur, le saisit de ses deux mains vigoureuses, et, l'enlevant de terre, après une courte lutte, le précipita dans la cage béante d'un escalier qui, non loin de là, se creusait à l'angle du rempart.

Dans cette sorte de gouffre sonore, le bruit d'une terrible chute remonta, mêlé d'imprécations que répétait l'écho.

Geneviève, depuis un instant déjà délivrée, commençait à reprendre ses sens.

Le colossal vainqueur de Maugis s'avança vers elle, et la salua respectueusement.

Puis, une main sur le côté gauche de sa poitrine, l'autre main se levant vers le ciel :

« Karle et France ! » murmura-t-il à voix basse.

La jeune fille ne put retenir un cri de joie.

« Silence ! » fit l'inconnu qui, reculant de quelques pas, sembla prêter l'oreille à quelques bruits lointains.

Effectivement, des deux côtés du rempart, on accourait à l'appel réitéré du gouverneur.

Ce fut en vain que Geneviève voulut interroger le géant de plus en plus attentif.

« Silence !... répéta-t-il, soyez prudente... on veille sur vous, au revoir ! »

En même temps, il avait enjambé le parapet, et déjà se suspendait en dehors du créneau.

La hauteur de la muraille était effrayante; quiconque en fût tombé se serait infailliblement brisé dans sa chute.

Et cet homme restait là, ne se maintenant au-dessus de l'abîme que par ses deux mains comme incrustées dans la pierre.

C'était vraiment un prodige de force et d'audace.

Aussi Geneviève en fut-elle épouvantée; aussi courut-elle se pencher au-dessus de son libérateur, devenu invisible pour tout autre que pour elle.

« Ne craignez rien pour moi, murmura-t-il vivement. Mais ne regardez pas de ce côté... les voici ! »

Elle s'empressa d'obéir, et s'éloigna même de quelques pas.

Il était temps : de droite comme de gauche des soldats accouraient.

Ils entourèrent la jeune fille, en l'accablant de questions, auxquelles elle refusa de répondre. Puis, quelques-uns la reconduisirent vers sa prison, tandis que le plus grand nombre dispa-

C'était vraiment un prodige de force et d'audace.

raissait par l'escalier, au bas duquel s'entendait encore le plaintif gémissement de Maugis.

Ni ceux-là ni les autres n'avaient aperçu, n'avaient soupçonné la grande ombre immobile au revers du rempart, ainsi qu'une gigantesque statue sculptée dans la pierre et, comme elle, bronzée par le temps.

A peine Geneviève eut-elle rejoint l'impératrice, à peine la lourde porte bardée de fer se fut-elle refermée sur les deux prisonnières, que la jeune fille s'empressa de tout raconter à sa chère maîtresse.

« Et tu n'as pas reconnu cet homme? questionna Judith après un premier mouvement de joie.

— Hélas! non, répliqua Geneviève. Je n'ai même pu distinguer ses traits, tant fut rapide cette scène, et tant la nuit était noire.

— Oh! s'écria Judith, demain nous sortirons ensemble, et peut-être Dieu nous permettra-t-il une seconde rencontre avec lui. Mais dès à présent je renais, j'espère. Il a dit : « Karle et France »; c'est un des Treize! »

Le lendemain, dans la matinée, le lieutenant du gouverneur se présenta devant l'impératrice afin d'interroger Geneviève au sujet de l'aventure de la nuit précédente. Le seigneur Maugis, disait-il, souffre horriblement de sa chute, et se voit contraint à garder le lit.

Ne voulant ni mentir ni laisser soupçonner quelque intelligence secrète, la jeune fille répondit qu'elle n'avait entrevu qu'une sorte de fantôme, que ce fantôme n'existait peut-être que dans son imagination troublée, que peut-être Maugis était tombé de lui-même dans cet escalier, dont les ténèbres masquaient l'ouverture.

Le lieutenant se retira, mais revint bientôt.

Le gouverneur désirait lui-même recommencer l'interrogatoire. D'ailleurs, dans sa position présente, il avait besoin de distraction et faisait prier ses deux prisonnières de lui venir tenir compagnie.

A cette insultante proposition, l'impératrice se redressa fièrement et répliqua :

« Non seulement nous refusons de nous rendre aux ordres du gouverneur Maugis, mais encore nous lui intimons défense formelle de reparaître devant nous. S'il ose braver notre vouloir impérial, s'il fait ouvrir de force la dernière porte qui sera notre refuge, il pourra nous parler et nous voir, peut-être... oui... mais jamais il n'obtiendra de nous ni une parole ni un regard. Dites-lui bien ceci, et laissez-nous! »

Cet autre Lombard était l'âme damnée de Maugis. Il ne daigna pas même dissimuler sa haine, et, après une menace, il sortit.

Les deux captives oublièrent promptement ce nouvel outrage. Toutes leurs pensées étaient pour le mystérieux ami que semblait leur avoir envoyé la Providence; elles attendaient impatiemmment l'heure où elles allaient le revoir.

Le soleil enfin descendit à l'horizon. Elles se dirigèrent vers la première porte de l'appartement, mais ce fut en vain qu'elles y frappèrent à plusieurs reprises; cette porte ne s'ouvrit pas.

Seulement le guichet s'entrebâilla pour laisser entrevoir le haineux visage du lieutenant, qui, à travers la double grille, jeta ces quelques mots aux deux prisonnières :

« La promenade du soir vous est désormais interdite. Tel est l'ordre du gouverneur... Telle est aussi sa réponse au dédaigneux refus de ce matin!

— Compte-t-il donc recommencer à notre égard toutes ses rigueurs d'autrefois ? questionna l'impératrice.

— Oui, madame... non seulement vous ne sortirez plus de cet appartement, mais encore il vous est interdit de vous montrer aux fenêtres. Sinon, gare aux archers... ils ont pour consigne de faire usage de leurs flèches ! »

Et le guichet se referma.

Un instant, Judith et sa fidèle compagne restèrent atterrées.

C'était leur dernière illusion, leur dernière espérance qui venait d'être brisée.

Geneviève se remit la première, et, tout en affectant de paraître plus indifférente qu'elle ne l'était en réalité... la pauvre enfant!... elle conduisit l'impératrice vers le fauteuil à large dais qui se trouvait fixé dans la profonde embrasure de la fenêtre principale.

Là, Judith se laissa tomber assise, et, durant près d'une heure, demeura insensible à toutes les consolations, à toutes les caresses de sa jeune amie.

Seulement, à de longs intervalles, elle murmurait :

« Nous ne le reverrons plus, ce protecteur envoyé par les

Treize ! Je ne saurai donc jamais ce que sont devenus Lodewig et Karle ! »

Puis, tout à coup, relevant vers Geneviève ses grands yeux en pleurs :

« Ne m'as-tu pas dit qu'il était de très haute taille ?

— Oui, maîtresse, c'était une sorte de géant. Eh ! tenez, à peu près comme cet archer que voici là-bas, en sentinelle sur le rempart. »

Judith s'était à demi soulevée, afin de mieux voir celui que désignait Geneviève, et tout en le regardant :

« Cet archer, disait-elle... Eh ! mais c'est étrange... il me semble que malgré la distance je le reconnais vaguement... qu'il nous appelle du regard.

— Maîtresse ! s'écria vivement Geneviève, ne vous exposez pas ainsi... Souvenez-vous des menaces de Maugis ! »

En ce même moment, la sentinelle eut comme un geste pour engager les deux prisonnières à se rapprocher davantage encore de lui.

Vainement Geneviève voulut retenir Judith. Judith avança la tête en dehors de la fenêtre.

Aussitôt le colossal soldat tendit son arc et tira.

Inspirée par son dévouement, la jeune fille bondit au-devant de l'impératrice, et des deux mains se suspendant à ses épaules, afin de la contraindre à se baisser, elle lui fit de son corps un bouclier vivant.

La flèche déjà fendait l'espace ; elle vint passer en sifflant au-dessus de leurs têtes.

« Le misérable ! fit Judith en retombant assise, il voulait me tuer !

— Non.. non !... murmura étrangement Geneviève, qui, tournée vers l'intérieur de l'appartement, avait vu la flèche s'enfoncer à demi dans les épaisses tentures dont était revêtue la muraille. Oh ! ne le maudissez pas encore, maîtresse... attendez... attendez ! »

Étonnée, l'impératrice releva les yeux.

Sa douce compagne s'avançait avec une palpitante émotion

vers l'endroit atteint, et d'une main s'appuyant à la muraille, de l'autre main, tout en se grandissant sur la pointe des pieds, elle s'efforçait d'arriver jusqu'à la flèche.

Parmi les plumes de cette flèche, il y avait un parchemin... une lettre !...

II

DU TROP DE CONFIANCE
QUE MONTRA LE GOUVERNEUR MAUGIS,
ET DE CE QUI S'ENSUIVIT

Si Lother avait envoyé l'impératrice Judith à Tortone, c'est-à-dire tout à l'autre extrémité de l'empire et sur son propre domaine, c'était avec l'intention bien arrêtée de s'en défaire le plus impunément, le plus promptement possible.

Aussi, les recommandations données au premier gouverneur étaient-elles des moins équivoques. Mais, soit qu'il ne les comprît pas, soit que ce fut tout simplement un honnête homme, l'impitoyable Lother attendit en vain, durant plusieurs mois, la nouvelle de la mort de Judith.

A bout de patience enfin, il chercha un autre geôlier plus intelligent, ou, si vous le préférez, moins scrupuleux.

Ce second gouverneur fut Maugis.

Il avait été admirablement choisi, celui-là, et pour retarder son œuvre fatale, il fallut des circonstances vraiment exceptionnelles; il fallut cette passion instantanée, dominante, exclusive, que lui inspira Geneviève.

Geneviève goûtait à tous les mets servis à sa maîtresse, Geneviève ne laissait jamais vider une coupe sans y avoir préalablement trempé ses lèvres; il était donc impossible d'avoir recours au poison sans les tuer à la fois toutes les deux.

Quant à se servir du poignard, le même obstacle se présentait encore…. Geneviève, toujours Geneviève, qui ne quittait pas d'une minute l'impératrice, qui sans cesse veillait à sa sûreté, qui bien certainement se fût jetée au-devant du coup mortel.

Or, Maugis l'aimait ; Maugis la voulait vivante.

D'ailleurs, la mort de Judith devait paraître le résultat d'une maladie ou d'un accident… pas autre chose.

« Attendons un peu, se dit le présomptueux Lombard ; Geneviève ne saurait manquer de compatir à mon amour, et tout naturellement elle deviendra ma complice. »

On a vu que, sur ce premier point, Maugis s'était complètement abusé.

Mais la résistance de la jeune fille n'avait fait qu'exciter la passion du gouverneur, et par contre-coup son impatience d'en finir avec l'impératrice ; car, Judith morte, Geneviève se trouvait seule, sans défense aucune, et par conséquent tout à sa merci.

Seulement, il fallait imaginer quelque adroit moyen.

Aidé de ce même lieutenant, avec lequel nous avons déjà fait connaissance, et qui était son digne confident, Maugis chercha longtemps, et parut enfin avoir trouvé.

Ce jour-là, il fit publier à son de trompe dans tous les environs de Tortone, à plus de vingt lieues à la ronde, qu'on demandait au château des archers étrangers, des archers d'une force et d'une adresse vraiment extraordinaires.

Les plus habiles tireurs de la Cisalpine se présentèrent au concours, mais un seul fut jugé digne d'être admis.

Durant toutes les épreuves exigées, il avait vraiment accompli des prodiges ; son triomphe ne parut que justice.

Cependant, d'autres considérations, des considérations secrètes avaient décidé le choix de Maugis et de son lieutenant, Genséric.

« Voyez donc, avait-il fait observer à son maître, comme cet archer semble avoir l'intelligence épaisse et l'humeur docile ! C'est un sauvage... c'est un esclave qui ne cherchera même pas à comprendre vos ordres, et qui les exécutera aussi passivement, aussi certainement que va sa flèche au but.

— Oui... répliqua Maugis à voix basse... oui, c'est l'homme qu'il nous faut. »

Celui qui réalisait aussi parfaitement l'idéal de nos deux Lombards était une sorte de géant, aux membres herculéens, mais à l'allure timide et même presque idiote.

Une forêt de cheveux crépus retombait jusque sur ses sourcils, et comme il tenait presque constamment la tête baissée, à peine entrevoyait-on ses yeux comme endormis. Quant à son visage, aux traits cependant caractérisés, il avait tout à la fois la couleur et l'immobilité du bronze.

Quand on l'interrogea sur son origine, il répondit :

« J'appartiens à la nation des Scythes » ; lorsqu'on lui demanda son nom, il déclara s'appeler Énoch.

Depuis huit jours seulement, il faisait partie de la garnison du château, lorsque arriva la mésaventure nocturne du trop audacieux gouverneur.

Le lendemain de sa chute dans l'escalier, vers le soir, Maugis était étendu sur une sorte de lit à la romaine, et relisait, aux dernières lueurs rougeâtres du crépuscule, une dépêche qui venait de lui être apportée de la part de Lother, par un moine de l'ordre de Saint-Benoît.

Le mécontentement qui se peignait sur son visage, entouré de bandelettes sanglantes, en augmentait encore le farouche aspect.

En ce moment, Genséric entra.

« Eh bien ? demanda anxieusement le blessé.

— Eh bien !... ce que nous avions prévu est arrivé.

— Elle a bravé ma défense... Elle s'est offerte à la flèche d'Énoch ?

— Oui... Énoch a même tiré... mais cette première fois son adresse a été en défaut.

— Eh quoi ! ce misérable idiot... cette damnée brute...

— Calmez-vous, maître; il sera plus heureux demain, je l'espère...

— Mais Judith ne s'exposera pas une seconde fois.

— A la fenêtre... oui, mais sur le donjon pour peu qu'on lui permette une promenade. J'ai fait arrêter Énoch et l'ai publiquement accablé de ma colère. Je ne lui ai pardonné qu'à la prière de ses camarades émus de ses pleurs. Ainsi s'il recommence, ce sera bien son crime et non point le nôtre. Ce malheur pourra arriver demain pendant le festin que vous donnez au messager impérial. Invitez tous les officiers de la garnison, faites largesse aux soldats, afin qu'il n'y ait là-haut aucun témoin, et je me charge de châtier de suite notre stupide archer.

— Je t'ai compris, ricana le gouverneur... Vas trouver l'impératrice... annonce-lui la visite du moine. Puis, après toutes sortes d'excuses quant au passé, de belles promesses quant à l'avenir, garantis-lui par serment sa libre promenade de chaque soir, à condition qu'en échange elle jurera le silence sur tout ce qui s'est passé. Je la connais... si elle promet de se taire; elle se taira... et demain elle sera sur le donjon. »

. . . .

Le lendemain, sitôt l'heure convenable, Genséric se présenta devant l'impératrice, et s'acquitta fort habilement de la mission que lui avait confiée Maugis.

Judith promit de ne laisser échapper aucune plainte. Elle était si impatiente de remonter à la plate-forme du donjon, de revoir le messager des Treize !

Le moine ne tarda pas à être introduit.

Genséric resta présent à tout l'entretien.

Mais quelle que fût sa perspicacité, néanmoins elle fut mise en défaut.

Lorsque les deux prisonnières se retrouvèrent seules, Geneviève montra à Judith un billet que lui avait glissé le moine.

Dans ce billet, il y avait écrit :

« Recouvrez-vous de longs voiles aux couleurs éclatantes, afin de les faire flotter au sommet du donjon, sitôt que vous aurez entendu monter à vous ce cri : « France et Karle! »

Durant tout le reste de cette journée, qui leur parut un siècle, les deux prisonnières furent en proie à toutes les anxiétés de l'espérance.

Évidemment, on allait tenter quelque héroïque effort pour les délivrer. Mais cette entreprise réussirait-elle? Le château de Tortone semblait si bien gardé ! Il était si difficile d'en franchir les approches !

Vers la douzième heure, suivant l'usage carlovingien, le festin commença.

Le mécontentement qui se peignait sur son visage, en augmentait encore le farouche aspect.

Bien que blessé, ou plutôt meurtri par tout le corps, Maugis le présidait.

Genséric était assis à sa gauche, à sa droite le messager de Lother.

D'énormes quartiers de viande et de venaison, des victuailles de toute sorte surchargeaient la table, somptueusement dressée. Dans de larges et riches coupes se succédaient toutes les boissons et tous les vins renommés alors.

Le moine seul buvait de l'eau ; c'était, disait-il, une des règles de son ordre.

On toléra d'abord sans murmurer cette sobriété si peu en rapport avec la bachique ardeur du reste de l'assemblée.

Mais lorsque les cerveaux commencèrent à s'échauffer, lorsque arriva l'ivresse, ce fut à qui s'arrogerait le droit de railler le moine, et même de le contraindre à suivre l'exemple général.

Vainement le gouverneur parut vouloir s'interposer en faveur de son hôte : il y avait là non seulement les principaux chefs, mais encore tous les officiers subalternes de la garnison.

« Vaillants guerriers, dit enfin le moine, épargnez-moi d'inutiles tentations, je ne boirai pas. Mais, suivant la coutume pratiquée depuis un siècle dans notre couvent lorsque nous festoyons avec d'illustres hôtes, je remplirai moi-même une dernière fois vos coupes, et le vin généreux que j'y verserai, mes mains d'abord l'auront béni. »

Ce disant, au milieu de l'assourdissante clameur soulevée par ces paroles, il s'avança vers une élégante amphore que venaient de déboucher les varlets, en proclamant à haute voix que c'était du vin de Chypre.

Sur l'ouverture béante du vase antique, le moine posa ses deux mains, et durant quelques secondes les y laissa, comme s'il faisait une prière.

Il priait effectivement, mais pour que Dieu lui pardonnât de faire servir son saint nom à une ruse de guerre ; car, sans être soupçonné par aucun des convives, il versait lentement dans le vin de Chypre le contenu d'un flacon qu'il tenait à la main.

Puis, portant de ses deux bras l'amphore, il fit ainsi le tour de la table, et remplit jusqu'au bord chaque coupe.

Revenu à la sienne, il y versa quelques gouttes d'eau, et reprit le même chemin, trinquant tour à tour avec chacun des convives.

Après un formidable hourra, toutes les coupes furent vidées à la fois.

A cette même heure, Énoch jouait à peu près le même rôle dans la salle des gardes, où se trouvaient réunis, à l'exception toutefois des hommes de service, tous les soldats de la garnison.

Une gigantesque futaille avait été roulée jusque-là, puis défoncée avec forces acclamations triomphantes, et chacun à son tour, servant d'échanson à tous les autres, allait y remplir une rustique dame-jeanne, qui pour le moins, contenait quarante litres.

Lorsque le moment enfin arriva où cette corvée échut à Énoch, il s'arrangea de façon à n'oublier personne, à doubler lui-même la rasade.

Le soleil, cependant, commençait à descendre à l'horizon; mais l'orgie continuait encore, tant parmi les soldats qu'à la table du maître.

Chose étrange, l'ivresse, au lieu de suivre sa progression naturelle, semblait se calmer au contraire et comme s'engourdir.

Sur l'ordre du gouverneur, Genséric ouvrit les fenêtres.

Comme il allait se rasseoir de l'autre côté de son chef :

« Non, fit celui-ci, le grand air te fera du bien. Va tout préparer pour la garde de nuit, et donne l'ordre en même temps d'ouvrir la prison de l'impératrice. C'est l'heure de sa promenade sur la plate-forme du donjon.

Ces derniers mots avaient été accompagnés d'un regard significatif.

Puis s'adressant au moine :

« Vous voyez, dit-il, combien nous avons d'égards et même de complaisances pour notre illustre prisonnière... »

Le moine se contenta de répondre par une légère inclination de tête, et parut entièrement s'abandonner au sommeil.

Genséric sortit.

« Compagnons, criait en ce moment Maugis, allons donc! le vin réveille et réjouit... Buvons encore... buvons ! »

Les convives s'empressèrent d'obéir, et l'orgie eut une sorte de recrudescence farouche. Mais ce ne fut qu'un dernier entrain factice, qui ne tarda pas à s'évanouir. Quelques-uns se levèrent, et vinrent presque aussitôt se rasseoir, comme anéantis par cet infructueux effort. D'autres restaient immobiles et le regard stupidement fixé devant eux. Il y en avait même qui commençaient à s'accouder sur la table.

Le moine sollicita l'autorisation de se retirer.

Maugis la lui accorda en des termes presque inintelligibles, et, vaincu enfin, se laissa aller à l'abandon dans son large fauteuil.

Avant de disparaître, le moine promena sur tous les convives un regard furtif et satisfait.

Quant à Genséric, depuis déjà quelque temps il avait fait apparition sur le seuil de la salle des gardes, où se passait une scène à peu près analogue à celle que nous venons de décrire.

Seulement, comme là les buveurs étaient debout, commes ils allaient et venaient, comme à l'animation de la marche se mêlait celle de maintes disputes et de divers jeux, ils n'étaient pas aussi complètement accablés.

Néanmoins, le sommeil commençait à leur venir, et rapidement, lorsque tout à coup Genséric s'écria :

« L'un des hommes de service vient de mériter le cachot... Quel est le moins ivre d'entre vous? Quel est celui qui veut remplacer la sentinelle qui nous manque pour cette nuit?

— Moi », répondit Énoch en s'avançant.

Et, véritablement, il semblait des plus dispos, des plus gaillards.

Cependant, il ne s'était pas résigné à boire de l'eau comme le moine; mais il s'était sagement abstenu du vin versé par lui-même : voilà tout.

« Bien, fit Genséric, enchanté de la fraîche mine de l'archer; bien ! c'est toi que je choisis, mon brave Énoch. Suis-moi. »

Énoch alla prendre son grand arc et son carquois de peau de loutre. Puis il suivit Genséric.

Genséric le conduisit sur le rempart, à cette même place où, la veille au soir, le servile et naïf archer lui avait donné une première preuve de son aveugle obéissance.

« C'est ici que je te remets en faction, dit Genséric.

— Bon ! fit Énoch.

— Songe à mieux viser cette fois.

— Si je ne tue pas, tuez-moi ! »

Jamais le géant n'avait paru plus stupidement féroce.

Il y eut un silence, durant lequel Genséric fixa son regard impatient vers la plate-forme du donjon.

Les deux prisonnières y parurent enfin.

Suivant la secrète recommandation des Treize, elles étaient enveloppées ce soir-là, l'impératrice dans une mante rouge, Geneviève dans une écharpe bleue.

Feignant de ne plus les regarder, de ne pas même les avoir aperçues, Genséric se retourna vers Énoch, et lui faisant entrevoir une magnifique chaîne d'or :

« Voici ce que t'ai promis, lui dit-il. Voici ce que tu peux gagner à l'instant, si tu le veux.

— Ordonnez! demanda l'archer.

— Regarde au faîte du donjon... Qu'y vois-tu ?

— Deux femmes... L'une très grande et l'autre plus petite.

— Ne t'occupe que de la grande.

— Celle à la mante rouge ?

— Oui.

— La même qu'hier soir ?

— Oui... Ce soir ne la manque pas. »

Énoch prit une flèche, et vivement l'encocha sur la corde de son arc.

« Attends! reprit Genséric. Laisse-moi m'éloigner un peu... mais quand je serai à cent pas, tire... et tue ! »

Une seconde fois, le tentateur fit briller la chaîne d'or aux yeux de l'archer; puis, comme un insouciant promeneur, il reprit le chemin par lequel il était venu, toujours sur le rempart.

Mais Énoch le rappela.

« Quand elle sera tombée, que faudra-t-il faire ?

— Tu viendras me retrouver... je t'attends », répondit Genséric.

Et il continua sa promenade, mais en tirant à demi son poignard, tout en se disant avec un sourire infernal :

« Je ne te manquerai pas non plus moi, va, mon pauvre Énoch! »

Il fit ainsi les cent pas annoncés, voire même quelque peu plus. Puis, n'entendant rien encore, il se retourna.

Énoch avait bandé son arc, Énoch fit un premier mouvement vers le sommet du donjon :

Mais pivotant tout à coup sur lui-même, ce fut vers Genséric qu'il dirigea sa flèche.

« Jamais je ne frappe qu'en face », dit-il.

Déjà la flèche sifflait dans l'air.

Tout ceci avait été tellement rapide, et le trait fut si parfaitement ajusté, que Genséric, stupéfait, n'eut pas le temps de chercher à fuir et tomba, percé de part en part, sans jeter un seul cri.

Alors le géant se redressa de toute la hauteur de sa taille, et déjà transfiguré par le généreux affranchissement d'une trop longue contrainte :

« France et Karle ! » cria-t-il aux deux prisonnières, qui firent aussitôt flotter au vent, celle-ci son écharpe bleue, celle-là sa mante rouge.

Mais au cri qui venait de retentir, au signal qui lui répondait, les deux sentinelles les plus voisines d'Énoch accouraient déjà vers lui, l'une de droite, l'autre de gauche, et toutes deux à la fois jetant un premier cri d'alarme.

Prompt comme la foudre, Énoch envoya une flèche à chacun d'eux, et les réduisit l'un et l'autre au silence de la mort.

En moins d'une minute, il s'empara de leurs flèches, et recommençant le même exploit, abattit deux autres ennemis.

Puis, dans l'exaltation de son triomphe, et sans doute afin d'encourager les deux prisonnières, il ne put se défendre de faire retentir une seconde fois ce cri :

« France et Karle ! »

En ce moment, le moine arrivait.

« Imprudent ! dit-il d'une voix sévère.

— Pardon, pardon ! fit l'archer, j'oubliais qu'il faut avant tout nous emparer de la porte principale. Pardon, sire Éginhard. »

Comme métamorphosé par ce nom, le moine aussitôt rejeta loin de lui sa longue robe brune et redevint un fier guerrier, entièrement revêtu de mailles de fer.

A son flanc droit, étaient suspendues deux de ces grandes épées sur la lame desquelles il y avait écrit « France et Karle ».

« Frère, dit-il en présentant l'une d'elles à l'archer, voici la tienne !

Genséric, stupéfait, n'eut pas le temps de chercher à fuir et tomba, percé de part en part, sans jeter un seul cri.

— Pas encore, répondit Énoch en la refusant du geste. D'ici à la grande porte il reste deux sentinelles sur le rempart... hâtons-nous ! Nos compagnons sont en route. »

Judith et Geneviève, qui étaient accourues, suivirent avec empressement leurs sauveurs.

Au loin, à plus d'un mille de distance, on voyait accourir plusieurs cavaliers.

Parvenu au nouveau détour du rempart, Énoch avait successivement immolé les deux dernières sentinelles dont la mort silencieuse était indispensable.

On descendit ensuite sans bruit l'escalier qui tournait dans l'épaisseur même du rempart.

A la dernière marche, Énoch tendit vers Éginhard sa robuste main.

« Au tour de l'épée », dit-il.

Puis, montrant le corps de garde dont était flanquée la grande porte.

« Ils sont pour le moins une dizaine là-dedans ? ajouta-t-il.

— En avant ! » se contenta de répondre Éginhard, après avoir forcé les deux captives à se dissimuler derrière un pilier.

Tous deux à la fois, l'épée haute, ils se précipitèrent vers l'entrée du corps de garde qui, fort heureusement, se trouvait entr'ouverte. En quelques tours de bras, frappant d'estoc et de taille, ils le transformèrent en un tombeau.

Un seul ennemi, cependant, parvint à s'échapper en sautant par la fenêtre d'un cabinet attenant à la salle principale et les deux vainqueurs ne s'aperçurent de sa fuite qu'en l'entendant crier au dehors :

« Trahison ! trahison ! aux armes !

— Hâtons-nous de baisser le pont-levis pour le passage de nos compagnons, dit Éginhard. Ce braillard va peut-être arriver à réveiller la garnison, et nous aurons à la combattre.

Effectivement, Maugis et ses soldats, à demi réveillés par le danger, accoururent presque aussitôt, mais la plupart, peu sûrs de leurs coups, ne trouvèrent qu'une lamentable mort.

Bientôt des cavaliers parurent en grande quantité. En première ligne, on distinguait Roland. Puis les deux frères Amaury et Bérenger... et enfin le comte Effiam qui criait à Énoch :

« Bravo ! Landrik ! »

III

AU MONASTÈRE DE PRUM

Reportons un instant nos regards vers le fils de l'impératrice Judith, vers ce jeune Karle qui, d'après les prédictions accréditées alors, d'après l'instinct révélateur des Treize, semblait être l'élu de Dieu, le futur roi de la Gaule antique, le fondateur prédestiné de la nationalité française.

Jusqu'à cette époque, effectivement, il y avait eu des Aquitains et des Neustriens, des Burgondes, des Germains, des Saxons, et comme conquérants, comme dominateurs de toutes ces races, des Franks, les Franks de Clovis et de Charlemagne; mais, à proprement parler, il n'y avait pas encore de Français.

Celui qui, le premier, devait régner entre la Meuse et la Loire, celui qui devait faire entendre les premiers bégayements officiels de notre idiome national, c'était Karle.

Mais Karle, hélas! n'était encore qu'un enfant, un enfant élevé par un vieillard et par une femme, qui n'avaient songé qu'à garantir sa frêle existence contre toutes les haines qui la menaçaient, un enfant dont la rude école de l'adversité allait peut-être faire un homme!

Au moment où, prisonnier de ses frères aînés, il partit d'Aix-la-Chapelle, Karle venait d'accomplir sa quinzième année.

Sa taille était déjà haute et bien prise ; son front, largement développé, présageait l'intelligence ; son regard avait parfois des éclairs, mais dans la grâce de ses traits, dans l'insouciance encore puérile de son allure, dans le charme même qui émanait de tout cet intéressant ensemble, il y avait quelque chose d'efféminé, quelque chose d'endormi, quelque chose qui rappelait la fainéante adolescence des derniers Mérovingiens.

Ce fut peut-être, d'ailleurs, ce qui lui sauva la vie ; si l'œil jaloux de ses frères eût pu deviner un futur rival sous cette inoffensive enveloppe, Lother surtout n'eût pas épargné Karle.

On peut cependant assurer que Lother désira, ordonna même la mort du pauvre enfant à ceux qui le conduisaient au monastère de Prüm.

A l'époque mérovingienne, cette sentence eût été exécutée sans miséricorde ; de nombreux exemples l'attestent.

Fort heureusement, les mœurs déjà s'étaient adoucies ; d'autre part, le comte Robert, Barthold le Frison, Guilhem Duplessis étaient là, suivant pas à pas l'escorte, sur les moindres actes de laquelle ils veillaient avec une infatigable énergie.

Le voyage s'effectua donc sans encombre, et, vers le déclin du huitième jour, on en atteignit le terme.

Prüm, aujourd'hui petite ville de la Prusse rhénane, ne se composait alors que de quelques huttes disséminées dans les bois, ou sur les rives de la Prüm, affluent de la Suze.

C'était là, non loin de l'antique cité de Trèves, dans un site également pittoresque et fertile, qu'en 721 saint Benoit lui-même avait fondé cette puissante abbaye que Peppin devait agrandir encore en 760, et dans laquelle son arrière-petit-fils Lother devait ensevelir, un siècle plus tard, ses trop tardifs remords.

Les premiers couvents, ou plutôt les premières *domeries* — maisons du Seigneur — étaient de véritables colonies agricoles en même temps que scientifiques. Un vaste espace de terrain, réservé par une simple clôture dont le respect et la foi firent d'abord toute la force, s'étendait autour de ces paisibles demeures. Mais, durant l'anarchie du viie siècle, les mœurs violentes de la féodalité naissante y firent une première invasion, et, comme le dit un écrivain du temps, les sanctuaires ne retentirent plus du chant des psaumes et des louanges de Dieu, mais du bruit des armes et des aboiements des chiens. Souvent le seigneur abbé fut alors un vaillant homme, qui s'occupait plus de guerre et de chasse que de ses devoirs ecclésiastiques, et qui transformait son moustier en une véritable forteresse, avec épaisses murailles et créneaux. Telle avait été l'histoire du monastère de Prüm.

Sous Charlemagne, une réforme complète eut lieu; le calme rentra dans les domeries avec l'ordre. Mais, en prévision du retour des mauvais jours, on entretint les fortifications commencées, souvent même on les acheva. L'abbaye qui allait servir de prison à Karle se trouvait dans ce dernier cas; c'était pour cela précisément qu'elle avait été choisie.

Aussi, lorsqu'après avoir traversé ce pays sauvage, le pauvre enfant aperçut la sombre et massive enceinte du couvent, lorsque retombèrent derrière lui les lourdes portes au fracas sinistre, il se sentit froid au cœur et ne put retenir ses larmes.

« Remettez-vous, mon fils, ne craignez rien ici... c'est la maison de Dieu! » lui dit le seigneur abbé.

Cet abbé, qui parlait avec tant de douceur, avait cependant un grave maintien, le regard froid, le front sévère.

Quant à ses traits, d'une régularité, d'une beauté vraiment remarquables, ils se distinguaient par cette jaune pâleur que les siècles donnent aux statues de marbre blanc.

Enfin, il était de haute taille, et ses belles mains semblaient avoir été créées tout exprès pour bénir les hommes agenouillés, comme son harmonieuse voix pour célébrer la gloire de Dieu.

Disons-le de suite, c'était cet illustre Thégan, chorévêque de Trèves, qui devait plus tard écrire la vie et les actions de l'empereur Louis le Pieux.

Il avait succédé à Éginhard, mort depuis plus de deux années. On le disait du moins ainsi, et les bénédictins de Prüm allaient chaque soir prier sur son tombeau.

Mais véritablement — et le lecteur le sait déjà — cette mort avait été simulée, cette tombe était vide.

C'est qu'Éginhard avait judicieusement pensé que son influence serait bien plus grande encore sur ses superstitieux contemporains, s'ils pouvaient le considérer comme une sorte d'archange protecteur que le Ciel lui-même envoyait vers l'empereur Lodewig, à la prière de l'empereur Charlemagne.

Tel devait être aussi, d'ailleurs, le rôle de Roland, qui passait pour mort.

Six mois donc avant de commencer la grande tâche, Éginhard avait voulu mourir en apparence, et choisissant lui-même son successeur, il s'était secrètement abouché avec le chorévêque de Trèves.

« Thégan, avait-il dit, tu me dois non seulement ta fortune, mais encore ta science et ta vertu ; le moment approche où plus que jamais notre cause va réclamer ton obéissance à mes ordres.

— Maître, répondit le savant bénédictin, vous m'avez imposé déjà la douloureuse tâche de feindre d'être le partisan de Lother, et j'ai obéi.

— Ce rôle, reprit l'abbé Éginhard, il va falloir le continuer... car je prévois qu'il peut devenir utile à nos desseins, et je veux laisser ici après ma mort un autre moi-même.

— Après votre mort?... »

Éginhard alors avait expliqué tout son plan ; ce plan, on le connaît.

Et voici pourquoi l'abbé de Prüm, tout en adressant au jeune Karle de douces paroles, avait dû conserver le regard glacial, un visage de marbre.

Il se sentait observé par celui qui commandait l'escorte du prisonnier, par le représentant, par l'envoyé de Lother.

Laissant le jeune Karle sous bonne garde, dans le parloir du monastère, cet envoyé réclama du supérieur un entretien confidentiel.

Il lui laissa clairement entendre qu'on lui donnait un an au plus pour décider le fils de Lodewig à se consacrer à Dieu, à se laisser tonsurer ;... puis il repartit aussitôt annoncer à son maître que sa mission était heureusement remplie.

. . . .
. . . .

Un an s'est écoulé. Karle, qui avait cru tout d'abord mourir de désespoir, avait, grâce à Thégan, repris courage et ne doutait pas d'une délivrance prochaine. En secret l'évêque, aidé de ceux des Treize chargés de veiller sur le jeune prince, avait développé son corps et son esprit. Quand il ne se contraignait pas, on ne reconnaissait plus en lui le mélancolique et chétif adolescent qui était arrivé au monastère de Prüm. Non seulement il avait grandi de toute la tête, mais c'était maintenant un fier et hardi jeune homme, aux membres robustes, à l'allure prompte et résolue, au teint richement coloré, au regard étincelant de tous les feux de la jeunesse, de l'intelligence et du courage. C'était maintenant un digne petit-fils de Charlemagne. Ses protecteurs avaient fait merveille en peu de temps, car ils se doutaient bien que leurs ennemis ne leur laisseraient pas une longue trêve, et en cela il ne se trompaient pas.

Une nuit, le monastère fut envahi par un corps de troupes, presqu'une armée.

Celui qui commandait, c'était Ganelon.

Ganelon qui malheureusement n'avait pas été tué par la flèche de Landrik... Ganelon dont la terrible blessure s'était enfin cicatrisée... Ganelon qui sans doute allait reprendre son œuvre fatale!

« Je viens chercher le fils de Judith, déclara-t-il à Thégan.

— Où donc voulez-vous le conduire ?

— Auprès de l'empereur Lother, qui sera l'arbitre de son sort. Voici l'ordre. »

Et Ganelon présentait un parchemin revêtu du sceau impérial.

L'abbé s'approcha d'une lampe. Tout à coup, parmi les ornements calligraphiques qui entouraient la missive, Thégan distingua la forme d'un oiseau fantastique qui ne pouvait avoir été tracé là que par la main d'Éginhard.

Il examina plus attentivement.

Les traits de plume par lesquels étaient représentées les ailes formaient en même temps des caractères grecs indéchiffrables pour tout autre que pour le savant bénédictin. Il lut :

« Laissez faire, mais que l'enfant soit accompagné ».

« Eh bien ! fit Ganelon, qui s'impatientait déjà.

— Je suis prêt à obéir, répondit l'abbé. Quand repartez-vous ?

— Cette nuit même ; c'est l'expresse volonté du maître.

— Soit ; je vais réveiller Karle ».

« Mon enfant, lui dit-il, pendant les préparatifs du départ, c'est maintenant surtout qu'il faut jouer au dernier Mérovingien, au prince fainéant. L'homme auquel je dois vous livrer est votre plus implacable ennemi. Serez-vous assez maître de vous-même pour tromper sa haine, pour endormir sa vigilance, pour lui persuader que vous êtes toujours un enfant débile et nullement à craindre dans l'avenir ?

— J'essayerai, répondit le jeune prince, et Dieu me secondera sans doute. Mais tout d'abord, que faut-il dire à cet homme ?

— Que vous ne savez plus monter à cheval, et vous y refuser formellement par crainte pour votre vie, par peur de tomber en chemin.

— Mais pourquoi cela ?

Au moment où le vieillard allait répondre, on entendit des pas nombreux dans la bibliothèque, et dans l'escalier la voix soupçonneuse de Ganelon qui montait.

L'abbé n'avait plus que le temps d'embrasser Karle.

« Adieu, lui dit-il en l'étreignant sur son cœur brisé ; adieu, mon roi ! adieu, mon fils ! »

Et, comme le jeune homme, le vieillard pleurait.

Ganelon parut sur le seuil.

« Mon jeune élève est prêt à vous suivre », dit Thégan.

Longuement, Ganelon examina Karle.

Karle semblait affaissé maintenant ; sa physionomie indolente, son regard éteint, son allure pusillanime ne pouvaient manquer de mettre en défaut Ganelon lui-même.

Aussi Ganelon parut-il des plus satisfaits.

Néanmoins, il fit passer Karle devant lui, et retint en arrière l'abbé, évitant sous divers prétextes toute communication entre eux.

On atteignit ainsi la porte extérieure du monastère, en dehors duquel toute la troupe de Ganelon se tenait prête à partir.

Le jour commençait à poindre.

Un cheval fut amené devant le jeune prince, qui s'acquitta à merveille du rôle donné par Thégan.

« Voilà qui est particulier ! se récria Ganelon, ne plus se tenir en selle... avoir peur de monter à cheval... un jeune homme de seize ans et plus... un petit-fils de Charlemagne !

— On ne m'avait pas chargé de lui apprendre l'équitation,

Et Ganelon présentait un parchemin revêtu du sceau impérial.

repartit en souriant l'abbé. Mais il se déciderait peut-être à vous obéir, si la bride de son cheval était tenue par deux coureurs. La chose ne se pratique-t-elle pas ainsi pour les enfants et pour les jeunes filles !

— Eh ! maugréa Ganelon, qu'au demeurant cette nouvelle preuve de faiblesse enchantait, eh ! je n'ai malheureusement avec moi que des cavaliers... notre course doit être rapide... »

A peine achevait-il ces mots, que deux hommes, presque entièrement revêtus de peaux de bêtes, franchirent la porte du monastère.

Ils y apportaient les diverses pièces de gibier qui chargeaient leurs épaules.

« Voici vos deux coureurs tout trouvés! s'écria Thégan ; c'est le Ciel tout à point qui vous les envoie ! Ce sont mes chasseurs, les frères Markam, deux Saxons dont je réponds. Ils ne retarderont pas votre marche; car à la chasse, ils ont souvent, dit-on, dépassé et lassé leurs chiens. Mais voudront-ils vous suivre ?

— Je vais leur offrir une riche récompense, reprit le ministre de Lother en tirant une longue bourse de sa ceinture.

— Bon! fit l'abbé, mais il faut que je vous serve d'interprète auprès d'eux, car vous allez avoir affaire à de grossiers Saxons, qui ne comprennent pas un mot de notre langue, je vous en préviens d'avance. »

La proposition, transmise par Thégan, fut acceptée sans conteste, et l'on alla chercher Karle, qui, ayant rétrogradé après son refus, ne s'était pas trouvé présent à cette scène.

Quelques minutes plus tard, il était à cheval et s'éloignait du couvent, mais non sans adresser à ses hautes murailles un dernier regard chargé de larmes.

Puis, l'âme toute triste, il ne put se défendre de murmurer à demi-voix :

« Et maintenant me voilà seul ! »

Une légère pression à chaque genou lui fit tourner la tête vers les deux coureurs qui tenaient son cheval. Il reconnut ses amis... le comte Robert et Barthold le Frison !

IV

EMPEREUR ET MARTYR

Bien qu'il ne reste sur notre sol que très peu de vestiges de l'époque carlovingienne, nous avons cependant encore les ruines de Saint-Médard, et parmi ces ruines le cachot de Louis le Débonnaire.

Au sortir de Soissons, la vieille capitale mérovingienne, et par delà l'Oise, vers le milieu d'une agréable plaine, s'élevait ce fameux couvent, fondé par le roi Clother, enrichi par ses successeurs, et dans lequel, tout récemment encore, Charlemagne venait de faire exécuter des travaux et des ornementations de la plus grande magnificence.

Le cloître édifié par ses ordres est encore en partie debout, avec ses lourds arceaux décorés de pampres. De là, vous descendez vers la crypte massive et sombre où, dans leurs sarcophages de pierre, dorment les rois de la première race. Vers la droite, plus avant encore dans les entrailles de la terre, c'est le cachot.

Huit pieds de long sur cinq de large ; épaisses murailles où l'humidité fait suinter comme des larmes; un étroit soupirail par lequel arrive à peine un peu d'air et de jour, mais qui servait surtout à l'espionnage des geôliers; quelque chose enfin d'obscur, de sinistre, d'implacable, où semble planer encore un morne désespoir, et dont l'aspect, même après dix siècles, serre le cœur.

C'est là, dans cette tombe anticipée, que fut enseveli vivant, que souffrit pendant plus d'une année l'empereur martyr!

A cette horrible captivité se joignait une torture morale bien autrement cruelle encore. Il ignorait ce qu'étaient devenus Judith et Karle; il les savait prisonniers comme lui, comme lui persécutés! A chaque instant il tremblait d'apprendre qu'ils avaient enfin succombé, et quand par hasard le sommeil venait à clore sa paupière, en rêve il les voyait poursuivis et frappés par le fer des assassins.

On a beau parcourir la lamentable liste des victimes historiques, il n'est pas un de ces malheureux dont le supplice puisse être comparé à celui de ce vieillard qui, tombé de si haut et sans autre crime que sa bonté, peut-être trop grande, eut le cœur si cruellement déchiré, brisé, broyé, non seulement comme souverain, mais encore comme époux et comme père.

Et ceux qui se faisaient ainsi ses bourreaux, c'étaient ses autres fils! c'était surtout celui qu'il avait tant aimé, qu'il avait associé à l'empire... c'était le dénaturé, le parricide Lother!

Aussi n'est-on nullement étonné, aussi ne songe-t-on pas à contester le caractère plus ou moins authentique des diverses inscriptions que le cicérone, en élevant sa torche, vous montre incrustées dans la muraille.

La plus remarquable est celle-ci, que nous avons copiée textuellement et dans l'ordre même où les mots se trouvent alignés :

> Hélas! je suis bien prins
> De douleurs que je dure.
> Morir me conviendrait,
> La peine me tient dure.

Puis, çà et là, à plusieurs reprises :

> Que je souffre!

Ces naïves plaintes, ces cris désespérés, il est fort possible qu'un moine compatissant les ait gravés plus tard sur les froides parois de ce cachot, mais assurément le prisonnier lui-même avait dû tout d'abord les écrire... et les écrire avec son sang, avec ses larmes !

Parfois cependant, lorsque l'un de ses geôliers (on les changeait très souvent de crainte de trahison) descendait lui porter le pain noir et l'eau malsaine qui composaient toute sa nourriture, le vieux Lodewig se jetait aux genoux de cet homme, et, le regard suppliant, les mains jointes :

« Qu'est devenue l'impératrice Judith? criait-il avec des sanglots. Qu'avez-vous fait de notre enfant? »

Invariablement, le geôlier lui répondait par ce seul mot :

« Abdique ! »

De temps en temps quelques moines, vendus à la cause de Lother, pénétraient, soit de jour, soit de nuit, dans le cabanon de Lodewig, et pareils à des statues de pierre, venaient s'asseoir en silence dans les espèces de niches qui se remarquent encore aujourd'hui dans l'épaisseur des murs.

A ceux-là aussi, l'empereur suppliant demandait des nouvelles de Judith et de Karle. Mais plus insensibles encore que les geôliers, ces hommes lui répondaient de même :

« Renonce à l'héritage de Charlemagne, abdique en faveur de Lother ! »

Puis c'étaient de longs réquisitoires, dans lesquels chacun tour à tour énumérait avec une implacable passion les prétendus crimes de l'infortuné monarque, et, après l'avoir accablé de reproches insultants, de monstrueuses calomnies, revenait à lui parler de Bernhard... de ce Bernhard immolé par la haine d'Hermengarde, en dépit des ordres formels de Lodewig, et dont néanmoins le spectre aux yeux sanglants ne le tourmentait déjà que trop, soit dans les ténèbres où ses jours étaient plongés, soit la nuit dans ses rêves !

A peine évoqué par ces impitoyables voix, le fantôme apparaissait aussitôt, et Lodewig, épouvanté, pantelant, éperdu, sanglotait en se voilant la face de ses deux mains.

« Oh ! je comprends du moins Bertrade... c'est la veuve du pauvre Bernhard, elle croit avoir à se venger de moi... »

Parmi ces moines, le plus perfide, le plus inexorable, le plus barbare, c'était un monstre d'ingratitude qui s'appelait Ebbo.

Il était né esclave, et l'empereur Lodewig l'avait affranchi, comblé de bienfaits, promu à la première dignité ecclésiastique de l'empire. Plus tard, ses pairs devaient le condamner comme indigne d'eux, ses contemporains devaient le flétrir comme un nouveau Judas.

Et Lodewig résistait encore, résistait toujours. Oh ! non, ce n'était point une victime débonnaire ; c'était, nous ne saurions trop le répéter, c'était un courageux martyr auquel la piété inspirait la résignation et la force, auquel Dieu juste devait enfin donner la victoire. Dieu n'est-il pas l'allié de toutes les saintes causes !

Il est vrai que dans cette énergique et douloureuse persistance, Lodewig se sentait secrètement soutenu par les Treize. Il ne les avait pas revus cependant, mais sans cesse il sentait planer autour de sa prison leur infatigable dévouement, leur mystérieuse influence.

Tantôt, c'était un écrit que le prisonnier trouvait, soit en brisant son pain, soit dans le fond de sa cruche : tantôt, c'était une voix amie, mais circonspecte, qui trouvait moyen de faire arriver jusqu'à son oreille, le cri sacré de « France et Karle ».

Plusieurs fois même, parmi les moines tourmenteurs, il s'était trouvé une main qui avait serré la sienne, une voix qui, à la dérobée, lui avait dit « Patience ! »

Dans l'un de ces amis inconnus, qui certainement étaient les émissaires des Treize, Lodewig crut reconnaître Éginhard.

C'était sa taille et son accent, c'était bien son regard qui brillait dans la pénombre de l'ample capuchon... C'était lui, c'était bien lui !

« Le moment de la revanche approche, dit-il au prisonnier. Tiens bon, Lodewig !... espère ! »

A cette époque, effectivement, une réaction semblait devoir éclater en faveur du fils de Charlemagne. Non seulement la plupart des comtes et des évêques des diverses parties de l'empire avaient été successivement convertis par la généreuse propagande des Treize, mais encore Louis et Peppin, les rois de Germanie et d'Aquitaine, commençaient à rougir de leur première trahison et surtout de ses résultats, à ne plus vouloir être les complices de l'odieuse persécution exercée contre leur malheureux père.

Cet heureux revirement était dû surtout à l'habile politique de Hugues et de Drogo, ces deux héroïques bâtards de Charlemagne, ces deux frères auxquels Lodewig avait jadis imposé la tonsure et qui noblement s'en vengeaient en se constituant les plus intrépides apôtres de sa cause. Bien que Louis le Germanique ne songeât qu'à chasser dans ses immenses forêts d'outre-Rhin, bien que Peppin le Buveur continuât à s'abrutir de plus en plus, ils s'attendrirent enfin aux éloquentes exhortations de Hugues et Drogo, qui étaient leurs oncles et qui leur disaient :

« Nous aussi nous avons eu à nous plaindre de Lodewig, mais de par la volonté de Dieu, de par la volonté de notre père Charlemagne, il est le chef de la nation franke, il est et doit rester notre empereur ! »

Puis, lorsque ces loyaux arguments n'atteignaient pas encore le but, ils ajoutaient :

« Mais vous n'avez fait que changer de maître, et mieux valait obéir à votre père Lodewig, un saint homme, qu'à votre frère Lother, un monstre d'hypocrisie et d'ingratitude, qui n'a d'autre ambition que de vous anéantir tous les deux ! »

Alors, Louis et Peppin ne pouvaient se défendre d'un mouvement de rage, car ils subissaient la domination de Lother non moins impatiemment qu'ils avaient enduré celle de Lodewig.

La lutte fut longue ; le bon droit avait à combattre non seulement la diplomatie soupçonneuse de Lother, mais surtout la clairvoyante vengeance de Bertrade et de Ganelon, qui, comparable à l'hydre antique, sans cesse renaissait, plus subtile et plus acharnée encore.

Au moment où Éginhard venait d'apprendre à Lodewig que tout s'apprêtait pour sa délivrance, ce fut Ganelon, ce fut Bertrade, qui déjouèrent tout à coup cet espoir. Ils avisèrent Lother du retour qui s'opérait dans les masses, et des défections nombreuses qui n'attendaient plus qu'un signal pour éclater au grand jour.

L'orgueil de l'usurpateur était tel qu'il refusa tout d'abord de croire à ces désastreux symptômes. Mais, le jour même, deux messages arrivèrent simultanément de Germanie et d'Aquitaine. Pour la seconde fois, Louis et Peppin sommaient Lother d'avoir à traiter Lodewig avec moins de rigueur ; ils demandaient de plus à le voir, soit par eux-mêmes, soit par des délégués, lesquels s'assureraient que le vieillard n'était pas aussi malheureux que le prétendait la rumeur publique.

Lother comprit enfin toute l'éminence du péril, et résolut de le conjurer par un coup hardi. Il fit sortir Lodewig de sa prison, et partit avec lui pour Aix-la-Chapelle.

L'affaiblissement et la pâleur du vieil empereur attestaient si hautement son long supplice, que, durant toute la route, personne ne fut admis à le visiter. On espérait qu'en chemin, il se remettrait quelque peu. Pour gagner du temps, la marche fut des plus lentes, les haltes se prolongèrent et se multiplièrent à l'infini.

Il fallut cependant arriver enfin, il fallut affronter l'entrevue solennelle : les envoyés de Louis et de Peppin l'attendaient depuis déjà trop longtemps.

Mais avant la cérémonie, Ebbo s'introduisit dans l'appartement du prisonnier, et d'une voix menaçante, il lui dit :

« Souviens-toi que Karle et Judith sont entre nos mains, et nous répondent de ton silence. Si tu laisses échapper un mot d'accusation contre nous, une plainte, je n'aurais qu'à m'approcher de cette fenêtre, au bas de laquelle deux hommes à cheval attendront... deux hommes inexorables comme le destin. Si tu as le malheur de parler, si tu me contrains à faire un signe... ce signe sera l'arrêt de mort de Judith et de Karle !

— Oh ! je me tairai ! je me tairai !... » fit le vieillard tout palpitant d'effroi.

Une heure plus tard, les deux envoyés de Louis et de Peppin

furent introduits, suivis d'un nombreux cortège où se trouvaient représentées toutes les illustrations de l'empire.

Lodewig essaya de se lever pour leur faire honneur, mais à peine put-il y parvenir.

Un murmure de compatissante indignation circula parmi la noble assemblée.

Encouragé par ce premier témoignage de sympathie, Lodewig étendit vers les visiteurs ses mains suppliantes.

« Je suis là ! dit Ebbo, qui se tenait debout auprès du fauteuil de l'auguste vieillard. Souviens-toi ! »

Et, tandis que son regard renouvelait sa menace, il se dirigea vers la fenêtre indiquée dans le précédent entretien.

L'époux de Judith, le père de Karle laissa retomber ses tremblantes mains, et n'osa plus même regarder ceux qui s'avançaient vers lui.

« Empereur Lodewig, dit le premier, mon maître Louis le Germanique n'oublie pas qu'il est ton fils, et m'envoie vers toi pour savoir si son frère Lother a pour ta vieillesse tous les égards qui lui sont dus, si dans ton abaissement tu te déclares néanmoins satisfait de la façon dont il te traite ?

— Parle, dit le second ambassadeur, parle sans crainte, empereur Lodewig. Le roi Peppin, ton fils et mon maître, a pu vouloir qu'on épargnât à ton grand âge la trop lourde charge de gouverner l'héritage de Charlemagne, mais il entend que tu conserves le titre qu'on t'a laissé, et qu'avec ce titre, tu jouisses de la liberté, des respects et du bonheur que méritent assurément tes vertus.

— Oui ! oui ! s'écrièrent à la fois tous les assistants, dites un mot, un seul, et nous voici tous pour vous faire rendre hommage et justice ! »

Le vieillard enfin releva les paupières, et n'apercevant que des visages amis, des yeux dans lesquels il y avait des larmes, il se redressa tout à coup avec le geste d'un homme qui va répondre enfin.

Mais un bruit soudain ramena son attention vers la fenêtre. Ebbo venait d'en gravir les degrés; Ebbo se penchait déjà au dehors comme pour jeter le signal mortel à ceux qui l'attendaient.

Lodewig se ressouvint de Karle, de Judith, et retombant assis :

« Je n'accuse personne, murmura-t-il d'une voix brisée. Je ne me plains pas... je me déclare satisfait. »

Et, dans le secret de son cœur, il ajoutait tout bas :

« J'ai sauvé ceux que j'aime ! »

Un grand tumulte cependant se faisait parmi l'assistance, singulièrement agitée par cette réponse inattendue ; la majorité peut-être allait se refuser au rôle de dupe dans cette comédie infâme.

Mais les partisans de Lother se répandirent aussitôt parmi les groupes ; mais les esclaves d'Ebbo s'empressèrent de faire disparaître Lodewig.

On le reconduisit dans l'oratoire où il avait passé la première partie de cette journée douloureuse, et qu'il avait voulu choisir pour sa nouvelle prison.

En s'agenouillant au prie-Dieu, il remarqua quelques caractères qui semblaient avoir été tout récemment tracés au pied même du crucifix.

Il lut :

« Ne désespère pas. Si la haine a su l'emporter aujourd'hui, le dévouement aura bientôt sa revanche. Rien ne le décourage ni ne le lasse, et, tout en continuant son œuvre, tout en veillant sur toi, il veille aussi sur Karle et sur sa mère. Patiente donc encore... et courage ! »

Tandis que cet avertissement salutaire versait quelque baume sur la nouvelle blessure de Lodewig, ses ennemis parvenaient à étouffer les murmures d'une compassion trop clairvoyante, et hâtaient le moment du festin comme dérivatif à l'émotion générale.

Durant les jours qui suivirent, quelques visites individuelles furent tolérées ; mais Ebbo s'y trouvait toujours présent, et Lodewig encore resta muet.

Puis, tous ceux qu'avait attirés le désir de connaître la véri-

Ebbo se penchait déjà au dehors comme pour jeter le signal mortel
à ceux qui l'attendaient.

table position du monarque déchu, d'apporter quelque soulagement à ses maux, s'éloignèrent d'Aix-la-Chapelle.

Lother se croyait triomphant; il comptait sans les Treize, ou du moins sans leurs secrets amis, qui, dès le lendemain, avaient su remettre en lumière tous les incidents de cette étrange scène, et qui étaient parvenus à faire passer leur conviction dans tous les nobles cœurs.

La plupart des évêques et des comtes, y compris les deux envoyés de Louis et de Peppin, s'en retournèrent donc en répétant partout sur leur passage :

« L'empereur Lodewig a dû bien cruellement souffrir, car il semble vieilli de vingt années; car sa barbe et ses cheveux sont devenus tout blancs; car il a l'aspect d'un cadavre... et s'il s'est obstiné au silence, c'est que ce silence lui est imposé par quelque terrifiante menace, par quelque subterfuge infernal. Il est de notre honneur à tous de ne pas laisser agoniser et mourir ainsi le fils de Charlemagne ! »

Ces paroles, qui, pour ainsi dire, s'infiltraient goutte à goutte sur toute la surface de l'empire, allaient, comme fait l'eau tombant dans une coupe, l'emplir lentement de pitié.

Quant à Lother, il croyait avoir conjuré le péril ; mais, pour atteindre au triomphe complet de son ambition, il lui fallait obtenir enfin cette abdication paternelle qui seule pouvait lui conférer la toute-puissance impériale.

« Il faut qu'il cède, se dit-il donc, ou bien qu'il meure! »

Après quelques semaines passées à Aix-la-Chapelle, il ramena Lodewig à Compiègne, puis de Compiègne au cachot de Saint-Médard.

Là, de nouvelles persécutions, de nouvelles tortures, recommencèrent pour le malheureux vieillard, à bout de force et de douleur.

Et cependant il résistait encore, il semblait vouloir résister toujours.

Les bourreaux eux-mêmes se lassaient, Lother allait peut-être se rebuter enfin, lorsque tout à coup reparut Ganelon.

Depuis plus d'une année, réduit à l'impuissance du mal, ce

misérable s'était vu cloué sur son lit de souffrance, avec la crainte incessante de mourir... de mourir sans vengeance.

Oh! c'est que les blessures faites par Landrik étaient de terribles blessures!

Par l'intermédiaire de Satan, Ganelon fut enfin guéri. Il se releva, reprit quelque force, parvint à se tenir à cheval, et partit aussitôt pour Compiègne.

En le revoyant, Lother eut une joie farouche et s'enferma avec lui, heureux de pouvoir déverser sa rage dans un cœur digne de comprendre le sien.

Après avoir entendu le fiévreux récit des résistances inattendues de l'empereur Lodewig, Ganelon demeura un instant pensif. Puis, le visage crispé par un haineux sourire et regardant Lother en face :

« A Aix-la-Chapelle, murmura-t-il, quand vous l'avez menacé de la mort de son cher Karle, il s'est tu...

— Oui... eh bien?

— Eh bien!... sous la même menace, il abdiquera.

— Oh! cent fois déjà nous avons eu recours à ce moyen, et vainement toujours.

— Je vous réponds du succès, moi... si vous me laissez agir.

— Que prétends-tu faire?

— D'abord me rendre à Prüm, et ramener ici le jeune Karle.

— Mais dans quel but? »

Ganelon se leva; puis, après avoir promené tout à l'entour un précautionneux regard, il se rapprocha de Lother, et ce fut seulement à voix basse, à l'oreille, qu'il osa expliquer la nouvelle trame que lui suggérait son esprit infernal.

« Oh! s'écria Lother avec un hideux enthousiasme, c'est plus qu'un duché, c'est un royaume que je te donnerai, Ganelon!

— Je puis donc partir pour le monastère de Prüm?

— Oui.

— Dès demain?

— Dès ce soir !

— Permettez, maître, votre serviteur est trop souffrant encore pour se mettre en route le jour même de l'arrivée. Il a besoin, d'ailleurs, de renouer intrigue avec quelques anciens amis, notamment avec Bertrade.

— Bon! conclut Lother, je sais que la veuve de Bernhard travaille aussi pour moi. Mais tu partiras demain sans retard! »

Ganelon s'inclina, et sortit.

DV
E LA PÉNITENCE DE SAINT-MÉDARD ET DE SES RÉSULTATS

Quelques minutes après son entrevue avec Lother, Ganelon se rencontrait avec sa complice.

C'était, depuis plus d'une année, la première fois qu'ils se revoyaient.

« Ganelon, demanda Bertrade, qu'as-tu fait depuis la blessure reçue au Bingerloch?

— J'ai souffert, Bertrade; mais si la souffrance paralysait tous mes moyens d'action, j'ai du moins fait agir les autres. Les nombreux messages échangés entre nous t'en ont suffisamment donné la preuve.

— C'est vrai, reconnut la veuve de Bernhard. Bien souvent, dans mon œuvre sombre, j'ai senti que ton influence me secondait, et quoique absent, quoique mourant, tu fus toujours avec moi... je me plais à le reconnaître.

— Eh bien! quels sont les résultats obtenus?

— Au Nord comme au Midi, à l'Est comme à l'Ouest, j'ai partout contre-carré les projets de nos adversaires, et, sans parvenir à les vaincre, j'ai du moins ajourné leur victoire. Tu souris ? Oh! cette tâche était plus ardue que tu ne le supposes ; car ceux que je rencontrais sans cesse sur mon chemin, ceux qu'il me fallait en tous lieux combattre, c'étaient les Treize !

— Mais ils sont donc bien puissants, ces hommes ?

— Oui, sans eux nous serions déjà vengés, sans eux Lodewig aurait déjà succombé; Judith ainsi que Karle lui tiendraient compagnie dans la tombe!

— Et ces treize démons sont encore debout ?

— Un seul est mort, celui que tu as frappé toi-même; mais quant aux autres, je commence à les croire insaisissables, invulnérables.

— Sont-ils donc des fantômes?

— Pour tous ceux que j'ai jusqu'à ce jour armés pour leur destruction, oui. Mais de nouveaux alliés nous arrivent sur lesquels je compte.

— De qui veux-tu parler, Bertrade ?

— En premier lieu, d'une femme. Oh! ne prends pas ces airs dédaigneux, Ganelon; tu dois avoir appris, par mon propre exemple, ce que nous valons, lorsqu'il s'agit d'une vengeance !

— Elle veut donc aussi se venger, cette femme?

— Les mêmes motifs de haine nous animent toutes les deux. C'est une veuve aussi. C'est la veuve de ce chef armoricain qui fut mis à mort par l'empereur Lodewig; c'est Morgane !

— Morgane la Bretonne! Morgane la druidesse! Oh! je sais ce dont elle est capable, et, comme toi, Bertrade, j'augure bien de son alliance. Mais pour le moment que t'a-t-elle promis?

— Une armée... une armée de féroces Bretons amenée par un homme à elle, Noménoé, le plus brave de tous ces guerriers sans peur. Il est en marche à cette heure pour nous rejoindre ici.

— Ici... non... mais à Saint-Médard. Va retrouver Morgane, et que ses Bretons viennent camper secrètement parmi les roches et les cavernes de la forêt. Qu'ils se tiennent prêts à accourir à mon premier signal, mais qu'ils restent ici invisibles encore pour tout autre que pour nous. Prenons garde aux susceptibilités hautaines de la noblesse franke !

— Soit. Je pars à la rencontre de Morgane. Et toi, Ganelon ?

— Moi, je vais chercher Karle. A bientôt, Bertrade... Nous touchons au but ! »

Après quelques dernières explications, Bertrade disparut. Dès le lendemain, Ganelon se mettait en route.

On connaît ce qui se passa au monastère de Prüm ; on sait comment le jeune Karle en fut ramené sous la vigilante escorte du comte Robert et de Barthold le Frison, qui, trompant la subtilité de Ganelon lui-même, passaient à ses yeux pour les sauvages frères Markam.

Durant ce voyage, rien ne sembla menacer les jours du fils de Judith.

En effet, momentanément du moins, sa vie était devenue nécessaire à la nouvelle trame ourdie contre l'empereur Lodewig.

Au moment même où le jeune prince arrivait au château de Compiègne, son malheureux père venait d'y être conduit.

On l'avait enfermé dans une étroite chambre, dont les épaisses murailles ne présentaient aucune ouverture par laquelle le jour pût arriver, par laquelle pussent s'échapper les cris.

Une lampe fumeuse pendait à la voûte, et laissait entrevoir un prie-Dieu surmonté d'un crucifix, une table sur laquelle étaient de l'encre et des plumes.

L'un des côtés, cependant de cette nouvelle prison restait voilé par de lourdes tapisseries de couleur sombre.

Derrière ces rideaux, on devinait une grille de fer.

Une heure environ s'écoula. Puis Lodewig entendit grincer les verrous ; la porte se rouvrit, Ebbo s'avançait.

« Lodewig, dit-il, l'heure est venue ; tu dois nous obéir enfin. Les évêques réunis à Compiègne viennent de te condamner à une pénitence perpétuelle, qui te ferme tout retour au trône. Veux-tu te soumettre à leur sentence ? Veux-tu jurer et signer ici un renoncement complet, une abdication volontaire ?

— Non, répondit l'auguste vieillard.

— Fort heureusement, reprit Ebbo, nous sommes en mesure de t'y contraindre aujourd'hui; regarde ! »

Les draperies aussitôt s'écartèrent, et de l'autre côté de la grille qui le retenait captif, Lodewig aperçut Karle.

Karle, dont les bras étaient brutalement contenus par deux hommes à l'aspect farouche... Karle, auprès duquel se tenait Ganelon, ayant en main ce terrible glaive à deux tranchants qui s'appelait un scramasax.

« Abdique! cria-t-il, ou sous tes yeux, à l'instant, ton fils meurt! »

Et l'arme fatale se leva sur le fils de Judith.

Éperdu, pantelant, terrifié, le vieillard se précipita contre les barreaux de fer, à travers lesquels il passait ses mains suppliantes.

Derrière lui, montrant tour à tour et le crucifix et le parchemin qu'il venait de déployer sur la table, Ebbo répétait encore :

« Signe et jure ! »

Ganelon triomphait; Lodewig enfin s'était déclaré vaincu. Il avait promis, il avait signé tout ce qu'on lui demandait; il s'était livré corps et âme à l'insatiable ambition de l'aîné des fils d'Hermengarde.

Mais du moins le fils de Judith allait maintenant rester auprès de lui. Avant de prononcer le serment, de tracer la signature qu'on imposait à son honneur de souverain, comme père il avait obtenu la suprême consolation d'avoir pour compagnon de captivité son bien-aimé Karle.

Depuis près de dix-huit mois, c'était la première fois qu'il pouvait le revoir, s'entretenir avec lui, l'embrasser, l'admirer.

Car, au lieu du frêle et naïf adolescent qu'on lui avait ravi, c'était un fier et vaillant jeune homme qu'on lui rendait.

Il est vrai que, par un dernier raffinement cruel, on n'avait pas voulu les laisser seuls, on leur avait donné pour gardiens, pour espions, ces deux mêmes hommes qui, contenant tout à l'heure les deux mains de Karle, semblaient l'offrir en holocauste au scramasax menaçant de Ganelon.

Aussi, voyant qu'ils ne s'éloignaient pas et que les portes de la prison se refermaient sur eux, Lodewig ne fut pas maître d'un premier mouvement d'effroi.

Mais Karle s'empressa de lui dire à voix basse :

« Ne crains rien, père... ce sont deux amis.

— Deux amis ? »

Et Lodewig examina plus attentivement ces deux hommes, qui n'étaient autres que les frères Markam.

Depuis près de dix-huit mois, c'était la première fois qu'il pouvait le revoir, s'entretenir avec lui, l'embrasser, l'admirer.

Tout en s'agenouillant aux côtés de l'empereur, ils murmurèrent d'une même voix :

« France et Karle ! »

Lodewig, de plus en plus étonné, demanda :

« Mais qui donc êtes-vous ?

— Deux d'entre les Treize. On vous avait promis de veiller sur votre fils, on vous a tenu parole. »

Puis, rejetant tour à tour en arrière l'épais bonnet de fourrure qui masquait leur visage :

« Je suis Barthold le Frison, dit l'un.

— Je suis le comte Robert, » dit l'autre.

Lodewig les récompensa par une franche et chaleureuse accolade.

Puis dans la crainte de regards indiscrets, les deux paladins redevinrent vite les frères Markam et s'éloignèrent. Karle reprit son attitude inoffensive, et ils ne parlèrent plus qu'à voix basse.

Durant ce temps, grande était l'agitation dans le conciliabule intime tenu par Lother. Les uns prétendaient que l'écrit signé par Lodewig était suffisant pour obtenir la consécration du pape; d'autres voulaient une pénitence publique, une dégradation militaire. Ils finirent par avoir raison. Parmi eux se trouvaient Ganelon et par conséquent Lother.

Le pauvre fantôme de roi reçut signification de cette décision par l'intermédiaire d'Ebbo.

Ce fut le lendemain, « dans l'église même de Saint-Médard », en présence d'un grand nombre de prêtres, de diacres et d'autres clercs, ainsi que du seigneur Lother et de ses grands, et d'autant de peuple qu'en pouvait contenir l'édifice que l'empereur Lodewig se prosterna sur un cilice étendu à terre devant le saint autel, et confessa devant tous avoir mal géré la charge à lui confiée. Les évêques alors lui enjoignirent d'avouer en détail tous ses péchés, et lui mirent en main un écrit composé de huit articles, qui renfermaient la substance des griefs allégués contre lui, « et qui l'avant-veille avaient été délibérés par eux-mêmes dans le synode de Compiègne ».

Nous ne voulons pas faire ici de l'histoire; qu'on nous permette cependant de le dire, ce fut un lamentable et navrant spectacle que cette humiliation publique, que cet abaissement, que ce déshonneur imposé à un vieillard qui était le fils de Charlemagne. On lui avait arraché le serment d'obéir, et durant les premiers articles de la cédule, articles qui rappelaient le morcellement arbitraire de l'Europe, la tonsure imposée à Hugues et à Drogho, son second mariage avec une femme étrangère, sa trop généreuse tendresse pour Karle, il se contenta de sourire amèrement, il obéit sans murmure.

Mais lorsque arriva le passage par lequel il devait s'accuser d'avoir « jeté son peuple dans le péché », par lequel il devait se reconnaître coupable envers Dieu de tous les crimes commis sous son règne, il releva tout à coup la tête, et parut vouloir se refuser à poursuivre.

Lother alors se leva, et avec une impatiente colère :

« Lis l'article suivant, s'écria-t-il, ou du moins regarde-le... regarde ! »

Cet article, c'était celui qui avait trait au supplice et à la mort de Bernhard.

Lodewig courba le front, et reprit à haute voix la lecture de la cédule.

Puis, de lui-même, il se précipita de nouveau sur le cilice ; il ôta le ceinturon qu'on venait de lui remettre pour un instant, et qui était le signe de la vie militaire ; il se laissa revêtir de la robe grise de pénitent, il présenta son épaule à la verge symbolique, et sa tête aux cendres expiatoires.

Un profond silence régnait dans l'église, le silence de la stupeur.

Les prêtres relevèrent le pénitent, et le firent asseoir au milieu du chœur.

Ebbo s'avança, tenant en main de longs ciseaux d'or, sous lesquels devaient tomber la chevelure et la barbe blanches de celui qui avait été l'empereur Lodewig.

Mais Lother, qui suivait ardemment tout ce cérémonial, venait de se pencher à l'oreille de Ganelon, pour lui signaler certain oubli qu'on pourrait invoquer plus tard comme une cause de nullité.

Seulement, comme il s'agissait d'un point des plus délicats, Lother n'en avait pas osé prendre lui-même l'initiative.

Ganelon s'en chargea.

« Archevêque Ebbo, dit-il, on s'est contenté d'enlever au pénitent son ceinturon, et le texte des Capitulaires enjoint formellement que l'épée qui pend à ce ceinturon doit être brisée. »

A cette exhorbitante déclaration, Ebbo se troubla tout d'abord, mais reprenant aussitôt son assurance :

« Si nous avons omis cette formalité, répondit-il, c'est que par un hasard, qui ne peut s'attribuer qu'à quelque intervention hostile, nous nous sommes aperçus que ce n'était point une épée banale qui avait été suspendue au flanc de l'ex-empereur... c'est l'épée que lui légua son père expirant, c'est l'épée même de Charlemagne ! »

A ces mots qui, pour certains esprits ébranlés déjà, révélaient une sorte de manifestation providentielle, il y eu dans toute l'assistance un premier murmure.

Ce murmure acheva d'exaspérer l'irascible humeur de Lother. Oubliant toute retenue, toute prudence, il se redressa soudainement, il s'écria :

« La loi dit que l'épée se brisera, nous voulons que l'épée se brise ! »

Cette fois un grondement bien caractérisé se fit entendre dans la nef, et surtout dans les bas-côtés de la basilique.

Comprenant qu'il fallait obéir, mais aussi se hâter, Ebbo ramassa vivement le ceinturon, sortit l'épée du fourreau, et s'approchant de la balustrade de marbre qui fermait le chœur, il leva le bras.

Une seconde encore, et c'en était fait de la sainte épée.

Tout à coup il se produisit un de ces incidents imprévus, une de ces inspirations héroïques, qui, parfois, suffisent pour soulever tout un peuple, pour changer la face d'un empire.

Karle était là, sinon contraint à partager la pénitence de son père, du moins condamné à se tenir debout auprès de lui, à lui conseiller par sa présence la résignation, à lui rappeler son serment, comme aussi le péril qu'il y aurait à l'enfreindre.

Jusqu'alors le jeune prince était parvenu à se contenir. Immobile et comme pétrifié par le désespoir, il n'osait pas même relever les yeux, et ceux-là seulement qui se trouvaient auprès de lui, qui voyaient tomber ses larmes sur les dalles, pouvaient se rendre comptes de ses souffrances, de sa patiente et muette douleur.

Au moment où Lother avait repris la parole pour infliger à la gloire carlovingienne un suprême outrage, Karle s'était replié davantage encore sur lui-même ; il avait eu un mouvement comme pour fuir, il s'était fiévreusement bouché les oreilles pour ne plus entendre, et la plupart de ceux qui le virent ainsi durent plus que jamais se répéter : « Ce n'est qu'un enfant, il a peur ! »

Mais lorsque, entre les mains sacrilèges d'Ebbo, le précieux glaive flamboya tout à coup, prêt à être brisée sur le marbre, Karle grandit de toute sa taille, et, s'élançant d'un seul bond vers le profanateur, il lui arrêta le bras et s'écria :

« Je ne veux pas qu'il en soit ainsi, moi ! Puisque mes frères Louis et Peppin ne sont pas là, puisque Lother estime plus le titre d'empereur que cette relique sacrée, je la réclame, je m'en contente pour ma part d'héritage, et, moi vivant, personne ne lui fera cet affront, personne ne l'anéantira, car ce n'est plus seulement l'épée de Charlemagne, c'est la mienne! »

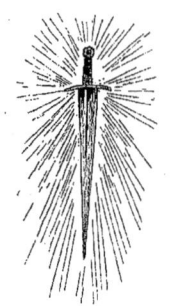

UIGONQUE S'ÉLÈVE SERA ABAISSÉ,
QUICONQUE S'ABAISSE SERA ÉLEVÉ

Plusieurs jours se sont écoulés depuis les événements racontés dans le chapitre précédent. Nous retrouvons Lother à Paris où il a été obligé de se réfugier, entraînant avec lui ses victimes.

A la suite de l'acte d'héroïsme accompli par Karle, tout un parti s'était déclaré en faveur de l'empereur. Il s'en était fallu de peu qu'un massacre général n'eût lieu dans l'église de Saint-Médard; Ebbo n'avait réussi à faire reconduire Lodewig et son fils dans l'intérieur du cloître qu'en profitant du désordre qui s'était produit, et jurant au nom de son maître qu'aucun danger ne les menaçait.

Mais il avait fallu fuir peu d'heures après devant une révolte presque générale des seigneurs et des habitants des campagnes menés au combat par plusieurs des Treize. De plus les comtes Warin et Gautselme, lieutenants de Louis le Germanique, s'étaient joints aux défenseurs, envoyés par leur maître pour délivrer Lodewig.

Ce n'était que grâce aux Bretons conduits par Noménoé qu'on avait pu fuir jusqu'à Paris.

Lother présumait rencontrer plus de sympathies sur les bords de la Seine et dans le pays qui s'étend jusqu'à la Loire.

Mais en arrivant à Paris, où il avait mandé de toutes parts ses fidèles, ce suprême espoir se trouva promptement déçu.

A peine une dizaine de barons et de comtes s'étaient-ils rendus à son appel.

« Je n'irai pas plus loin, se dit-il nonobstant avec une énergique rage, et je m'y maintiendrai. »

Il fit détruire les ponts et les barques sur toutes les rivières avoisinantes, afin d'empêcher le passage, afin de gagner au moins un peu de temps.

La rigueur de la saison semblait lui venir en aide. Bien qu'on fût au milieu de mars, l'hiver venait de recommencer tout à coup, et les gelées, les pluies, la neige rendaient impraticables tous les chemins, infranchissables toutes les rivières.

L'armée que Louis le Germanique envoyait au secours de son père ne put traverser la Marne, et se vit contrainte à suspendre sa marche triomphante.

Il en était de même de la Somme, de l'Escaut, de la Meuse, qui, comme autant de barrières, arrêtaient les masses insurgées du Nord.

Du côté du Midi, rien de menaçant n'apparaissait encore à l'horizon ; mais, vers le matin du troisième jour, des éclaireurs, revenus sur leurs pas en toute hâte, annoncèrent qu'une troisième armée, celle du roi Peppin arrivait d'Aquitaine ; que cette armée était parvenue à franchir la Loire, mais que n'ayant pu traverser la Seine, elle remontait la rive gauche de ce fleuve. Déjà l'avant-garde était en vue de Saint-Denis.

« Je suis perdu, rugit Lother.

— Il nous reste un chemin pour fuir, hasarda Ganelon... le chemin de la Burgondie, qui sans doute vous restera fidèle, et d'où, dans tous les cas, vous pourriez gagner le royaume d'Italie, votre propre royaume. »

Lother ne lui répondit que par un de ces regards qui, pour

un complice maladroit, sont un arrêt de mort. Évidemment, sa colère demandait une victime, et cette victime-là, dans sa pensée, ce serait peut-être Ganelon !

Fort à propos pour ce misérable, un bruit de trompes retentit en ce moment.

Ces fanfares annonçaient l'approche de deux hérauts d'armes envoyés, l'un par Peppin, l'autre au nom de Louis le Germanique. Tous deux venaient réclamer la délivrance immédiate de l'empereur Lodewig et sa remise entre leurs mains.

A cette condition, promesse d'un oubli complet du passé ; en cas de refus, les deux armées attaqueraient dès le lendemain, en prenant Dieu pour juge de leur cause.

Parmi les partisans de Lother, il y eu un premier mouvement d'orgueil offensé ; quelques-uns même, notamment Lantbert, comte de Nantes, s'écrièrent avec une fierté vaillante qu'il ne fallait répondre à cet insultant cartel que les armes à la main, que par une sanglante bataille.

Mais le maître les calma du geste, et durant quelques minutes encore, il resta immobile sur son siège, le front soucieux, le regard voilé, le menton dans sa main, comme plongé dans une reflexion profonde.

Puis, relevant enfin la tête, et avec l'expression d'une hypocrisie cauteleuse.

« Personne, répondit-il, ne désire plus que moi le bonheur de mon père, mais sa captivité est le résultat d'un jugement des évêques, mais ce sont mes frères eux-mêmes qui m'ont commis à sa garde, en garantie de la toute-puissance qu'ils lui retiraient pour me la donner. S'ils ont réellement changé d'avis, s'ils persistent à refaire ce qu'ils avaient défait, qu'ils m'accordent au moins deux jours pour réfléchir, et qu'après-demain, à pareille heure, ils m'envoient des députés avec lesquels nous pourrons traiter de la nouvelle constitution de l'empire. J'ai dit. »

Les hérauts d'armes s'inclinèrent et sortirent avec cette réponse.

Tous les regards aussitôt se tournèrent vers Lother, dont le visage, déjà métamorphosé, se ranimait d'un feu sombre.

« Comte Lantbert, s'écria-t-il, et vous tous qui commandez sur les bords de la Loire, la rive droite de la Seine reste libre... Partez dès cette nuit, regagnez vos domaines et travaillez à m'y faire une armée. Cette prétendue trêve n'avait d'autre but que de vous donner à tous le temps de fuir.

— Mais vous, seigneur ? interrogea le comte Lantbert.

— Moi, répondit Lother avec une sourde colère, je m'éloigne d'un autre côté, je me retire vers les Alpes... afin d'en revenir bientôt, et avec de telles forces que je les écraserai tous les deux, l'Aquitain comme le Germanique !

— Nous ne voulons point partir les premiers ! se récrièrent quelques voix ; nous voulons tout d'abord protéger et sauvegarder la fuite de notre empereur !

— Ne vous inquiétez pas de moi ! reprit Lother avec une telle expression de haine inassouvie, avec un si fatal regard dans les yeux que tous les assistants ne purent se défendre de frémir. Je ne pars que demain... J'ai quelques derniers ordres à faire exécuter ici. »

Et ses yeux, dans lesquels étincelait une sorte de lueur sanglante, s'étaient dirigés vers la nouvelle prison qu'occupaient Lodewig et Karle.

Il n'y eut personne qui ne doutât que, la nuit suivante, une de ces sombres tragédies de l'époque mérovingienne ne dût s'accomplir.

Soit dans la pensée de se soustraire à toute accusation de complicité, soit dans le désir de se mettre à l'abri de toute vengeance rétrospective, les comtes d'entre Seine et Loire n'insistèrent pas davantage, et, dès la nuit tombante ils se mirent en chemin.

Délivré de ces témoins incommodes, et ne croyant plus avoir autour de lui que d'aveugles séides, Lother fit aussitôt venir Ganelon.

Le maître et le serviteur étaient aussi pâles maintenant, aussi enfiévrés l'un que l'autre.

Lorsque les portes se furent hermétiquement refermées sur eux, lorsqu'ils se trouvèrent entièrement seuls, face à face :

« Ganelon, dit Lother, si tu ne veux pas mourir demain, il faut que cette nuit Karle et Lodewig meurent.

— Mais comment? râla Ganelon d'une voix tellement strangulée qu'on l'entendait à peine.

— Tu es bien certain de tes sauvages de l'Armorique?

— Morgane en répond.

— Et des frères Markam?

— Oh! quant à ceux-là, je vous les garantis moi-même.

— Bon!

— Eh bien?

— Eh bien! durant que les envoyés de mes frères parlaient, voici ce que j'ai résolu. Le temps s'est remis, la nuit est claire et douce... nos prisonniers ne demanderont pas mieux que de se promener un instant dans les jardins, n'est-ce pas?

— De gré ou de force, s'il faut qu'ils y aillent, ils iront.

— Seulement, par prudence et dans la crainte d'une évasion, tu auras eu soin de ranger en dedans de la muraille qui clôt les jardins, une muraille armoricaine... tu comprends?

— Oui, maître... Ensuite?

— Tout naturellement, les frères Markam accompagneront les prisonniers, puisqu'ils sont devenus maintenant leurs geôliers ordinaires. »

Ganelon inclina la tête pour toute réponse; il était livide maintenant et tremblait à ne presque plus pouvoir parler.

Lother poursuivit :

« A un signal que je leur jetterai de cette fenêtre... par exemple ces mots qui, plus tard, serviront à me justifier mieux encore : « Ayez donc plus d'égards pour mon père et pour mon frère », ils les frapperont!

— Enfin! rugit Ganelon.

— Attends, reprit Lother, ce n'est pas tout. Comme je ne veux point de complices, qui pourraient parler plus tard... à un second signal, à l'apparition de Morgane, qui, de cette même fenêtre, criera « Vengeance! » ses tout dévoués Bretons, dans un premier élan de juste indignation, se précipiteront sur les frères Markam, et les mettront à mort... à mort, tu m'entends bien, à mort comme les deux autres ! Car si par hasard ils respiraient encore ceux-là, je compte sur les massues armoricaines pour les achever. Voici mon plan... Tous les tiens jusqu'à ce jour ont échoué... je veux que celui-ci réussisse, je le veux ! Va donc exécuter mes ordres, et fais venir ici Morgane. »

Si Ganelon sortit sans répondre, c'est qu'à part lui il se répétait avec un certain effroi :

« Quel sort donc me réserve Lother, qui ne veut plus de complices ! »

Et le fait est que la conjecture ne laissait pas que de devenir inquiétante.

Un peu plus tard, Morgane se rendait à l'invitation de Lother, dont elle approuva complètement le projet. L'un et l'autre touchaient au but de leur ambition, au triomphe de leur vengeance, et tous deux, pleins de confiance dans l'avenir, ils se disaient, celui-ci : « Je serai seul empereur ! » celle-là : « Seule je suis reine ! »

Un premier bruit qui s'élevait des jardins attira leur attention vers la fenêtre.

C'étaient les Bretons qui, silencieusement, se rangeaient en espalier contre la muraille.

— Pourquoi donc est-ce Noménoé lui-même qui les commande ? fit Lother en désignant le jeune chef, qu'il n'aimait pas.

— C'est son droit, répondit Morgane, et lui-même il l'a réclamé comme preuve de son empressement à nous obéir.

— Il sait toute la vérité ?

— Oui.

— Et il a promis...

— De faire justice des assassins... Oui... justice éclatante et prompte ; telles ont été ses propres paroles.

— Bon ! conclut Lother qui tout bas ajouta : Encore un dont il faudra que je me défasse. »

En ce moment, l'empereur Lodewig et son fils Karle parurent dans le jardin.

Ceci se passait dans l'ancien palais des Thermes, qui servait encore de résidence aux monarques carlovingiens et qui, s'étendant jusqu'à la Seine, permettait à Lother de demeurer sans crainte sur la rive gauche ; car, à la première alerte, il pouvait aussitôt se réfugier dans la Cité par le Petit-Pont, que défendaient deux grosses tours.

Tous les écrivains du temps sont d'accord pour vanter le charme des parterres et du parc qui entouraient cette antique villa romaine.

Il faisait une de ces douces et tièdes soirées qui succèdent

Lother tout à coup parut à la fenêtre et leur cria le signal convenu.

assez ordinairement aux premiers orages du printemps. Le ciel, d'une admirable pureté, s'illuminait de toutes ses étoiles, et la lune qui montait dans l'azur au milieu de ce brillant cortège, inondait de sa fantastique lueur les vieilles murailles grises et les jeunes taillis, les verdoyants gazons et les plantes renaissantes, dont chaque bourgeon prenait en ce moment des reflets de rubis et d'émeraudes. Dans les bassins, les eaux jaillissantes retombaient en cascades de diamants. Les ombres étaient d'un noir presque violet, et dans les parties éclairées, sur les pelouses surtout, la rosée devenait d'une telle blancheur qu'on eût dit de la neige. Enfin, c'était une de ces délicieuses nuits, où le silence s'anime de mille bruits mystérieux, où l'on entend vaguement la nature qui se réveille, le renouveau qui travaille, la sève qui monte, et, dans les branches rajeunies, dans la terre frémissante, dans l'air déjà réchauffé par l'haleine de mars, les premiers parfums, les premiers bégayements de la chanson d'avril.

Lodewig et Karle, heureux de cette promenade inattendue, enchantés de la fête que leur donnait le printemps, ce frère de l'espérance, s'avançaient lentement et sans presque échanger une parole dans la principale allée.

Les frères Markam étaient auprès d'eux, mais par extraordinaire, ils semblaient moins s'occuper des deux captifs commis à leur garde, que des Bretons silencieusement alignés contre la muraille.

S'empressant de mettre à profit ce prétexte, Lother tout à coup parut à la fenêtre et leur cria le signal convenu :

« Ayez donc plus d'égards pour mon père et pour mon frère ! »

Les frères Markam se rapprochèrent vivement des prisonniers, et tirèrent chacun leur scramasax.

Mais ni l'un ni l'autre ne frappèrent.

Étonné, Lother reprit :

« Ne m'avez-vous donc point entendu... obéissez ! »

Et certain du crime qui allait se commettre, mais n'osant plus regarder, il détourna la tête.

Tout à coup, au lieu des gémissements d'agonie que Lother espérait, il entendit retentir ce cri :

« France et Karle ! »

Il regarda cette fois.

Quatre paladins venaient de s'élancer d'un temple en ruine, et remettant aux frères Markam deux épées semblables à celles qui déjà flamboyaient dans leurs propres mains, tous les six ils formaient autour des prisonniers comme un rempart de fer ; tous les six d'une voix tonnante, ils répétaient :

« France et Karle ! »

Jamais stupéfaction, jamais rage n'égala celle de Lother.

Il était trahi par ces frères Markam qui, de meurtriers se changeaient en défenseurs ! Il revoyait se dresser devant lui six de ces hommes qui toujours avaient anéanti ses espérances, et qui semblaient invincibles !

Mais Morgane s'empressa de le rassurer du geste, et, bien loin de désespérer encore du succès :

« Eh! qu'importe, dit-elle, n'ai-je pas là mes Bretons ? »

Puis, s'avançant à son tour vers la fenêtre, elle jeta ce second signal de mort :

« Vengeance! vengeance!... et sur tous maintenant, sur Lodewig et sur Karle comme sur leurs défenseurs! Ils sont huit... Vous pouvez être au besoin près de vingt mille!... Tuez-les donc... tuez-les, et que l'empereur Lodewig le sache bien... c'est au nom de Morgane, c'est au nom du roi Morvan... Allez! »

Les Bretons restèrent immobiles.

Seul, Noménoé s'avança et répondit :

« C'est parce qu'ils ne sont que huit, et que nous sommes près de vingt mille, que je refuse enfin d'obéir. Ceux qui m'ont choisi pour chef sont des soldats, non pas des assassins! »

A cette ferme et loyale réponse, que venait de confirmer un applaudissement presque général, Morgane, plus stupéfaite encore que son complice, demeura tout d'abord interdite et béante :

Avec un calme respectueux, mais résolu, Noménoé poursuivit :

« Je regrette de vous affliger, Morgane. Je vous dois cependant la vérité; les Bretons méritent et veulent un homme pour chef, non point une femme. Or, personne ne se présentant pour revendiquer l'héritage du héros dont vous êtes la veuve, c'est moi qu'ils ont choisi, moi qui seul leur commande. Je ne me refuse pas à écouter vos conseils, et tant qu'ils pourront se concilier avec l'intérêt, avec le véritable honneur de la nation bretonne, je m'estimerai heureux de pouvoir les suivre. Mais dans la présente circonstance, vous nous avez fait quitter le pays pour satisfaire des passions qui lui sont étrangères ; aujourd'hui vous voulez faire de nous des bourreaux... les bourreaux d'un enfant et d'un vieillard... je ne le puis pas... je ne le veux pas!

— Traître! s'écria enfin Morgane. Ingrat et traître, qui déserte au moment décisif, qui se refuse à devenir le vengeur de son roi ! Mais il en est d'autres qui se souviendront de l'héroïque Morvan, qui seront d'avis que le sang veut du sang, qui resteront fidèles à la prophétesse de Bel et de Teutatès ! A moi, mes fidèles ! à moi, les enfants du chêne ! »

Et, comme en une évocation suprême, elle agitait ses bras, elle faisait flotter sa chlamyde suivant les rites sacrés de la religion druidique.

Nous l'avons dit dès le commencement de ce récit, les Bretons sont, avant tout, les hommes du souvenir, les hommes du passé. Malgré l'estime qu'inspirait Noménoé, malgré l'enthousiasme que venait d'exciter sa loyale et sage harangue, quelques centaines de dissidents, des plus résolus et des plus farouches, répondirent spontanément à l'appel de Morgane, et vinrent se ranger en silence en bas de la fenêtre, d'où, planant ainsi qu'au faîte d'un dolmen, elle les attirait.

« Ah ! fit-elle alors, j'ai des soldats aussi, moi... des soldats qui sont esclaves du devoir... des soldats qui vont obéir à la voix de la vengeance ! »

Puis, les excitant davantage encore contre les victimes convoitées par sa haine. :

« Tuez-les ! commanda-t-elle avec le rugissement d'une panthère blessée. Mais tuez-les donc ! »

Ceux qui venaient de se déclarer pour elle, ceux qui ne semblaient plus attendre que le signal de frapper, firent un pas en avant.

Mais déjà Noménoé venait aussi de jeter son cri de guerre, et tous les Bretons restés contre la muraille bondissaient pour former, à droite comme à gauche des paladins, deux ailes toutes prêtes à engager le combat.

Vers le centre seulement, en face de Lodewig et de Karle, le terrain restait libre entre les deux armées.

Franchissant l'espace avec une incroyable agilité, Noménoé s'y élança d'un seul bond, et là, dans la fière et gracieuse attitude d'un héros de Sparte ou de Rome :

« Arrêtez ! cria-t-il, arrêtez avant de tourner les armes les uns contre les autres, avant de combattre Bretons contre Bretons, frères contre frères! A ceux qui se sont ralliés à Morgane, nous laissons toute liberté de la suivre; ils représentent le passé, qu'ils restent avec elle. Nous, qui sommes les soldats de l'avenir, nous retournons dans notre patrie. Mais avant de partir, comme nous voulons effacer la honte de cette malheureuse campagne, comme nous avons rougi de combattre l'autre soir pour la querelle impie d'un fils dénaturé, comme nous voulons qu'il soit dit que les rudes enfants du chêne sont et seront toujours les champions des justes causes, c'est à nous que l'empereur Lodewig va devoir sa délivrance, c'est nous qui voulons assurer sa retraite. Ainsi faisant, nous aurons dignement et saintement honoré la mémoire du roi Morvan, qui est au ciel et qui nous regarde! »

Au profond silence avec lequel avaient été écoutées ces chaleureuses paroles, de bruyantes acclamations succédèrent, tant de la part de Lodewig et de Karle que de celles de leurs six chevaliers.

Cependant, Morgane et Lother ne se considéraient point encore comme vaincus, ou du moins ils ne voulaient pas céder sans combat. Leurs voix enfiévrées de colère venaient d'en donner le signal, ainsi que l'ordre de fermer toutes les issues.

Mais Noménoé se retournant vers l'antique Lutèce :

« A moi les autres! cria-t-il, et qu'on nous fasse brèche dans la muraille! »

La muraille aussitôt commença de s'ébranler sous le vigoureux effort de l'armée armoricaine, dont le plus grand nombre était sans doute aposté au dehors.

Quant à ceux qui allaient soutenir le premier choc de leurs anciens frères d'armes, Noménoé leur dit :

« Couvrez-vous de vos boucliers; parez les coups, mais sans y répondre, et, s'il se peut, que pas une goutte de sang breton ne soit versé par des mains bretonnes. Tout fratricide porte malheur! »

Et lui-même donnant l'exemple, il se plaça au premier rang.

A ses côtés s'alignèrent les six paladins, et parmi eux le jeune

Karle, qui n'avait pas voulu se dessaisir de l'épée de son grand-père, et qui s'empressait de mettre à profit cette première occasion de lui faire honneur.

Ce fut un étrange combat, dans lequel les plus nombreux cherchaient à épargner les plus faibles, et reculant devant eux, se glorifiaient de ne point venger leurs blessures.

Bientôt un large pan de muraille tomba. Par cette brèche les défenseurs du bon droit opérèrent leur retraite vers la Seine, lentement, fièrement et le visage toujours tourné vers l'ennemi.

« Où voulez-vous être conduit? avait demandé Noménoé à l'empereur Lodewig.

— A Saint-Denis! répliqua le vieillard! à Saint-Denis, sous la sainte garde du patron de la France! »

On atteignit le pont, et lorsque l'armée bretonne s'y fut engagée tout entière, lorsque déjà retentissaient dans la cité les cris d'allégresse qui saluaient de toutes parts Lodewig et Karle, la partie mobile du tablier se releva, l'infranchissable herse retomba lourdement entre les deux tours. Noménoé avait passé le dernier.

En l'absence de toute barque, et devant cette rivière, tumultueusement grossie par les orages, les satellites de Morgane durent s'arrêter.

Quant à Lother, nous renonçons à peindre l'espèce de folie furieuse qui le possédait maintenant.

Sa proie venait de lui échapper.

« Oh! répétait-il incessamment, ces treize hommes!... toujours ces treize hommes! »

Mais il lui restait à peine le temps de fuir. Quelques derniers amis, plus prévoyants que les autres, lui amenèrent un cheval.

Comme il se lançait au galop sur la route d'Italie, Ganelon se rencontra sur son passage.

Lother ne daigna pas suspendre sa course : mais du lourd pommeau de la cravache qu'il tenait en main, il ensanglanta le visage de son conseiller déchu.

« Grâce! supplia Ganelon en tombant sur ses genoux, grâce!...

— Jamais! lui cria Lother comme dernier adieu; jamais!... à moins que tu ne me rapportes leurs treize têtes! »

Ce fut Morgane qui releva Ganelon.

« Ne désespère pas encore, lui dit-elle, tout n'est pas fini! »

A cette heure, cependant, Lother fuyait sans couronne, et Morgane elle-même semblait détrônée sans retour, tandis que Lodewig allait redevenir empereur, tandis que Noménoé devenait roi.

Et c'est ainsi qu'une fois de plus se trouva réalisée cette parole de l'Écriture.

« Quiconque s'élève sera abaissé, quiconque s'abaisse sera élevé. »

VII

UN SEUL AMOUR POUR DEUX CŒURS

Transportons-nous maintenant par delà Grenoble, dans la délicieuse vallée du Grésivaudan, au château Bayard.

C'était un rustique et patriarcal manoir, fièrement implanté sur les ruines d'une villa romaine. La nature le rendait à la fois charmant et fort.

Dominant une colline assez élevée que contournait la rivière, il se trouvait défendu de ce côté par des falaises inaccessibles, et qui formaient une sorte de presqu'île se reliant au véritable rivage par une étroite langue de terre.

Sur cet isthme, qui lui-même redescendait bientôt dans la vallée par une pente rapide, quelques palissades avancées, un fossé profond, l'épaisse et haute muraille, défendaient suffisamment les approches du plateau, dont l'étendue était assez considérable. Du côté de la terre, c'était un parc richement boisé; du côté du fleuve, c'était une magnifique terrasse, qui commandait son cours, grâce surtout aux quelques fortifications destinées à cet effet. En arrière, s'élevaient divers bâtiments, tous d'une forme irrégulière et massive : maison d'habitation, corps de garde, écuries, étables et granges. Enfin, sur la partie culminante, il y avait un large et robuste donjon, de la plate-forme crénelée duquel le regard planait sur tout le pays.

Il était donc impossible d'approcher du château, même en temps de paix, sans être aussitôt aperçu. En cas de siège, quelques hommes dévoués pouvaient suffire à la défense de l'isthme, seul point par lequel une attaque eût quelque chance de succès. D'autre part, la famine n'était jamais à craindre sur ce fertile plateau, qui, durant des années entières, eût facilement nourri une garnison nombreuse.

Ajoutons que rien n'était plus pittoresque que ce délicieux coin de terre, entouré de tous côtés par de riantes et splendides perspectives.

On se souvient sans doute qu'après la glorieuse mort du comte, après le départ d'Amaury et de Bérenger, la comtesse avait fait retraite au château Bayard avec ses cinq autres fils, pour la plupart en bas âge, qui restaient sous sa tutelle maternelle.

C'était par une tiède et calme soirée du commencement d'avril. Déjà, sous ce climat presque méridional, la nature revêtait sa robe verdoyante ; déjà les fleurs remplissaient l'atmosphère de leurs parfums printaniers. Une légère brume transparente se jouait dans le fond des vallées, et, sur la cime encore neigeuse des montagnes, le soleil couchant allumait comme autant de phares où chatoyaient les couleurs du prisme. Tout était d'un recueillement profond, d'un indicible charme.

Le bruit du vent dans les feuillées, le murmure du fleuve battant la falaise, quelques chants d'insectes ou d'oiseaux, parfois le réveil d'un écho lointain, troublaient seuls le silence, égayé d'ailleurs par le rire retentissant et clair des cinq jeunes frères Bayard, qui s'ébattaient ou se poursuivaient joyeusement sur la pelouse de la terrasse.

Non loin de là, à l'ombre de deux gigantesques mélèzes, la mère les surveillait, tout en manœuvrant avec activité son rouet et sa quenouille.

Elle était entièrement vêtue de noir, mais le deuil s'obstinait surtout sur son visage, dans son regard, et jusque dans sa surabondante chevelure, que dix-huit mois de veuvage avaient entièrement blanchie.

Sous cette neige prématurée, ses sourcils et ses cils noirs ressortaient davantage encore, et contribuaient à donner à son noble et pâle visage une nouvelle et majestueuse beauté, la beauté que l'on rêve à la mère des Gracques.

Un léger bruit de pas, venant du côté du château, lui fit soudainement retourner la tête.

Deux femmes s'avançaient, portant le simple et gracieux costume des châtelaines primitives, à savoir : la longue jupe aux plis sévères, l'adhérente cotte-hardie aux grandes manches retombantes, et, vu sans doute la fraîcheur du soir, une sorte de pèlerine à capuchon.

Les diverses parties de ce costume, dont on ne retrouve le modèle que dans les vieux imagiers, étaient identiquement d'une même couleur pour chacune des deux femmes ; bleu de roi chez celle-ci, chez celle-là d'une toute virginale blancheur.

La blanche châtelaine, c'était une toute jeune fille encore, s'empressa d'accourir vers la comtesse et lui présentant son front pur :

« Bonsoir, mère ! » dit-elle avec une toute suave harmonie dans la voix.

La comtesse s'empressa d'embrasser cette charmante enfant, puis voulut se lever avec une respectueuse déférence à l'approche de sa compagne, la châtelaine aux vêtements bleus.

Elle était brune, celle-là, elle était belle aussi, splendidement belle ! Mais, bien que jeune encore, elle semblait avoir déjà beaucoup souffert, et conservait sur son front pâli comme les traces d'une couronne.

Au moment même où la comtesse s'inclinait pour la saluer, elle la releva, la fit rasseoir et lui dit :

« Ne vous souvient-il plus de votre promesse de me traiter ainsi que cette chère Geneviève, que vous avez élevée ? Ne vous souvient-il plus que Judith s'estime heureuse de passer ici pour votre seconde fille, et qu'elle a droit de vous dire aussi : « Bonsoir, ma mère ! »

Avant d'aller plus loin, expliquons en quelques mots comment se trouvaient là l'impératrice Judith et sa fidèle compagne Geneviève.

Au sortir du château de Tortone, les vainqueurs de Maugis s'étaient empressés de prendre le chemin des Alpes, mais avec de nombreux détours qui devaient au besoin dissimuler leur piste.

On se trouvait dans les États particuliers de Lother; on avait tout à craindre du ressentiment de ceux auxquels on venait d'arracher les deux prisonnières.

Leur escorte se composait, — nous croyons utile de le rappeler ici, — de Roland, d'Éginhard, du comte Efflam, de Landrik et des deux frères Amaury et Bérenger, auxquels s'étaient joints de nouveaux libérateurs reconquis à la sainte cause de l'empereur Lodewig.

Ce n'était point assez pour tenir tête à toute une armée, et c'était par une armée tout entière qu'on pouvait être poursuivi.

De plus, le soin du précieux dépôt qu'on avait en garde faisait de la prudence une loi.

La marche fut donc ordonnée, dirigée avec autant de circonspection, avec autant de subtilité qu'en déploient encore aujourd'hui, dans des circonstances analogues, les Indiens du Nouveau-Monde.

On feignit d'abord de prendre le chemin de la Germanie, comme dans l'intention de se rendre auprès du roi Louis, dont le repentir avéré semblait justifier une pareille confiance.

Mais après une journée de marche vers le Nord, on obliqua tout à coup vers l'Ouest, en ayant grand soin de lancer sur la fausse piste une vingtaine de cavaliers avec deux femmes exactement vêtues comme l'impératrice et sa suivante.

Une seconde pointe du même genre fut poussée vers le lac Léman, que dut traverser une nouvelle escouade cherchant également à égarer l'ennemi sur ses traces.

L'escorte s'en trouva d'autant plus affaiblie; mais comme

tout semblait éloigner l'appréhension d'une attaque immédiate, on s'avança cette fois en ligne droite vers certains passages des Alpes où des guides sûrs attendaient, choisis à l'avance par les frères Bayard, qui, élevés dans ces montagnes, y connaissaient bien des chemins détournés.

Les deux fugitives eurent parfois à souffrir de la fatigue et du froid; nonobstant, leur courage se maintint à la hauteur du dévouement qui leur frayait la route, et jamais, même d'une minute, elles ne retardèrent la marche.

Cependant, au revers du mont Cenis, une première déception les attendait.

On avait compté sur l'entrevue d'Aix-la-Chapelle et sur une revanche complète de Lodewig, qui, ramenant à lui ses fils ingrats, déciderait immédiatement la chute de l'usurpateur.

On sait ce qui en advint, grâce à la terrible menace dont Ganelon s'était servi pour imposer silence au vieil empereur; on sait comment celui-ci se déclara satisfait et retomba de nouveau sous le fatal joug de Lother.

C'était donc partie remise pour les Treize. Il leur fallait recommencer la lutte, et durant ce temps trouver pour l'impératrice une retraite honorable et sûre.

Amaury et Bérenger s'empressèrent de proposer le château Bayard, où, du reste, il avait été convenu dans le premier plan qu'on ferait halte.

« Nous verrons », répondirent les autres.

Le surlendemain, on arriva en vue du domaine.

Cette fois encore, plusieurs cavaliers se détachèrent, escortant une prétendue impératrice, et suivirent ostensiblement la route de la Burgondie.

Le reste de la petite troupe se jeta dans les chemins non tracés, fit un dernier circuit, dissimula plus que jamais son dernier but, et, par une nuit sombre, atteignit enfin le château Bayard.

Grâce aux deux frères Amaury et Bérenger, qui, sous un déguisement, avaient été d'avance dépêchés vers leur mère, tout s'y trouvait préparé pour recevoir l'impératrice.

Nous passerons sous silence le saisissement profond, la folle joie de la comtesse Bayard en reconnaissant ses fils, en les couvrant de baisers, en les retrouvant plus forts et plus beaux que jamais, surtout plus respectueux encore et plus aimants pour leur mère.

La nuit suivante, un second bonheur l'attendait.

Elle allait revoir aussi Geneviève, qui avait été élevée par ses soins, qu'elle considérait comme sa fille, et puis le comte Efflam, auquel elle avait confié deux enfants et qui lui ramenait deux hommes.

« Comte, lui dit-elle, il n'est point de paroles qui puissent vous peindre ma reconnaissance ; il n'est rien qui saurait dignement vous récompenser de ce que vous avez fait pour nous.

— Madame, répondit l'époux de Clothilde, ne me remerciez pas. Vos fils eux-mêmes ont été ma récompense, et leur franche affection, leur généreux réconfort, leur joyeuse et vaillante jeunesse m'ont seuls donné la patience et la force de surmonter mes chagrins. C'est moi bien plutôt qui leur suis redevable, allez ; aussi je les aime comme s'ils étaient mes frères, comme s'ils étaient mes fils ! »

Déjà les deux jeunes gens s'étaient élancés vers le comte Efflam, chacun lui prenait une main, tandis que de l'autre bras ils le pressaient contre leur poitrine ; c'était un de ces groupes qui tentent le ciseau des grands sculpteurs.

« Jamais je n'ai prié, reprit la comtesse, jamais je ne prierai pour eux sans prier aussi pour vous, comte Efflam... et le Ciel exauce, dit-on, les vœux des cœurs désolés, les vœux des mères veuves !

— Oh ! s'écria soudainement le filleul de Charlemagne... oh ! s'il en est ainsi, madame, priez pour celle qui, depuis si longtemps, attend en vain mon retour ; pour celle qui maintenant aussi doit être mère et qu'assiègent d'implacables ennemis... Priez pour ma pauvre et bien-aimée Clothilde ! »

Et dans les yeux de ce rude homme de guerre, il y eut une larme qu'il ne chercha point à cacher.

« Cette larme... conclut la comtesse, cette larme de

douleur, je supplie l'ange de miséricorde de la joindre aux miennes, qui sont en ce moment des larmes de joies... Je le supplie de les porter toutes ensemble au pied du trône de Dieu. »

Durant ce même temps, Éginhard et Roland visitaient le château. Son isolement, sa position presque imprenable, ses ressources et ses agréments en faisaient une résidence toute providentielle pour l'impératrice Judith. Dans toute l'étendue de l'empire, on n'eût pas mieux trouvé.

Il fut donc convenu que les deux fugitives y resteraient momentanément, sous la garde du comte Efflam et des deux frères Bayard, auxquels on se contenta d'adjoindre quelques-uns des cavaliers de l'escorte. Les serviteurs et les vassaux de la comtesse suffisaient pour compléter une garnison capable de résister à toute surprise.

Le reste de la petite troupe repartit pour aller travailler à la délivrance de Lodewig et de Karle, sous le commandement d'Éginhard et de Roland. Ils emmenaient avec eux le fidèle Landrik, qui reviendrait apporter des nouvelles, ou même, en cas de succès immédiat, rechercher l'impératrice afin de la conduire auprès de son époux triomphant.

Près de trois mois s'étaient écoulés, sans qu'on vît reparaître Landrik, sans qu'on reçût aucune communication relative à la nouvelle campagne entreprise par les Treize.

Et maintenant, pour mieux comprendre la situation respective des divers personnages qui se trouvaient au château Bayard, prêtons un instant l'oreille à l'entretien de Judith et de Geneviève avec la comtesse, sous les grands mélèzes de la terrasse.

« Voici le jour qui touche à son déclin, disait l'impératrice avec une fiévreuse impatience, et rien encore... rien... Oh! cette incertitude me tue, et plutôt que de continuer à souffrir ainsi, j'aime mieux affronter le péril et marcher droit vers quelque grande ville où je pourrai au moins savoir ce qui se passe!

— Vous ne ferez pas cela, madame! interrompit inopinément le comte Efflam, dont on n'avait pas remarqué l'approche. J'ai voulu vous épargner une imprudence inutile... J'arrive de Lyon.

— Eh bien ?

— Les choses semblent toujours en être au même point, et malgré tout mon zèle, je n'ai rien pu apprendre qui soit de nature à calmer vos alarmes. Mais, soyez-en convaincue, madame, nos amis persévèrent dans leur œuvre, et à cette heure même où je vous parle, ils luttent, ils meurent peut-être pour votre cause.

— Mais l'empereur Lodewig ! mais mon fils Karle !... Oh ! je ne saurai donc point si je dois les pleurer, s'ils vivent encore !

— Je crois pouvoir vous le garantir, madame, car un pareil malheur se serait assurément ébruité, et la rumeur publique atteste au contraire que l'empereur est de retour à Saint-Médard. On prétend même que son fils Karle va l'y rejoindre.

— A Saint-Médard, dites-vous ?... ils sont à Saint-Médard tous les deux... Comte Efflam, si aucune nouvelle ne nous arrive ce soir, je veux partir demain pour Saint-Médard... je le veux ! Croyez-vous donc qu'une mère puisse vivre ainsi sans même connaître ce qu'il advient de son fils ? »

Jusqu'alors la comtesse Bayard avait continué de filer sa quenouille en silence. Au dernier élan désespéré de l'impératrice, elle s'arrêta tout à coup, lui posa respectueusement la main sur le bras et d'une voix calme autant que douce :

« Madame, dit-elle, mes deux fils aînés m'ont quittée le lendemain même de la mort de leur père ; ils allaient combattre pour vous. Ils étaient bien jeunes encore, et ne pouvaient survivre à cette vie de fatigues et de dangers que par un miracle. Durant près de dix mois je n'ai pas reçu de leurs nouvelles, et grande était ma perplexité de ne les revoir jamais. Mais je savais qu'ils remplissaient un devoir, que telle était la volonté de Dieu... je me suis résignée sans murmure, j'ai prié, j'ai attendu. »

Judith, en face de cette noble et sainte abnégation, demeura soudainement interdite et baissa les yeux.

Le comte Efflam prit la parole à son tour :

« Ce fut le jour même de mon mariage, dit-il, qu'Éginhard

vint me remettre cette épée. Celle à qui je venais de m'unir était jeune et belle, et je l'aimais... Je partis. Plus tard, au moment même où j'allais suivre Roland sur cette route, où nous rentrions en campagne pour votre délivrance, une fidèle messagère vint m'apprendre à la fois et que mon château était investi par les Bretons, et que ma chère Clothilde allait devenir mère. Elle me suppliait de revenir auprès d'elle pour embrasser mon enfant, pour les défendre tous deux! J'eus un moment d'hésitation, je l'avoue... Mon cœur se brisait... mais l'honneur demeura le plus fort, et ce fut le chemin de Tortone que je choisis. Il y a dix-huit mois de cela... la résistance de Glay-Acquin ne pouvait se prolonger au delà d'une année... A cette heure peut-être ma femme et mon enfant ont été massacrés, ou bien ils gémissent dans quelque captivité honteuse... Je les entends chaque jour qui m'appellent, ou pour les secourir ou pour les venger... et je ne vous avais jamais dit cela, madame... et me voici! »

A la fin de cette révélation douloureuse, l'impératrice enfin releva la tête, et regardant tour à tour le comte Efflam et la comtesse Bayard :

« Pardon! s'écria-t-elle, pardon pour mon ingratitude et pour ma lâcheté! De tels exemples me rendent à moi-même, et je vous remercie de me les avoir donnés. Moi aussi, j'aurais désormais le courage de souffrir; moi aussi, maintenant, j'attendrai! »

Brisée par tant d'émotions, la jeune mère éclata en sanglots.

Geneviève s'agenouilla vivement à ses pieds, l'entoura de ses bras, et tout en cherchant à la calmer par de charmantes caresses :

« Maîtresse, dit-elle, espérez en l'avenir... espérez en Dieu... espérez en la vaillance des dévoués serviteurs qui veillent en ce moment sur l'empereur Lodewig et sur notre cher Karle! Lorsque ceux qu'on aime sont en péril, lorsque la mort va les frapper, il est de secrets avertissements qui passent dans le cœur des femmes. Or, je n'ai rien éprouvé de semblable, ni vous non plus... Et j'en réponds, moi... ils existent, ils vont être libres; vous les reverrez bientôt. Patience donc encore... espoir et courage ! »

L'impératrice alors sourit à travers ses larmes, et tendant la main au comte Efflam :

« Ce que vous avez fait pour nous, reprit-elle, pour vous nous le ferons à notre tour... et fallût-il toutes les armées, tous les trésors de l'empire pour la délivrance de votre bien-aimée Clothilde, vous serez réunis... je vous le jure... vous serez heureux!... Allons, laissez-vous convaincre comme moi; laissez-vous ramener à la consolation, à l'espérance d'un meilleur avenir... »

Le comte Efflam s'inclina, mais ce fut en vain qu'un furtif sourire s'efforça d'effleurer son pâle et noble visage, où toutes les confiantes illusions de la jeunesse semblaient s'être à jamais flétries sous les angoisses de la douleur.

L'impératrice s'était retournée vers la comtesse; elle lui parlait avec une profonde reconnaissance de ses fils; elle promettait de se charger de leur fortune et de leur bonheur.

Puis, à ce dernier mot, s'interrompant tout à coup :

« Au fait, s'écria-t-elle comme frappée d'une inspiration généreuse; au fait, dans ma misère présente, je puis déjà peut-être récompenser l'un des deux? Que diriez-vous, comtesse, si je donnais à celui-là le dernier trésor qui me reste, ce bel ange aux cheveux d'or, aux deux yeux bleus, que voici. »

Elle montrait Geneviève.

« Maîtresse, frissonna la jeune fille, agenouillée devant elle, et dont le séraphique visage venait de s'empourprer soudain, maîtresse... Oh! je vous en conjure, ne parlez pas de cela. »

Étonnée, Judith se retourna successivement vers la comtesse Bayard, vers le comte Efflam. Tous deux ils la regardaient avec une muette anxiété, qui n'était point exempte de reproche.

« Oh! mon Dieu! se récria-t-elle? Est-ce que j'aurais par hasard ravivé quelque mystérieuse blessure. Excusez-moi.

— Il est naturel, madame, que vous n'ayez point soupçon de ce qui se passe, reprit gravement la comtesse. Mes deux fils aiment tous deux Geneviève, et elle-même les aime également.

Nous nous sommes expliqués, la pauvre mignonne veut entrer au couvent et mes enfants sont désespérés. »

Il y eut un silence, mais qui fut presque aussitôt intérrompu par la voix même de ceux sur lesquels on pleurait.

« Ma mère, disaient-ils à la fois. Ma mère, Geneviève, n'appréhendez plus rien de cet amour... nous nous sommes entendus maintenant, nous sommes d'accord. »

Déjà tous les regards s'étaient retournés vers eux.

Ils s'avançaient le front haut, les yeux rayonnants, le sourire aux lèvres et la main dans la main, comme aux plus beaux jours d'autrefois.

Sur tous les visages il y avait un étonnement joyeux, mille questions impatientes :

« Ce matin, répondit Bérenger, nous nous sommes rencontrés dans la forêt, et après une explication cœur à cœur, nous nous sommes aperçus que c'était folie de nous chagriner autant pour une chose qui doit se résoudre d'elle-même.

— Ou plutôt, interrompit Amaury, ou plutôt que doit décider le dieu des batailles. Il est bien certain que la lutte va recommencer, plus ardente encore, et qu'avant l'achèvement complet de notre tâche, l'un de nous deux pour le moins sera mort en combattant.

— Bien heureux celui-là! reprit Bérenger, car en tombant il pourra dire à l'autre : Geneviève est à toi, frère, et tu peux devenir son époux sans crainte... les morts ne sont point jaloux !

— Or donc, poursuivit Amaury, nous nous sommes promis l'un à l'autre d'avoir désormais patience et de marcher d'un pas résolu vers l'avenir. Ce que c'est pourtant que de s'entendre ! »

Puis, se rapprochant tous les deux de l'amie de leur enfance, et s'agenouillant en même temps devant elle :

« Geneviève, dirent-ils d'une même voix, loyalement et fraternellement nous nous fiançons à toi tous les deux. »

Amaury ajouta :

« Si le premier je succombe, promets-moi de devenir la femme de Bérenger.

— Jure-moi qu'Amaury sera ton époux, dit Bérenger, si c'est moi qui le premier rencontre une mort glorieuse ?

— Tel est notre désir le plus ardent, conclurent-ils ensemble, tel sera notre vœu suprême. »

Et tous les deux ils lui tendaient une main.

Geneviève y posa solennellement les siennes; et tandis que ses grands yeux bleus se levaient vers le ciel :

« Mon Dieu ! fit-elle, recevez mon serment de fiancée... recevez également celui, dans le cas où ni l'un ni l'autre de mes deux frères ne reviendraient, de ne jamais appartenir qu'à vous ? »

Amaury et Bérenger se relevèrent en même temps; en même temps, chacun sur une joue, ils embrassèrent Geneviève.

Telle était, à cette époque, la simple et touchante cérémonie des fiançailles.

Malgré l'étrangeté toute particulière de celle-ci, malgré la prévision de mort qui semblait devoir y jeter sa tristesse, ces dispositions furent accueillies avec joie même par la mère.

Oh ! c'est qu'en ces temps héroïques, le seul trépas qu'on appréhendât comme un malheur, c'est le trépas par la maladie, par le chagrin, par la vieillesse. On s'apitoyait, on pleurait sur ceux qui mouraient ainsi. Mais mourir les armes à la main, mourir glorieusement, ce n'était pas mourir !

La comtesse Bayard, déjà rassérénée, s'avança donc vers Geneviève, et lui ouvrant ses bras :

« Embrasse-moi, ma fille ! » dit-elle.

L'impératrice Judith et le comte Efflam, non moins émus l'un que l'autre, serraient la main des deux frères.

Mais tout à coup, au sommet du donjon, un appel de cor retentit.

C'était le signal qu'un étranger s'approchait du manoir.

Une fanfare y répondit aussitôt du fond de la vallée :

Une fanfare d'oliphant, c'est-à-dire de paladin, une fanfare sonnée avec une si exceptionnelle vigueur, avec un retentissement si caractéristique que le comte Efflam et les deux frères Bayard se redressèrent aussitôt avec ce cri joyeux :

« C'est Landrik ! »

« Mon Dieu ! fit-elle, recevez mon serment de fiancée... »

Il ne tarda pas à paraître.

Pressé de questions, Landrik fit le récit des événements dont il venait d'être le témoin, tant à Saint-Médard qu'au palais des Thermes, et que nous avons racontés nous-même dans les précédents chapitres.

L'émotion, l'anxiété de tous les assistants étaient telles que, même après qu'il se fut arrêté, le silence se prolongea quelques instants encore.

Puis l'impératrice demanda :

« Et qu'advint-il ensuite, à Saint-Denis ?

En même temps, chacun sur une joue, ils embrassèrent Geneviève.

— L'empereur Lodewig, répondit Landrik, s'y trouva bientôt entouré d'une multitude amie, d'une armée enthousiaste, qui le pressait de reprendre à l'instant même l'épée, le sceptre et la couronne. Mais il voulut tout d'abord être relevé de sa pénitence, et réconcilié avec Dieu par les évêques qui se trouvaient là. »

Cette pieuse cérémonie eut lieu dès le lendemain dans l'église de Saint-Denis aux acclamations d'un peuple immense, et l'on remarqua même que les éléments semblaient s'être mis d'accord pour célébrer un si beau jour; la pluie, qui tombait depuis un mois, cessa tout à coup, les vents se calmèrent comme par enchantement, le soleil reparut dans un azur sans nuages. On eût dit que c'était aussi fête au ciel.

« Mais, Karle?... mais mon fils?... Vous ne me parlez pas de mon fils ?...

— Il était là, madame, il se tenait debout à côté de son père, et chacun admirait combien il a grandi, comme il est devenu vaillant et fier. C'est au point que moi, Landrik, j'avais peine à le reconnaître; mais cette merveilleuse transformation ne m'étonna plus, lorsque j'eus appris qu'elle était l'œuvre du comte Robert. »

Le comte Efflam interrogea à son tour Landrik au sujet de Lother.

« Il s'est enfui, maître, et malgré toutes les exhortations des nôtres, le trop clément empereur a refusé de le poursuivre, de le contraindre par les armes à la soumission, à l'impuissance du mal.

— C'est un excès de bonté dont il se repentira plus tard, opina sévèrement le comte Efflam. Mais dis-nous, mon brave Landrik, où s'est arrêté le fils vaincu, où se trouve maintenant le père victorieux?

— Lother occupe Vienne, l'antique cité des Allobroges, et s'y fortifie, en attendant qu'une nouvelle armée lui arrive d'Italie. Quant à l'empereur Lodewig, après avoir publié une amnistie complète, il s'est rendu à Kiersy-sur-Oise, où ses fils Louis et Pépin devaient le rejoindre et lui rendre hommage. De là, tous trois ensemble, ils se dirigeront vers Aix-la-Chapelle; car c'est dans la sainte ville de Charlemagne que s'accomplira la réconciliation générale, que se cimentera le pacte de l'avenir. Lother lui-même a reçu sommation d'y comparaître, avec promesse d'un généreux pardon, s'il s'engage à ne plus troubler désormais l'empire. Telle est du moins l'espérance de son père. »

Un sourire d'incrédulité passa sur tous les visages. Puis l'impératrice demanda quels étaient, relativement à elle-même, les ordres particuliers de l'empereur.

« Jusqu'au rétablissement définitif de la paix, répondit Landrik, l'empereur désire que vous restiez dans cette retraite ignorée, à l'abri de tout péril.

— Ici! se récria Judith. Rester encore ici... quand il y a

dix-huit mois que je n'ai vu mon fils, quand il est libre enfin, que je puis courir vers lui ! Oh ! non, non, c'est impossible, nous partirons dès demain ! »

Vainement le comte Efflam s'efforça de combattre cet imprudent projet; vainement la comtesse Bayard et Geneviève employèrent tour à tour les plus instantes prières, la résolution de l'impératrice fut inébranlable.

Jusqu'alors Landrik avait modestement gardé le silence; il crut pouvoir se permettre d'intervenir enfin.

« Maître, dit-il, je crois que ce voyage immédiat est encore le parti le plus sage.

— Pourquoi cela ?

— Pour plusieurs raisons.

— Lesquelles ?

— D'abord à cause du voisinage de Lother, qui n'est pas à plus de vingt lieues d'ici, et qui de jour en jour devient plus redoutable. En second lieu, durant les dernières heures de mon voyage, j'ai cru parfois entrevoir dans ces vallées comme des rôdeurs à la suite d'une piste perdue... et vous le savez, maître, mon instinct rarement me trompe. Enfin... »

Landrik s'arrêta, comme n'osant poursuivre.

Mais Judith devinant sa pensée :

« Enfin, acheva-t-elle, il est plus que temps pour vous de reprendre le chemin de la Bretagne, et sitôt que vous m'aurez reconduite auprès de mon époux, moi-même je vous relèverai de votre serment, moi-même je vous ordonnerai de voler au secours de Clothilde. N'est-ce pas là ce que vous vouliez dire, Landrik ?

— Madame...

— Oui, n'est-ce pas ? Vous voyez bien qu'il faut que nous partions, comte... Dispensez-vous donc de me résister davantage. Je le veux ! »

Ce fut avec une profonde émotion qu'Efflam remercia Judith. Mais quelle que fût sa propre impatience, il eut néanmoins le courage d'insister pour obtenir un délai de deux jours. Ce retard lui semblait nécessaire afin de dépêcher en avant ses deux fidèles valets, Kob et Puk, vers l'empereur Lodewig, qui s'empresserait d'envoyer à la rencontre de sa courageuse compagne une escorte capable de la protéger contre tous les hasards du voyage.

L'impératrice consentit enfin à cet arrangement, et le comte prit congé d'elle afin d'aller tout disposer pour le départ.

Landrik le suivit.

Dès qu'ils se trouvèrent seuls tous les deux, son maître l'interrogea du regard.

« Rien ! répondit-il... je n'ai rien appris touchant le manoir de Glay-Acquin ! »

L'époux de Clothilde poussa un profond soupir.

« N'oubliez pas, reprit vivement Landrik, que le château renferme une garnison à toute épreuve... et que c'est mon brave cousin de l'Arc, Romarik, un autre moi-même, qui la commande !

— Oui, oui, je me souviens. Cependant, il y a si longtemps que nous sommes partis ! Qui sait ce qui nous attend au retour !

— Courage, maître... Dieu est bon !

— C'est en lui que je mets toute mon espérance ! »

Et le regard du comte Efflam adressait au ciel une muette prière.

Landrik, durant ce temps-là, donnait l'ordre à l'un des valets de la comtesse de rechercher en toute hâte Puk et Kob.

« Mais, observa le comte, vers quel endroit précisément allons-nous les diriger ! Peut-être l'empereur est-il encore à Kiersy... peut-être sera-t-il en chemin déjà pour Aix-la-Chapelle.

— C'est donc vers le milieu de cette route, et séparément, s'il le faut, qu'ils précipiteront tous deux leur course.

— Est-il bien prudent de leur confier à chacun l'itinéraire que nous allons suivre ?... S'ils étaient attaqués en chemin ! si l'un d'eux venait à trahir !

— Maître, ce sont deux fidèles serviteurs, et je crois pouvoir en répondre.

— Mais Kob est querelleur... mais Puk est ivrogne...

— Hélas ! oui... mais en revanche ils sont religieux l'un et l'autre, et je sais tel serment breton qui fera que Puk ne boira pas en chemin, que Kob se tiendra tranquille ; fiez-vous à moi. D'ailleurs, ce n'est point un itinéraire de notre voyage qu'ils vont porter à l'empereur.

— Effectivement... il se peut que des circonstances imprévues nous contraignent à dévier quelque peu de notre route. Ce qu'il faudrait, c'est un endroit calculé d'après l'avance que nous leur donnons, une sorte de rendez-vous où les premiers venus attendraient les autres. Tu viens de parcourir cette route, Landrik... ne te souvient-il pas de quelque retraite écartée, facile au besoin à défendre, et qui n'ait pour voisins que des gens parfaitement loyaux ?

— Attendez! fit Landrik, qui depuis quelques instants déjà paraissait chercher, j'ai ce qu'il nous faut... »

Puis, avec un sourire empreint de naïve poésie, de rêveuse tendresse.

« C'est non loin de la Meuse, dit-il, au bord d'un grand bois, dans un lieu qu'on nomme Vaucouleurs. Il n'y a là qu'une seule cabane, celle du gardien d'un bac peu fréquenté. C'est un brave homme, presque un vieillard, et jamais cheveux blancs n'ont encadré plus franc visage. Il a pour unique compagne sa fille... une fille très grande, très pudique et très belle, qui l'aide dans son métier de passeur. C'est là que nous avons franchi la rivière, Éginhard, Roland et moi, lorsque nous venions d'ici... c'est par là que j'ai voulu repasser seul à mon retour. Le père était absent, la jeune fille conduisait le lourd bateau, car elle est forte autant que sage. On dirait vraiment une de ces femmes dont parle la Bible. Vers le milieu de la rivière, comme un chaud rayon de soleil semblait s'attarder à plaisir dans sa chevelure d'or, je n'ai pu me défendre d'admirer tout haut sa beauté. Elle rougit et baissa les yeux; je me tus, mais la regardai toujours. Lorsqu'elle me tendit la main pour recevoir le prix du passage, cette main tremblait. Je partis..., et, je ne sais pourquoi, au détour du chemin, je retournai la tête. La passeuse se tenait debout sur la rive, et les yeux aussi de mon côté. Je doute qu'il y ait sur cette terre un visage où le Seigneur ait plus visiblement écrit ces mots : « Honneur et devoir! » Oh! oui, maître, je vous l'assure, nous pouvons faire halte en cet endroit.

— Soit, mon brave Landrik. Tu dis qu'il se nomme ?

— Vaucouleurs. »

Le comte Efflam était filleul de Charlemagne, il avait été élevé sous ses yeux ; c'est assez dire que ce n'était point un ignorant.

Il écrivit donc deux lettres en langue latine, dans lesquelles, après avoir excusé la désobéissance quelque peu téméraire de l'impératrice Judith, il réclamait l'envoi immédiat d'un renfort considérable, auquel il assignait comme rendez-vous le lieu choisi par Landrik.

Quant à la suscription de ces deux missives, elles étaient adressées, soit à l'empereur Lodewig lui-même, soit à quiconque d'entre les Treize qui pourrait être rencontré en chemin.

Il va sans dire que les Treize étaient parfaitement connus de Kob et de Puk.

Les deux varlets ne tardèrent pas à se présenter devant leur maître, et reçurent pour consigne — de voyager ensemble jusqu'à certaine bifurcation de l'antique voie romaine qui conduisait vers le nord de la Gaule — de ne prendre que le repos strictement nécessaire, et de changer assez souvent de montures pour se maintenir constamment au galop, — d'éviter toute rencontre ou entretien avec des étrangers, — enfin, dans le cas d'attaque ou de blessure, d'anéantir immédiatement l'écrit dont ils allaient être porteurs.

A ces recommandations, le comte Efflam joignit une assez forte somme. Puis, il exigea de chacun d'eux la promesse d'une discrétion et d'une rapidité sans égales.

Landrik, à son tour, prit à partie les deux messagers, et tirant de dessous son haubert une de ces petites croix en fer dont l'étrange modèle se retrouve encore de nos jours en Bretagne, il dit :

« Approchez l'un et l'autre, et sur cette sainte relique de notre pays, jurez-moi... tant que vous n'aurez pas remis ces lettres à ceux à qui elles sont destinées... toi, Kob, d'avoir la patience d'un saint... toi, Puk, d'avoir la sobriété d'un anachorète. »

Kob, posant sa large main sur la croix, répondit :

« Sauf le cas de défense absolue, je jure de ne frapper ni du couteau, ni du bâton, ni du pied, ni du poing... tant que la commission ne serait point faite. »

Avec le même geste et dans la même pose respectueuse, Puk à son retour articula ce serment :

« Tant que la lettre sera dans ma poche, il n'y aura que de l'eau dans mon verre!

— Bien! conclut Landrik. Bien, mes gars... le bon Dieu et moi nous comptons sur votre parole; — malheur à celui de vous deux qui y manquerait! Et maintenant, heureux voyage! »

Quelques minutes plus tard, Kob et Puk montaient à cheval et partaient au galop.

Le surlendemain, vers la chute du jour, l'impératrice et sa vaillante Geneviève prirent la même route.

Leur escorte ne se composait cette fois que des deux frères Bayard, du comte Efflam, de Landrik et d'un seul varlet, connaissant le pays et servant d'éclaireur.

La comtesse accompagna les voyageurs jusqu'au bas de la pente rapide par laquelle on descendait du manoir.

Là, elle prit congé de l'impératrice, elle embrassa Geneviève, et, bien que sans larmes apparentes, elle étreignit tour à tour ses deux fils. Puis recueillie et pensive, elle remonta lentement vers le manoir.

VIII

JEHANNE

Je ne sais trop si l'on se souviendra de l'émotion dont notre ami Landrik ne s'était nullement défendu, lorsqu'en désignant Vaucouleurs comme lieu de rendez-vous, il avait eu l'occasion de parler de la fille du passeur.

C'était effectivement une noble et sainte créature, qui rappelait à l'imagination les plus pures héroïnes de la Bible. Elle était grande, élancée, forte et belle. Le soleil de dix-huit printemps avait bruni ses traits, peut-être un peu mâles, mais sans leur enlever cette fine fleur de jeunesse que laisse aux chastes fronts l'ignorance des choses de la vie. Hormis lorsqu'elle se croyait entièrement seule, ses grands yeux noirs restaient constamment baissés. Ce qui plaisait surtout en elle, c'était la simplicité, le calme, le recueillement qui se révélaient dans son expression, dans son allure. Quand le sourire animait sa lèvre, légèrement estompée par un brun duvet, rien n'était charmant comme elle, et presque tous les voyageurs qui passaient le bac en emportaient avec eux un poétique souvenir. Elle faisait bien au milieu de ce paysage, à l'ombre de ces vertes et pittoresques collines ; et soit que, appuyée sur une rame elle se tînt debout sur la rive, soit qu'elle dirigeât habilement sa barque à travers le courant, on eût dit que Dieu l'avait placée là tout exprès comme le bon génie, comme la nymphe chrétienne de la Meuse. Elle se nommait Jehanne.

Jehanne avait perdu presqu'en naissant sa mère ; son père, un vieux soldat de Charlemagne, s'était plu à l'élever comme si elle eût été un garçon. Il lui avait appris à braver la fatigue, à tirer de l'arc, à ne rien craindre, excepté Dieu. Quand le vieillard souffrait de ses anciennes blessures, elle se chargeait momentanément de pêcher et de chasser à sa place. Une fois même, elle avait défendu la cabane contre une troupe de maraudeurs qui s'étaient vus contraints à la fuite, et le vieux Noël, — c'est ainsi que se nommait le père de Jehanne, — lui avait dit orgueilleusement au retour : « Honneur à toi, ma fille ! tu serais digne d'être un chevalier ! »

A part ces quelques exceptions masculines, c'était la plus timide jeune fille qu'on puisse imaginer, presqu'une enfant. Elle se complaisait aux soins du ménage, ou bien à coudre, à filer. Il fallait que tout fût en ordre dans la hutte paternelle avant que Jehanne se permît une promenade dans la forêt. C'était là son unique distraction, ses seuls plaisirs ; mais elle s'y adonnait avec une sorte de béatitude naïve. Depuis quelque temps surtout, depuis le passage de Landrik, le vieux Noël la voyait avec étonnement s'isoler de lui, gravir souvent le coteau qui dominait les environs, s'asseoir sous un certain chêne qu'on appelait l'Arbre des fées, et là, durant des heures entières, le regard perdu dans l'espace, rester immobile et rêver. Parfois même, on eût dit qu'elle prêtait l'oreille à des accents éloignés, à de mystérieuses voix ; il en est ainsi pour les jeunes âmes qui se sont formés dans la solitude et qui l'aiment.

C'était le soir, un doux et beau soir de mai. Le passeur et sa fille étaient assis devant leur humble cabane, construite en troncs d'arbres grossiers, et dont le toit de fougère s'adossait au flanc même du coteau. Noël raccommodait un filet, Jehanne avait en main sa quenouille.

Tout à l'entour d'eux, jusqu'aux dernières perspectives du paysage, le calme était profond, le silence presque complet.

« C'est étrange, murmura tout à coup la jeune fille, il m'avait bien promis qu'il reviendrait !

— De qui donc veux-tu parler, mon enfant ? » demanda le vieillard tout surpris.

Noël raccommodait un filet, Jehanne avait en main sa quenouille.

Elle tressaillit, comme réveillée d'un songe. Puis, avec une toute innocente franchise :

« Je pensais à ce jeune soldat qui s'est arrêté chez nous... voici de cela bientôt un mois, le jour où ce sanglier vous avait blessé. Ne vous en souvient-il donc plus, mon père ?

— Le Ciel me garde d'oublier jamais un service ! se récria vivement Noël; c'était assez loin d'ici, dans un ravin perdu. Le sanglier, mal atteint par ma flèche, s'était jeté sur moi furieusement, m'avait terrassé, s'apprêtait à revenir à la charge. Oh! c'en était fait de ton vieux père, enfant... lorsque tout à coup ce jeune cavalier survint, mit pied à terre, abattit d'un coup de hache mon terrible adversaire, et me ramena, presque évanoui, sur l'avant de sa selle. Il m'a sauvé la vie, ni plus ni moins! Mais que parles-tu d'un soldat... c'était, par ma barbe grise, un preux, un paladin de haute et vaillante mine!

— C'est possible, mon père... Ce qui surtout m'a frappé, c'est son air simple et bon.

— Assurément, c'est un cœur généreux. J'ai regret qu'il soit reparti si vite, et sans même me laisser le temps de le remercier ainsi qu'il convenait.

— Telle était tout à l'heure ma pensée, se récria Jehanne. Cependant, je lui dis toute ma reconnaissance, tandis que nous traversions la rivière. Je l'accompagnai même un peu plus loin pour lui montrer la route. Au moment de nous quitter, il se retourna sur la croupe de son cheval, et me tendit la main. J'y mis franchement la mienne, et pour la dernière fois je lui répétai : Merci!

— Et il te répondit : Au revoir !

— Oui, mon père... au revoir ! Il m'a dit cela, j'en suis bien certaine. Et cependant, il ne revient pas ! S'il lui était arrivé malheur !

— Non... non... Il faut espérer que non, mon enfant, et prier Dieu qu'il nous le ramène.

— C'est ce que je fais soir et matin, mon père.

— Dieu t'exaucera, ma Jehanne... Il aime les prières des cœurs tels que le tien. »

Durant plus d'une heure, le père et la fille continuèrent ainsi, ne s'entretenant que de leur ami inconnu. Jehanne semblait prendre plaisir à se faire répéter les moindres incidents de la lutte contre le sanglier furieux. Le vieux Noël, qui n'avait fait qu'entrevoir son sauveur, demandait sans cesse de nouveaux détails sur sa personne, sur ses armes et sur la façon dont il était reparti. Lui aussi, il en conservait un cher et doux souvenir.

La nuit commençait à venir.

Tout à coup, au débouché du vallon qui aboutissait à la cabane, un bruit de chevaux retentit.

Noël et sa fille se redressèrent vivement.

« Ce sont des voyageurs qui nous arrivent, dit le vieillard, en abritant de la main son regard contre les rayons du soleil couchant.

— Ah! fit Jehanne avec une mélancolique indifférence, ce ne peut être lui; c'est par l'autre rive qu'il reviendrait. »

Les cavaliers ne tardèrent pas à paraître. Ils étaient au nombre de neuf, ils étaient tous les neuf entièrement vêtus de fer.

Celui qui paraissait commander aux autres s'empressa de demander si personne ne les attendait, si deux femmes, escortées de quatre cavaliers n'avaient pas encore traversé la Meuse.

Puis, sur la réponse négative du vieillard, il s'en retourna vivement vers ses compagnons, avec lesquels il parut tenir conseil.

Jehanne, qui durant ce temps examinait les voyageurs, se rapprocha de son père et lui dit :

« Celui dont nous parlions tout à l'heure était exactement armé comme ces neuf paladins, et montait un coursier pareil aux leurs.

— Es-tu bien certaine de cela, Jehanne?

— Oui.

— Peut-être se trouve-t-il parmi eux?

— Non, mon père... mais je sais un moyen de m'assurer s'ils sont réellement de ses amis.

— Comment cela?

— Pendant que vous commenciez à reprendre vos sens et que celui qui vous avait sauvé vous serrait la main... moi je faisais entrer son cheval dans le bac. A la selle était suspendue une grande épée; j'eus la curiosité de vouloir la soulever, de la sortir à demi du fourreau. Une devise était gravée sur la lame.

— Eh bien?

— Les épées de ceux-ci me semblent pareilles à la sienne. Si elles portent la même devise, c'est que ce sont ses frères d'armes. Oh! je le saurai. »

En ce moment, les neuf chevaliers s'approchèrent, et de nouvelles questions furent adressées au passeur.

Cet endroit était-il bien celui qu'on appelait Vaucouleurs? Était-il bien certain qu'aucune femme n'avait encore paru?

Quels étaient les derniers voyageurs qui, durant les jours précédents, avaient passé le bac?

Après avoir confirmé les voyageurs dans la certitude qu'ils ne s'étaient pas trompés de route, après leur avoir fait serment que ceux qu'ils semblaient attendre ne s'étaient pas encore montrés, Noël répondit enfin que depuis deux jours personne n'avait en cet endroit franchi la rivière.

Mais Jehanne intervenant tout à coup :

« Vous faites erreur, mon père, dit-elle; ce matin tandis que vous étiez en chasse dans la forêt, deux hommes m'ont hélée de l'autre bord, et je les ai passés.

— Quels étaient ces deux hommes? demandèrent vivement plusieurs voix.

— C'étaient je crois, des bûcherons. Ils portaient la saie courte et la hache sur l'épaule.

— Ne les connaissez-vous donc point?

— Non, jamais je ne les avais vus.

— Pensez-vous qu'ils soient de ce pays?

— Tout ce que je puis vous affirmer, c'est qu'ils m'ont adressé des questions à peu près semblables à celles que vous venez de faire à mon père.

— Des questions relatives à deux voyageuses escortées de quatre chevaliers...

— Qui devaient nous arriver du Midi. Mais ils m'ont en outre demandé si nous n'avions vu personne du côté du Nord.

— Et par quelle route sont-ils repartis?

— Vers l'Ouest », répondit Jehanne en indiquant la forêt.

Les marques évidentes d'une vive inquiétude échappèrent aux neuf cavaliers, qui parurent vouloir se concerter de nouveau.

« Faut-il disposer le grand bac pour votre passage? demanda nonobstant le vieux Noël.

— Pas encore... Il est même possible que nous nous décidions à camper ici cette nuit. »

Tel fut effectivement le parti que prirent les mystérieux voyageurs, car presque aussitôt ils mirent pied à terre, et commencèrent à débrider les gigantesques coursiers qui leur servaient de montures.

Sur le flanc gauche de la cabane, à l'entrée du vallon, s'étendait une assez vaste clairière qui, surtout dans sa partie la plus éloignée, se recouvrait d'une herbe épaisse.

Les chevaux furent laissés en pleine liberté dans cette espèce de pâturage.

Quant aux cavaliers, ils retirèrent leurs casques, et Jehanne ne put se défendre d'un mouvement d'admiration à l'aspect de ces nobles et héroïques visages qui, bien que pour la plupart couronnés de cheveux blancs, attestaient encore une merveilleuse vigueur, une vaillance vraiment surhumaine. On eût dit des demi-dieux.

En ce moment le vieux Noël ressortait de sa hutte, avec une amphore hospitalière. Mais à la vue de ceux auxquels il allait l'offrir, il demeura soudain immobile, béant, et comme pétrifié par la stupeur, par la vénération, par la joie.

« Qu'avez-vous donc, vieillard? interrogea le chef des Neuf, est-ce que vous croyez nous reconnaître? »

Le passeur voulut parler, mais aucun son ne parvint à sortir encore de ses lèvres. En revanche, de grosses larmes tombaient de ses yeux, étrangement brillants.

« Mais qui donc es-tu? lui demanda le paladin, de plus en plus étonné.

— Un ancien soldat de Charlemagne! put enfin répondre le père de Jehanne. Ah! soyez le bienvenu chez moi, seigneur Éginhard... et vous aussi, vous le prince des preux, vous qu'on avait dit mort à Roncevaux... vous, Roland! »

Et le vieillard, ivre de bonheur, s'agenouillait devant ceux qu'il venait de saluer de ces grands noms.

Éginhard et Roland s'empressèrent de le relever, mais non sans lui dire :

« Au nom du grand empereur... tais-toi! tais-toi!

— Oh! reprit avec une croissante exaltation le vieux soldat, vous n'avez rien à redouter ici, car j'y suis seul avec ma fille... et nous vous sommes tous les deux dévoués, et nous vous appartenons tous les deux, corps et âme!

— Oui ! oui ! » confirma Jehanne qui vint se placer respectueuse et vaillante, à côté de son père.

Il y eut un silence.

Puis Roland, d'une voix émue :

« Merci, dit-il, mon vieux frère d'armes ! »

Et il lui tendait la main.

Noël, osant à peine s'en saisir, s'inclina de nouveau comme pour l'effleurer de ses lèvres.

Quant à Roland, attirant le vieux soldat sur sa poitrine, il lui donna franchement l'accolade, à la manière franque.

Un peu plus tard, l'orgueil des temps féodaux allait élever entre les fils d'une même nation ses innombrables barrières ; mais on était encore à l'époque patriarcale où, malgré les distinctions du rang et de la naissance, la plus touchante familiarité régnait entre tous les hommes libres, entre tous les guerriers qui, généraux ou soldats, avaient confondu leur sang sur les mêmes champs de bataille.

Lorsque le paladin eut donné l'accolade au passeur, il s'approcha de Jehanne, et, sur le front rougissant de la jeune fille, mit un baiser paternel.

Éginhard imita Roland, qui dit ensuite à Noël :

« Et nos compagnons, est-ce que par hasard tu les reconnaîtrais aussi ?

— Non pas tous, mais quelques-uns... ceux-là qui, comme nous, ont la barbe grise. Voici Honeric de Béthune, Guilhem Duplessis, Barthold le Frison. Quant aux trois autres, ils sont trop jeunes encore pour que je les aie connus.

— Tu dois au moins avoir entendu parler d'eux. Ces deux-ci sont Hugues et Drogo, les glorieux bâtards de Charlemagne... Celui-là s'appelle le comte Robert. Par le roi des cieux ! ils te feront honneur, ainsi que nous, à toi comme à ta fille... Si la chance ne nous est pas contraire, dans quelques heures quatre autres arriveront qui les valent, et qui de même agiront. »

Par neuf fois l'humble passeur reçut la fraternelle accolade ; Jehanne fut embrassée par neuf fois.

Éginhard alors reprit la parole.

« Et maintenant, dit-il, maintenant tu ne peux plus douter de la sainteté de notre but. Souviens-toi de nos questions premières, et dis si tu n'as rien autre chose à répondre que ce que tu nous as déjà répondu ?

— Rien, sire Éginhard, absolument rien, sinon qu'il n'est pas ordinaire que nous restions deux jours sans avoir personne à passer dans notre bac.

— Effectivement, ceci ne semble pas naturel. A quelle cause pourrait-on l'attribuer ?

— Je ne sais. Peut-être des maraudeurs barrent-ils en même temps les deux routes ?

— Nous n'avons rencontré personne sur celle que nous venons de parcourir.

— Des bandits n'auraient osé s'attaquer à vous.

— Mais, reprit Roland, cette belle jeune fille ne nous disait-elle pas que deux voyageurs, arrivant du Midi, avaient traversé ce matin la rivière ?

— Il est vrai, répondit Jehanne qui semblait attendre qu'on l'interrogeât à son tour, et j'ajouterai que leurs questions, leurs figures, m'ont paru celles de gens ayant de sinistres desseins. Mais il est autre chose que je voudrais vous dire...

— Parlez, mon enfant. »

Jehanne hésitait.

« Parlez donc, mon enfant.

— Montrez-moi vos épées ? » demanda tout à coup la jeune fille.

Bien que tout d'abord étonnés, les neuf paladins se rendirent en même temps au désir de Jehanne.

Elle examina curieusement chaque lame, et parut y retrouver avec joie le même signe.

« Pouvez-vous lire ce qui se trouve écrit là ? interrogea Éginhard.

— Hélas ! non, répliqua-t-elle, mais j'ai la mémoire des yeux et crois devoir vous apprendre que, voici de cela bientôt un mois, un jeune voyageur, équipé comme vous, et portant sur une pareille épée des caractères tout pareils, a franchi la Meuse dans notre bac, allant comme vous du Nord au Midi.

— C'était Landrik ! s'écria vivement Éginhard. Oh ! si nous connaissions la route qu'il a suivie sur l'autre rive, nous pourrions aller à sa rencontre.

— Cette route, dit Jehanne, je la connais, car c'est moi-même qui la lui ai montrée.

— A cheval ! commanda Roland, à cheval ! »

Mais Éginhard l'arrêtant :

« Qui nous garantit qu'ils reviendront par la même route ? observa-t-il. Si nous allions nous croiser en chemin ! Voici d'ailleurs la nuit...

— C'est juste, reconnut Roland. Le plus sage est de rester dans les termes de la lettre du comte Efflam, et d'attendre ici. Mais si demain, à l'aube naissante, ils ne sont pas encore arrivés au rendez-vous, nous pousserons une reconnaissance en avant. »

Cette résolution remit en joie le vieux Noël, qui tout d'abord s'était affligé de voir repartir ses illustres hôtes.

« Hurrah ! s'écria-t-il. J'ai tué précisément ce matin un superbe cerf, et tandis que je vais le préparer, Jehanne, en habile pêcheuse qu'elle est, va jeter l'épervier dans la Meuse. De plus, il nous reste quelques bottrines de vin. Vous aurez un souper digne de vous, messeigneurs... Et vos chevaux eux-mêmes ne seront pas oubliés : j'ai pour eux du sarrasin et de l'avoine.

— En ce cas, c'est par là qu'il faut commencer, dit Roland ; avant le cavalier, le cheval. »

Le vieux Noël disparut aussitôt dans sa chaumière, et ne tarda pas à en rapporter une énorme sacoche sous le poids de laquelle il pliait.

L'avoine fut disposée sur le sol même en douze portions à peu près égales, et chacun des paladins appela son coursier.

Tous ils avaient un nom, tous ils accoururent à la voix du maître ainsi que des chiens familiers, et ce fut un mutuel échange de flatteries caressantes et de hennissements joyeux. C'était alors un compagnon qu'un cheval, presque un ami.

Une heure plus tard, la table se dressait en plein air, et le repas commençait.

Inutile de dire l'empressement hospitalier, le bienheureux

orgueil avec lesquels Jehanne et son père servaient leurs convives.

Lorsque la nuit devint complète, on alluma des torches de résine, et les échos du vallon répétèrent les toasts portés au vieux Noël et à la belle Jehanne par les neuf chevaliers, parmi lesquels le passeur et sa fille étaient maintenant assis. Tel avait été le formel vouloir des paladins.

Mais bientôt, sur un signe de son père, Jehanne quitta la table, et durant plus d'une heure on la vit sans cesse entrer dans la hutte avec d'amples brassées de fraîches fougères.

« Que fait-elle donc ainsi ? demanda enfin Roland.

— Elle prépare votre coucher, messeigneurs, répliqua fièrement le vieux soldat. Vous imaginez-vous par hasard que nous laisserons dormir des hôtes tels que vous à la belle étoile ?

— Cependant, fit Éginhard, la maison ne me semble guère grande.

— Elle l'est plus qu'elle n'en a l'air; venez voir. »

Et le passeur, tenant une torche, guida les chevaliers vers sa demeure.

Ils y entrèrent les uns après les autres.

La chaumière ne se composait en apparence que de deux pièces : une sorte de cabinet pour Jehanne, une assez vaste chambre servant à tous les usages domestiques, et dans laquelle couchait le père.

Mais le lit du vieillard servait à dissimuler l'orifice d'une vaste caverne creusée moitié par la nature, moitié par la main de l'homme, dans le flanc même de la montagne à laquelle s'adossait la maisonnette.

C'était là que plusieurs générations successives de passeurs, isolés dans ce pays désert, en butte à toutes les déprédations des maraudeurs, avaient caché leurs provisions, comme aussi, au besoin, ce qu'ils avaient de plus précieux ou de plus cher.

Hormis le vieux Noël et sa fille, personne à cette heure n'en connaissait le secret.

Grâce à quelques interstices ménagés dans la montagne, l'air s'y renouvelait sans cesse, tiède en hiver, frais en été.

Aucune trace d'humidité ne se remarquait à la voûte, sur les parois rocheuses de laquelle se reflétait fantastiquement la torche tenue par Noël. Le sol que foulaient les voyageurs était entièrement composé d'un sable doux et fin comme de la poudre d'or.

Il s'y trouvait neuf couchettes de fougère, parmi lesquelles Jehanne avait su mêler des plantes aromatiques, dont la caverne était comme embaumée.

« Mes nobles hôtes, dit le vieillard, vous devez avoir besoin de repos... Bonne nuit! Ma fille et moi, nous nous chargeons de veiller sur votre sommeil. »

Et ils se retirèrent pour aller se poster aux abords de la cabane.

Quoique calme et douce, la nuit était sombre.

Les heures s'écoulèrent rapidement pour Noël et pour Jehanne, qui ni l'un ni l'autre ne songeaient à dormir.

Celui-ci disait :

« J'ai bu dans la même coupe que tous ces preux chevaliers, dans la même coupe qu'Éginhard et que Roland ! »

Celle-là :

« Il s'appelle Landrik !... il va venir ! »

L'un et l'autre, cependant, prêtaient une oreille vigilante au moindre murmure de la nuit, et ne cessaient d'interroger du regard les brumeuses vapeurs amoncelées sur tous les alentours.

Plusieurs fois, tantôt du vallon, tantôt de la rive, il leur arriva des bruits étranges, qui s'éteignaient aussitôt, et ne pouvaient s'attribuer qu'aux brises nocturnes ou bien au passage de quelque bête fauve.

Le vieux soldat néanmoins se levait à chaque nouvelle alerte, et s'en allait explorer avec soin la lisière de la forêt. Puis, revenant vers sa fille :

« Ce n'est rien, disait-il, toujours rien. Nos sens sont émus; c'est là ce qui nous crée des fantômes. »

Tout à coup, comme l'aube allait naître, un son de cor retentit de l'autre côté de la rivière.

Noël et Jehanne se redressèrent vivement.

« Holà ! hé! le passeur! » cria presque aussitôt une voix.

Cette voix, Jehanne la reconnut, car elle se dit en portant la main à son cœur :

« C'est lui ! »

Effectivement c'était Landrik, guidant l'impératrice Judith et ses compagnons.

Nous passerons sous silence les transports de joie des deux troupes de se trouver réunies, et les récits qui s'ensuivirent.

LE PENDANT DE RONCEVAUX

Le soleil commençait à monter à l'horizon ; Judith et Geneviève, brisées de fatigue, sommeillaient encore dans la hutte du passeur.

Non loin de là, sous un groupe ombreux de grands chênes, les Treize se trouvaient réunis.

Partout ailleurs dans la clairière, le soleil était ardent, la chaleur accablante ; les chevaux, à moitié endormis, s'abritaient sous les premiers arbres de la lisière du bois.

« Et c'est Kob qui vous a remis ma lettre ? demanda l'époux de Clothilde à Roland.

— Oui, comte Efflam. C'est un loyal serviteur, c'est un précieux messager que vous avez là. Pour nous retrouver ainsi qu'il l'a fait, non seulement sa course s'est constamment maintenue des plus rapides, mais encore il a su échapper à de nombreuses embuscades ; entre autres, à une où son camarade Puk est mort. Lorsqu'il nous eut enfin rencontrés, lorsque, après l'avoir entendu, Éginhard jugea prudent de faire appel à l'armée impériale, dont nous formions l'arrière-garde, le digne Kob s'est offert de lui-même pour ce nouveau message. Il devait être épuisé, il semblait à bout de forces. Cependant, dès qu'il eut en main la lettre, nous le vîmes remonter à cheval avec une toute fraîche ardeur, et repartir d'une telle vitesse qu'on eût pu lui croire des ailes !

— Vous pensez donc, fit le comte Efflam, avoir besoin de renfort ?

— Peut-être, répondit Éginhard. Pendant que nous accourions ici, des bandes suspectes se sont montrées au loin, nous évitant toujours, mais toujours se reformant derrière nous. D'un autre côté, les rapports de Kob attestent qu'entre Saône et Meuse les rebelles sont encore nombreux et tiennent la campagne. Puis ceux qui ont visé Puk ont pu saisir sur lui certaine lettre indiquant le rendez-vous choisi par nous.

— Au temps de ma jeunesse, fit Roland, j'eusse répondu : Nous sommes Treize, et cela suffit ! Mais, bien que le Seigneur m'ait conservé toute ma force, l'âge a néanmoins blanchi mes cheveux, et je vous réponds aujourd'hui : Éginhard, vous avez eu raison !

— Combien l'armée impériale avait-elle d'avance sur vous ? demanda le comte Efflam.

— Une journée de marche environ, répliqua l'un des Treize. Mais il faut bien admettre qu'en obliquant vers Vaucouleurs de toute la vitesse de nos montures, nous nous sommes plutôt éloignés d'eux. »

En ce moment, Jehanne vint avertir ses hôtes que tout était disposé pour le repas.

Elle et Landrik échangèrent un regard qui leur fit aussitôt baisser les yeux, à l'un comme à l'autre.

Ni l'un ni l'autre ils n'avaient osé se parler encore.

Les Treize se dirigèrent vers un large berceau de vigne, sous lequel la table avait été dressée.

« Mais, observa l'un d'eux, ne serait-il point séant d'attendre l'impératrice ? »

Ce fut Jehanne qui répondit :

« N'ayez point souci de vos deux compagnes, sires chevaliers ; tout à l'heure elles s'étaient à demi réveillées, je leur ai offert à chacune une tasse de lait, et, presque aussitôt, après avoir bu, elles se sont rendormies... tant leur fatigue est grande encore.

— Et comment en serait-il autrement? ajouta le comte Efflam, voici plus d'une semaine qu'elles chevauchent jour et nuit, sans à peine prendre de repos, sans avoir jamais ralenti la marche. Oh ! ce sont de courageuses femmes, je vous l'atteste... mais il faut savoir accorder à la nature ce qui lui revient de droit.

— Ce matin, ajouta Landrik, l'impératrice m'a paru si chancelante et si brisée, que plusieurs fois j'ai dû la soutenir de mon bras. Elle ne s'en est même pas aperçue, elle dormait sur son cheval.

— Et Geneviève ! se récrièrent presque simultanément les deux frères Bayard, Geneviève était si pâle qu'on eût dit une morte !

— Il faut les laisser se reposer jusqu'à ce soir, décida Roland. Nous ne nous remettrons en route que lorsque cette énervante chaleur aura fait place au frais de la nuit. »

Sur une seconde invitation du vieux Noël et de sa fille, les Treize s'assirent au frugal banquet préparé pour eux.

Lorsqu'on se releva de table, les neuf arrivés de la veille au soir exigèrent que leurs quatre compagnons, survenus du matin seulement, dormissent à leur tour durant quelques heures.

Cette sieste, dont ils voulaient néanmoins se défendre, leur était si nécessaire que, quelques secondes à peine après s'être couchés dans l'herbe haute, à l'ombre des grands chênes, ils étaient tous les quatre plongés dans un profond sommeil.

Déjà le soleil commençait à décliner ; il devait être environ six heures. Il fallut les réveiller.

L'impératrice ne tarda pas à paraître sur le seuil de la hutte ; les Treize s'empressèrent tout aussitôt de venir la saluer. Elle trouva de bonnes et généreuses paroles pour les remercier de leur dévouement ; elle voulut serrer la main de chacun d'eux.

« Je sais ce que les frères Markam ont fait pour mon fils, leur dit-elle. Comte Robert et Barthold le Frison, soyez bénis! »

Éginhard, cependant, donna le signal du départ.

Les préparatifs furent promptement terminés; en un clin d'œil chacun fut à cheval.

Mais au moment même où la cavalcade allait se remettre en marche, Jehanne tout à coup s'écria :

« Voyez!... mais voyez donc là-bas, en amont du fleuve... on dirait une flottille armée en guerre! »

Effectivement, de nombreux bateaux plats descendaient rapidement la Meuse, et sous les rayons du soleil couchant, on y voyait briller des armes de toute espèce.

« Ce ne peuvent être des amis qui nous arrivent de ce côté, s'écria Roland; gagnons du terrain... En avant... en avant! »

Tout à coup, en guise de réponse à ces paroles, une immense clameur fit retentir la forêt, et comme si chaque arbre eût caché un ennemi, la clairière se trouva presque aussitôt entourée d'une muraille humaine.

Les Treize cependant ne s'émurent pas encore, et poursuivirent leur chemin vers l'entrée du vallon.

Là, les masses assaillantes se trouvèrent tellement serrées, tellement profondes, qu'après un premier élan pour forcer le passage, il leur fallut bien reconnaître que c'était chose impossible.

Ils suspendirent donc la moisson sanglante que venaient de commencer leurs épées, et, pour le salut surtout des deux femmes commises à leur garde, ils reculèrent, mais la face toujours tournée vers l'ennemi, et laissant sur leur chemin toute une jonchée de cadavres.

En se résignant à cette glorieuse retraite, il leur restait deux espérances.

En premier lieu, franchir la Meuse, qui, pour quelques instants du moins, les mettant à l'abri de cette attaque imprévue, leur donnerait le temps de se reconnaître.

Mais ils oubliaient la flottille signalée par Jehanne. Déjà le bac du vieux Noël se trouvait capturé par les premiers bateaux qui, continuant à se laisser emporter par le courant, allaient aborder un peu plus bas.

Quant aux autres barques, sur lesquelles quelques centaines d'archers tenaient en main leurs premières flèches, elles s'arrêtèrent au milieu du fleuve, barrant aussi de ce côté toute chance de retraite.

Un seul refuge restait donc : la cabane du passeur.

Les Treize s'élancèrent au galop dans cette direction, et fauchant au passage toute une avant-garde ennemie qui se jetait sur leur chemin, ils atteignirent la hutte, ils y firent entrer Judith et Geneviève.

Puis, graves et muets comme en un poste d'honneur, ils se rangèrent à l'entour.

Néanmoins, ce prologue du combat fut considéré par les assaillants comme une première victoire, car tous ils agitèrent joyeusement leurs armes avec de grands cris sauvages.

Cependant le silence succéda bientôt au tumulte, et dans le demi-cercle que formait cette multitude altérée de sang, trois personnages, qui sans doute en avaient le commandement, s'avancèrent.

C'était un homme à la visière baissée, c'étaient deux femmes entièrement vêtues de noir.

« Je suis la veuve de Bernhard, dit la première, et ceux qui se sont associés à ma vengeance sont implacables comme moi. Les voici, regardez-les... Comprenez que l'heure de se courber devant Bertrade est enfin venue... Rendez-vous!

— Rendez-vous! » répétèrent d'une même voix, à l'aile droite, tous les satellites de la mégère italienne.

A l'aile gauche, l'autre veuve à son tour disait :

« Je suis Morgane, et tous les Bretons qui me restent fidèles sont ici. Ils ont juré d'y venger enfin le roi Morvan ou de mourir. Rendez-vous! »

Ainsi qu'il avait été fait à la suite de la sommation de Bertrade, la sommation de Morgane fut répétée par tous les siens.

L'homme qui complétait ce digne trio prit en troisième lieu la parole.

« Un simple chiffre et mon nom, dit-il, vous en apprendront plus que de longs discours. Nous sommes ici dix mille, et je m'appelle Ganelon ! Rendez-vous !

— Rendez-vous ! » répétèrent par trois fois les dix mille démons qui venaient d'être évoqués.

Le chef des Treize répondit à Ganelon :

« C'est le tiers seulement de ceux que tu ameutas à Roncevaux contre moi. A Roncevaux, vous étiez trente mille, et me voici, tout prêt encore au combat. Je suis celui que personne n'a jamais vaincu, celui qui ne meurt pas. Je suis Roland ! »

Et il retira son casque.

A l'aspect de ce visage surhumain, à l'éclat de ce grand nom providentiel, toute cette tourbe hostile recula d'un pas, et les quelques murmures qui s'en échappaient s'éteignirent aussitôt dans un profond silence.

Le neveu de Charlemagne en profita pour continuer :

« Parmi les douze paladins qui m'accompagnent, il n'en est pas un qui ne me vaille. Nous sommes les treize champions du bon droit, les treize élus de Dieu, et l'enfer lui-même ne prévaudrait pas contre nous. Vous êtes dix mille, dis-tu. Je veux bien le croire ; mais ce n'est pas encore assez. Si par hasard tu comptes sur des renforts, va les quérir, nous les attendrons. »

Ganelon comprit qu'il était temps de contrecarrer l'effet de cette imposante éloquence, dont l'audacieuse exagération, dont le calme auguste semblaient comme planer sur le champ de bataille.

« Mensonge ! s'écria-t-il, mensonge et fanfaronnade que tout cela ! Ce sont des vieillards, ce sont des fantômes qui vont tomber et disparaître dès nos premiers coups. Attaquons… attaquons ! »

Cet ordre fut aussitôt répété, tant par Bertrade que par Morgane, et leur armée tout entière parut vouloir se ruer en avant.

« France et Karle ! » crièrent d'une même voix les Treize, en s'apprêtant à recevoir le choc.

Il allait certes être terrible, et des Titans seuls pouvaient l'affronter sans pâlir.

Mais, dira-t-on peut-être, c'est fabuleux! c'est impossible! A ceux-là nous répondrons : lisez les vieilles chroniques, les poèmes primitifs, et vous y trouverez à chaque page des combats aussi merveilleux, d'aussi gigantesques prouesses. Nous aussi, nous avons au commencement de notre histoire une sorte de mythologie nationale.

Si ces premières preuves ne suffisent pas à vous donner encore la foi, allez dans les musées où sont les reliques des anciens preux, pesez du regard leurs armures, essayez de soulever leurs épées et leurs masses d'armes. Ils étaient invulnérables, les paladins qui pouvaient porter de telles cuirasses! Ils devaient écraser des bataillons entiers, les chevaliers qui manœuvraient de tels engins de guerre!

Êtes-vous incrédules encore ? Souvenez-vous donc que, dans des temps plus modernes, un seul capitaine a défendu la tête d'un pont contre toute une armée! De nos jours même, n'avons-nous pas l'incroyable défense de Mazagran?

S'ils n'étaient que treize dans l'escadron de Roland, tous les treize avaient le corps entièrement maillé de fer, tous les treize avaient la tête défendue par un morion à ventail. Avant que leur chair ne fût atteinte, il fallait que ce casque, que ce haubert fussent entamés, faussés, brisés, démantelés par mille coups. Assurément, cela devait arriver enfin, mais au prix de la mort de combien d'ennemis!

De plus, leur position était moins mauvaise qu'elle ne l'avait semblé tout d'abord. Ainsi que nous l'avons dit, la hutte du passeur s'adossait à une haute colline, presque à pic en cet endroit. Ce coteau se prolongeait jusqu'à la rive même de la Meuse, au bord de laquelle son escarpement ne laissait qu'un très étroit passage. Une attaque en arrière devenait donc presque impossible, et les Treize conservaient du moins cet avantage d'avoir tous leurs ennemis devant eux.

Ils les reçurent avec une telle vigueur, avec une si foudroyante intrépidité, qu'après une lutte d'un quart d'heure environ, le terrain leur resta. Les assaillants eux-mêmes sollicitèrent une trêve afin d'emporter leurs blessés et leurs morts.

Bien que ces premières victimes formassent comme une sorte de rempart tout à l'entour de la hutte, ses généreux défenseurs y consentirent.

Puis, se retournant les uns vers les autres, ils se comptèrent. Tous les Treize ils étaient encore debout.

Mais sous l'incessante avalanche de coups de hache et de massue qu'ils venaient de subir, sous la grêle acérée de traits de toute sorte auxquels ils avaient été en butte, plus d'un chaînon de fer était déjà rompu, plus d'une armure déjà se trouvait entr'ouverte. Chez plusieurs même, quelques légères blessures saignaient.

Quant aux chevaux, sept avaient succombé dans la mêlée; les six aux autres ruisselaient de sang.

Suivi d'Éginhard, Roland entra dans la hutte, afin de rassurer l'impératrice.

Elle était agenouillée, ainsi que Geneviève, et toutes les deux priaient.

Judith, qui semblait découragée, dit à Roland :

« Qu'espérez-vous?

— Vous sauvegarder, répondit-il avec une simplicité héroïque. Oubliez-vous donc que l'empereur doit nous envoyer du renfort? Nous saurons bien lutter quelques heures encore, et nos alliés ne doivent pas être loin. »

Une soudaine clameur l'interrompit.

« Ouais! fit-il presque en souriant, est-ce que ces bandits reviendraient sitôt à la charge? »

Et il ressortit.

Une nouvelle agression semblait effectivement imminente, et cette fois une sorte de tactique allait y présider. Les hommes les plus aguerris se formaient en bataillons distincts et s'espaçaient dans la clairière, afin de se relayer sans relâche durant le combat. Les autres se massaient à l'arrière-garde afin de porter un dernier coup, un coup écrasant.

On devinait, à tous ces préparatifs, que déjà les assaillants ne considéraient plus leur victoire comme aussi facile, et comprenaient que le petit nombre même de leurs adversaires donnait à ces derniers, dans une attaque générale, une sorte d'avantage.

« Il faut les contraindre à nous assaillir cette fois comme la première, dit Roland, mais comment ? »

Un hennissement de douleur s'éleva tout à coup du groupe que formaient les chevaux blessés.

« Ils nous rendront ce dernier service, s'écria Éginhard, et

Elle était agenouillée, ainsi que Geneviève, et toutes les deux priaient.

leur souffrance du moins sera terminée, leur fin glorieuse. Que ceux auxquels ils appartiennent se remettent en selle, et s'élancent au-devant de l'ennemi. »

Les six chevaliers que le sort désignait ainsi s'empressèrent d'obéir. De ce nombre se trouvaient le comte Robert, Landrik et les frères Bayard.

Il était temps : déjà les deux premières colonnes d'assaut s'ébranlaient en jetant leur cri de guerre.

Une autre clameur menaçante lui répondit : celle-là venait de l'autre côté, de la rive même du fleuve, de l'étroit passage dont nous avons déjà dit un mot.

Une seconde attaque allait avoir lieu simultanément à la première par cette autre issue.

Alors Roland, avec une surhumaine confiance, s'écria :

« Un seul de nous suffit pour défendre cette entrée, et ce sera moi... j'en réponds. En avant, les cavaliers ! »

Et brandissant l'invincible Durandal, il bondit vers le défilé de la falaise.

En même temps, les six cavaliers lâchaient la bride à leurs chevaux.

Soit que ces nobles coursiers se sentissent aiguillonnés par la douleur de leurs blessures, soit qu'ils eussent entendu et compris le dernier encouragement d'Éginhard, ils se ruèrent dans la bataille avec un tel élan, avec une telle rage, qu'ils semblaient vouloir se venger eux-mêmes.

La crinière au vent, le col allongé, les naseaux pleins de flammes, ils se cabraient, ils mordaient, ils renversaient, ils refoulaient, ils écrasaient tout ce qui se rencontrait sur leur passage.

Aussi les assaillants, surpris d'ailleurs de se voir prévenus par une aussi brusque attaque, se replièrent-ils en désordre sur la seconde escouade, à laquelle ils se trouvèrent bientôt réunis.

Déjà la troisième accourait au secours des deux premières, et se confondait avec elles.

Le but d'Éginhard allait être atteint.

Mais la position des six paladins engagés ne tarda pas à devenir des plus périlleuses. Ils avaient affaire à près d'un millier d'ennemis ; ils se trouvaient entourés, pressés, submergés et battus comme par une marée humaine.

Oh ! ce fut alors que les saintes épées, que les haches et les masses d'armes firent une merveilleuse besogne, un terrible carnage.

Bientôt, cependant, un seul cheval resta debout, celui que montait Amaury.

Tandis que ses compagnons déjà désarçonnés commençaient leur retraite, Amaury, qui galvanisait pour ainsi dire sa monture, combattait encore en avant.

Tout à coup, le gigantesque épieu d'un des Bretons de Morgane disparut tout entier dans le poitrail de l'animal, qui, comme foudroyé par ce terrible coup, se renversa soudainement en arrière avec son cavalier.

C'en était fait de celui-ci; il n'avait pas eu le temps de mettre pied à terre, il semblait devoir être écrasé dans sa chute.

Cependant, soit hasard providentiel, soit effort désespéré de sa part, ce fut un peu plus loin qu'il tomba, presque évanoui.

Une dizaine d'hommes se précipitèrent sur lui, chacun leva son arme.

Mais Bérenger avait tout vu; il se dévoua pour sauver son frère; il fondit sur la meute qui se ruait à la curée; en quelques revers de glaive, il la rejeta en arrière.

Amaury se trouva dégagé; il se releva, reprit ses sens, et s'aperçut avec effroi que son frère maintenant était seul en avant, qu'il allait être à son tour enveloppé, qu'à son tour il allait disparaître sous un reflux d'ennemis.

Appeler à l'aide ses compagnons, se précipiter le premier au secours de Bérenger, telle fut la prompte inspiration d'Amaury, telle fut son intrépide revanche.

Il eut la joie de délivrer aussi son frère; mais, du premier regard, il s'aperçut que celui-ci chancelait, extrêmement pâle.

« Oh! Ciel! qu'as-tu ? donc s'écria-t-il tout anxieux.

— Moi? rien, répliqua Bérenger, tout en étreignant avec un douloureux sourire son flanc gauche. Rien. Les voici qui reviennent à la charge. Alerte, compagnons, alerte ! »

Les six chevaliers, maintenant, se retrouvaient sur une même ligne; ils soutenaient vaillamment le choc de toute une avalanche humaine.

Durant ce temps, à l'entrée de l'étroite passe de la falaise, Roland faisait flamboyer Durandal ainsi qu'une épée d'archange, et réalisait à lui seul, dans ce recoin du champ de bataille, une véritable hécatombe.

Quant aux six autres paladins, commis à la garde de la chaumière, et qui ne pouvaient s'en départir sans abandonner l'impératrice, sans se laisser envelopper par l'ennemi, ils attendaient avec une bouillante impatience que leurs compagnons eussent assez rétrogradé vers eux pour pouvoir les relayer enfin, pour s'élancer à leur tour en avant.

Ce moment arriva.

Pareils à des lions déchaînés, ils se ruèrent d'un seul et même bond vers les assaillants; du premier choc ils les jetèrent, interdits et décimés, à plus de cent pas en arrière.

Il en résulta une sorte de répit, grâce auquel les six autres reprirent haleine et purent se remettre en ligne.

Ce ne fut pas de trop, car les ennemis, surexcités de nouveau par la voix de leurs chefs, de nouveau renforcés par des troupes fraîches, allaient recommencer un assaut général.

Lutte acharnée, cette fois! homérique combat! véritable bataille, toute pleine de fracas, de voix tonnantes, de hurlements désespérés ou furieux, d'étincellements d'armures et d'éclairs d'épées!

Cependant, un semblable combat ne pouvait se prolonger longtemps; le nombre devait enfin l'emporter.

Tout à coup, les Treize entendirent le cri de guerre de Roland; mais ce n'est plus du défilé de la falaise qu'il s'élevait maintenant, c'était déjà presque un cri de triomphe.

En effet, Roland venait d'en finir avec ses premiers adversaires qui, décimés, terrifiés, se rembarquaient en toute hâte. Puis, se trouvant libre de ce côté, le prince des preux avait remonté la rive à grands pas, et tournant l'ennemi l'attaquait en arrière.

Ne pouvant supposer une telle audace de la part d'un seul homme, et comme éblouis par les éclairs de Durandal, qui se multipliait à leurs yeux, les assaillants se crurent surpris par toute une armée de secours et commencèrent à se replier en désordre vers la forêt.

Les compagnons de Roland s'élancèrent à leur poursuite. Mais les vaincus ne tardèrent pas à s'apercevoir de leur erreur et déjà ils revenaient à la charge, quand une troupe nombreuse de cavaliers fit irruption dans la clairière. La déroute fut alors complète et bientôt un long cri de victoire jeté par nos paladins apprit à Judith qu'elle était sauvée.

Roland réalisait à lui seul, dans ce recoin du champ de bataille, une véritable hécatombe.

Elle sortit de son refuge et s'élança vers celui qui commandait l'armée de secours. C'était son fils... c'était le jeune Karle.

« Dieu soit béni ! dit-il, j'ai fait mes premières armes, et j'ai sauvé ma mère ! »

Et, déjà débarrassé de son heaume, il descendit de cheval.

Il était si haut de taille, il avait mine si vaillante et si fière, que Judith elle-même hésitait à le reconnaître.

« Mais... mon enfant... babultia-t-elle enfin, comment l'empereur a-t-il pu te permettre...

— Je vous expliquerai cela plus tard, ma mère, interrompit Karle, mais demandez à tous ceux qui m'accompagnaient si je n'ai pas été leur digne chef, si je ne suis pas maintenant un homme, un roi ! »

Un formidable hourrah, tout d'enthousiasme et d'amour, répondit à l'appel du jeune prince, et l'impératrice, ivre de joie, lui tendit les bras.

« Ma mère ! disait Karle un instant après, je me suis senti grandir sous vos baisers, sous vos larmes ! Ne tremblez donc pas ainsi, ma mère, puisque je suis là maintenant, puisque je me sens de force à briser, à anéantir vos ennemis ! »

Une voix s'éleva tout à coup qui répondit :

« Le plus perfide et le plus implacable de tous, je le tiens, moi... le voici ! »

Et Landrik, fendant la foule, vint jeter aux pieds de l'impératrice une masse inerte qu'il portait sur sa robuste épaule, mais qu'on reconnut presque aussitôt, car plusieurs voix s'écrièrent :

« Ganelon ! Ganelon !

— Oui, c'est lui ! répliqua Landrik. Il voulait fuir ; je l'ai reconnu, pourchassé, terrassé... oh ! c'est bien lui que je vous apporte. Allons, montrez-nous votre visage de traître, seigneur Ganelon ! Redresse-toi donc au moins dans ta colère, et siffle, serpent, pour que chacun te reconnaisse.

— Serpent ! fit le prisonnier, au-dessus duquel se penchait en ce moment Landrik. Serpent... soit... mais malheur à qui me touche ! »

Landrik aussitôt bondit en arrière et chancela ; Ganelon venait de lui planter un poignard dans la gorge.

Ce fut à qui se précipiterait vers l'assassin, hormis cependant le comte Efflam, qui, soutenant son fidèle écuyer, l'étendait doucement sur un tertre voisin.

Une femme, une jeune fille, s'agenouillait en même temps auprès du blessé.

Cette jeune fille, c'était Jehanne.

HATIMENT ET SÉPARATION

La nuit était venue, calme, limpide, étoilée.

Çà et là, sur le champ de bataille, des groupes de soldats allaient et venaient, ramassant les cadavres, et, sur des civières, les transportant au loin dans la forêt où des fosses avaient été creusées, larges et profondes.

Vers l'entrée du val, dans un endroit complètement épargné par le combat, s'élevait une tente élégante, sous laquelle Judith et Geneviève étaient depuis déjà longtemps endormies.

Mais Karle restait encore debout; il veillait sur le sommeil de sa mère.

Quant à l'explication de sa prompte arrivée, elle était des plus simples. Au moment où Kob avait atteint l'arrière-garde de l'armée impériale, cette armée venait de faire halte pour quelques heures. Le messager des Treize avait donc été conduit en présence de l'empereur lui-même. Auprès de Lodewig se trouvait son fils. En apprenant les périls que courait Judith, le jeune prince avait sollicité, obtenu l'honneur de commander les troupes de secours, et telle avait été la rapidité de sa course que pas un cheval maintenant ne pouvait se tenir debout. Les manuscrits du temps en font foi : « Celui qui a faim d'herbe, disent-ils dans leur langage naïf, il la broute, étendu. »

A cette même heure, dans la grotte, les paladins étaient rassemblés. Hélas ! deux étaient morts : Honeric et Guilhem ! deux étaient gravement blessés : Landrik et Bérenger !

Ainsi réunis en cercle, ils formaient une sorte de tribunal auguste.

Ce tribunal jugeait Ganelon.

Assis au milieu de ses juges, et les mains étroitement liées cette fois, l'accusé s'obstinait dans un sombre et hargneux silence.

Roland se leva le premier, magnifique à voir avec son front d'apôtre, son regard et son sourire de héros, avec sa longue barbe blanche s'étalant sur son haubert.

« Ganelon, dit-il sans amertume ni colère, je t'accuse d'avoir vendu aux Sarrasins, voici bientôt trente ans de cela... l'arrière-garde de l'armée d'Espagne, qui, sauf moi seul, fut tout entière massacrée dans les gorges de Roncevaux. Là, dix mille Français périrent, et depuis ce désastre, le vieux Charlémagne, notre maître à tous, ne passa plus un jour sans pleurer. Qu'as-tu à dire pour te défendre de ce premier crime, Ganelon ? »

Ganelon se contenta de hausser les épaules, et se tut.

Roland se rassit.

Trop juste et trop fier pour se faire juge de ses propres griefs, il avait évité toute allusion à sa fiancée, victime d'un odieux mensonge, à celle qui avait été jadis la belle Théalda, qui maintenant était l'abbesse du couvent de Nonnenwerth.

Éginhard, à son tour, était debout.

« Ganelon, dit-il d'une voix calme et lente, te souvient-il des glorieux commencements du règne de Lodewig, et de la soudaine métamorphose qui s'opéra fatalement en lui ? Ce fut l'œuvre d'un philtre infernal, et ce philtre ta main l'a versé. Je t'en accuse, ainsi que de toutes les calamités, de toutes les dissensions, de toutes les révoltes et de toutes les misères qui ont été les conséquences de ce second forfait. Si l'œuvre de Charlemagne est encore en péril, si la nationalité franke va s'affaiblissant, c'est par suite de tes artifices et de ta haine, c'est parce que tu es devenu pour les fils de Lodewig une sorte de mauvais génie, un autre Satan !... Si tu le peux, néanmoins, justifie-toi, Ganelon. J'ai dit. »

Ganelon répliqua par un sourd ricanement, et, comme pour ne plus entendre, il s'enfouit la tête dans ses deux mains captives.

D'autres encore prirent la parole, et successivement rappelèrent le guet-apens du Champ-Rouge, les complots de la chasse à l'uroch et du gouffre de Bingen, les tortures de Lodewig à Saint-Médard, l'attentat des Thermes de Julien, le meurtre du pauvre Puk et l'attaque acharnée de Vaucouleurs.

« Enfin, acheva le comte Efflam, tantôt, ici même, tu as traîtreusement frappé l'un de nous, mon brave Landrik. Grâce à Dieu ! la blessure n'est pas mortelle ; mais ton intention n'en était pas moins de donner la mort, et de ce dernier attentat, Ganelon, je t'accuse. Libre à toi maintenant de répondre à tes juges.

— Une dernière fois, dirent en même temps les Treize, une dernière fois, répondras-tu ?

— Non ! fit-il en redressant tout à coup la tête, non, car tout cela est vrai, et je m'en glorifie... et je ne me repens de rien, si ce n'est de n'avoir pas mieux réussi. Mais d'autres continueront mon œuvre... Jugez-moi donc, et si je ne suis pas secouru à temps, tuez-moi. Je ne vous demanderai pas plus grâce alors que maintenant... Agissez à votre guise. »

Et reprenant sa posture première, il parut ne plus vouloir ajouter un seul mot.

Tous les regards se fixèrent sur Roland.

Roland se redressa de toute la hauteur de sa taille, et dans le solennel silence qui régnait autour de lui, laissa tomber ces mots :

« Sur mon honneur de chevalier... sur mon salut de chrétien... cet homme mérite la mort des meurtriers et des félons. »

Puis, faisant le tour du cercle, il s'arrêta successivement devant chacun de ses compagnons, qui chacun prononcèrent contre l'accusé le châtiment des assassins et des traîtres.

Devant Honeric et Guilhem, il avait fait halte aussi bien que devant les autres, et tous les suivants avaient répondu d'une même voix pour les trépassés, avaient d'une même voix, en leur nom, voté la mort.

Quant à Bérenger, le pauvre enfant n'avait pas même entendu la question qu'on lui adressait.

Mais Landrik avait trouvé la force de répondre, et lui... lui qui venait d'être frappé par Ganelon, il avait été le seul à faire entendre des paroles de miséricorde et de pitié.

« Oh! murmura Jehanne, qui veillait au chevet du blessé, oh! cœur généreux... noble cœur! »

Dans la foule, qui, muette et béante, assistait à cette scène, il n'y avait eu qu'un seul cri, un cri d'admiration.

Roland se retourna vers le condamné.

« Ganelon, lui dit-il, vous avez une heure pour vous préparer à mourir. Plusieurs hommes de Dieu sont ici... Choisissez!

— A quoi bon! répliqua-t-il dédaigneusement, je suis une créature venue de l'enfer, ainsi que vous l'avez reconnu vous-mêmes... Je ne crois qu'en Satan.

— Ainsi, vous refusez?

— Je refuse.

— En ce cas, fit Roland, il ne reste plus qu'à nous enquérir d'un bourreau. »

A ce mot, parmi l'assistance, une voix tout à coup s'éleva :

« L'exécuteur, si vous le permettez, ce sera moi! »

Celui qui se proposait ainsi, celui qui venait de s'avancer, c'était Kob.

« Hé quoi! fit avec étonnement le comte Efflam, hé quoi! mon brave Kob, c'est toi qui sollicites un pareil emploi?

— Oui, maître... et j'y tiens, ne fût-ce qu'en récompense de mes bons services durant ces derniers temps.

— Mais...

— Vous oubliez donc que mon camarade Puk a été assassiné, lâchement assassiné par cet homme ! et vous ne savez pas qu'en quittant mon pauvre Puk, je lui ai juré que je le vengerais !

— Soit ! » conclut Roland, qui presque aussitôt donna le signal du départ.

Kob ouvrait la marche portant sur l'épaule une de ces formi-

Kob ouvrait la marche portant sur l'épaule une de ces formidables haches dont on se servait alors.

dables haches dont on se servait alors pour les exécutions capitales.

Venait ensuite Ganelon, les mains plus que jamais enchaînées, le visage pâle et morne.

Deux soldats, le scramasax à demi tiré hors du fourreau, veillaient sur le condamné.

Roland et ses compagnons suivaient à quelque distance.

On atteignit ainsi le bord de la Meuse, on monta dans une grande barque, aux flancs de laquelle vingt-quatre rameurs étaient assis et, tenant déjà les avirons, n'attendaient plus que le signal du départ.

Les chevaliers prirent place à l'arrière, Ganelon et les deux soldats sur le banc du milieu; Kob debout à l'avant, s'appuyait sur sa hache.

La lune, en ce moment à son zénith, éclairait lugubrement ce tableau.

Silencieuse et rapide, la barque remonta le courant.

A une demi-lieue tout au plus du point de départ, une île aride et nue s'étendait au milieu du fleuve.

Certains d'entre les juges, se ressouvenant de ce rocher, l'avaient choisi pour échafaud.

L'embarcation accosta bientôt.

Les deux soldats firent monter Ganelon sur l'îlot, où déjà Kob l'avait précédé.

Les neuf paladins débarquèrent à leur tour.

Quant aux rameurs, tout en se maintenant au milieu du courant, ils regardaient.

De grands peupliers, qui s'élevaient sur la rive gauche, formaient, au-devant de la lune, une sorte de rideau mouvant, et faisaient par intervalle onduler sur l'îlot lumineux leurs grandes ombres échevelées.

Hugues et Drogo s'approchèrent de Ganelon.

« Une fois encore, dirent-ils, souviens-toi que nous avons pouvoir de confesser et d'absoudre. Choisis l'un de nous pour qu'il te réconcilie avec Dieu... pour qu'il te prépare à mourir?

— C'est inutile, répliqua le condamné, je suis prêt. Qu'attendez-vous encore ?

— Une dernière heure t'ayant été accordée pour le repentir, nous attendrons que cette heure soit entièrement écoulée. Mais songes-y bien, Ganelon... elle marche... et sa dernière minute va t'ouvrir l'éternité ! »

Et Drogo, qui venait de prononcer ces paroles, posa sur la pierre voisine un sablier.

Hugues en montrait un second qu'il alla porter auprès des chevaliers.

« Nous serons là, dit Drogo, qui déjà s'apprêtait à suivre son frère, et tu n'auras qu'à prononcer le nom de l'un de nous pour que celui-là s'empresse aussitôt d'accourir à ton appel. Pense à l'éternité, Ganelon, n'oublie pas que ce sable te mesure ta dernière heure. »

Pour toute réponse, Ganelon donna un violent coup dans le sablier, qui, retombant au loin, se brisa.

Les deux évêques levèrent les yeux vers le ciel, comme afin de l'implorer pour cette âme endurcie.

Puis, tout en continuant leur muette prière, ils rejoignirent leurs compagnons.

Durant l'heure tout entière, les chevaliers demeurèrent immobiles, silencieux, et les regards fixés sur le sablier.

A l'autre extrémité de l'île, Kob ne bougeait pas plus que le rocher contre lequel il s'adossait.

Il en était de même de Ganelon. Toujours assis, et comme affaissé sur lui-même, il courbait le front, et ses regards restaient obstinément fixés en terre.

Parfois, cependant, lorsque le flot clapotait avec plus de force contre la falaise, ou bien lorsque le vent gémissait tout à coup dans les branches, le condamné relevait la tête en frissonnant, et son regard, comme ranimé par une fauve lueur, allait et venait avec une étrange vivacité de l'une à l'autre rive. On eût dit qu'il attendait quelque secours imprévu, qu'une suprême espérance lui restait encore.

Mais non. A part les grandes silhouettes funèbres des hauts peupliers, tout semblait profondément endormi dans les alentours.

Enfin le dernier grain de sable tomba.

Les neuf paladins se redressèrent tout à coup.

Dans la barque, il en fut de même des rameurs.

Kob, de son côté, fit un pas en avant.

Ganelon seul n'avait pas bougé.

Il avait tout entendu cependant, tout compris; il murmura :

« Allons... c'en est fait !... elles ne viendront pas... mais je les connais : c'est qu'elles n'auront pu venir.

— L'heure est passée ! articula lentement la voix de Roland.

— Bien, fit Ganelon, vienne le bourreau !

— Il est là, repartit Kob.

— En ce cas, railla Ganelon, il ne faut pas le faire attendre... frappe ! »

Et, relevant audacieusement la tête, il attendit.

« Mais, se récria le pieux Éginhard, mais tu n'auras donc pas un mot de repentir, pas un mot de prière... pas même un dernier vœu.

— Mon dernier vœu ! éclata tout à coup Ganelon, mon seul vœu... c'est que de ce sang qui va couler ici... de mon sang... renaisse toute une légion de démons acharnés contre votre œuvre, et qui, dans l'avenir, soit fatale à la France !

— O mon Dieu ! fit Roland, cet homme va donc mourir comme il a vécu, en reniant vos lois les plus saintes, en maudissant son pays !

— Oui, voulut poursuivre Ganelon, oui, c'est une malédiction, c'est un anathème que je lance en mourant contre vous, contre les vôtres et contre la nation tout entière ! Oui... même au delà du tombeau, je voudrais être encore son mauvais génie ! Je voudrais... »

Mais le comte Efflam, interrompant enfin ce blasphémateur :

« Va, Kob ! dit-il.

— Agenouille-toi ! crièrent en même temps les deux évêques au condamné. Malheureux ! mais agenouille-toi donc au moins pour mourir !

— Non ! je mourrai debout ! »

Ce furent les dernières paroles de Ganelon... Déjà la hache du bourreau traçait au-dessus de sa tête comme un éclair, et presque aussitôt cette tête roula d'un côté, tandis que le corps tombait de l'autre.

« J'ai tenu ma promesse, ami Puk... es-tu content ? s'écria Kob.

— Silence ! fit le comte Efflam.

— Et maintenant, disait Roland, que ce cadavre reste ici, sans sépulture et sans prières. C'est le juste châtiment des félons et des impies. Partons ! »

Quelques minutes plus tard, la barque redescendait le courant. Mais à peine eut-elle disparu au premier détour du fleuve, que deux ombres aux longs vêtements se dressèrent tout à coup sur la rive droite, descendirent lentement la berge herbue, dégagèrent une pirogue d'entre les roseaux, et, faisant force de rames, prirent le chemin du rocher sanglant.

Ces passagères nocturnes arrivèrent enfin... la lune éclaira leur pâle visage... c'était Bertrade, et c'était Morgane.

Mais avant de dire quel était leur but, suivons tout d'abord l'embarcation que montaient les Treize.

Ils furent promptement de retour au camp, et comme depuis deux jours et deux nuits ils avaient combattu sans relâche,

Cette tête roula d'un côté, tandis que le corps tombait de l'autre.

comme d'autre part leur conscience de juges était parfaitement tranquille, ils ne tardèrent pas à s'endormir, et cette fois d'un si profond sommeil que le lendemain, à l'heure où le soleil montait à l'horizon, ils dormaient encore.

L'arrivée du jeune Karle les réveilla enfin, tout honteux et malcontents contre eux-mêmes d'un aussi long repos.

Amaury surtout ne se le pardonnait pas. Durant près de six heures, l'excès de la fatigue lui avait fait oublier son frère.

Il s'empressa donc de courir vers la grotte. Le comte Efflam l'y suivit également, inquiet de Landrik.

Karle s'était assis au milieu des sept autres paladins, qui s'excusaient encore de s'être ainsi laissé surprendre.

« J'ai voulu vous remercier tous, répondit le jeune prince; j'ai voulu vous serrer les mains... ces mains intrépides et loyales auxquelles mon père doit sa délivrance, auxquelles je devrai plus tard ma couronne.

En cet instant, des chants religieux s'élevèrent du lointain.

« Qu'est-ce que cela ? demanda Karle.

— Ce sont, répondit Éginhard, les moines d'un couvent voisin. Ils ont été prévenus par moi, ils viennent rendre les derniers honneurs aux deux compagnons que nous avons perdus... au brave Guilhem Duplessis... au brave Honeric de Béthune. Après quoi, leurs cadavres, lavés de piment et de vin, comme il est d'usage, seront renfermés dans des cuirs de cerf... pour être ainsi transportés jusqu'à l'ermitage de Roland, où tous nous devons avoir notre tombe. »

Ce fut le comte Robert qui se chargea de conduire les illustres morts.

Les moines apparurent au tournant de la rive.

« Je vais prévenir ma mère, dit Karle, car nous devons tous les deux assister aux prières dites en mémoire de ceux qui sont morts pour nous ! »

Et le jeune prince reprit le chemin de la tente impériale, où nul symptôme de réveil ne se manifestait encore.

Arrivés auprès d'Éginhard, les moines reçurent ses dernières instructions et disparurent un instant dans la grotte, d'où bientôt ils ramenèrent les deux cadavres, étendus sur des civières apportées à cet effet du couvent.

Honeric de Béthune et Guilhem Duplessis, revêtus de leurs armes, drapés dans leur manteau, mais le visage découvert, furent ainsi déposés au bord du fleuve, en regard de l'Orient.

A l'aide de quelques-unes des pierres tombées du plateau, un autel fut improvisé, puis tendu de noir.

Et l'office des morts commença.

Déjà l'impératrice était arrivée, s'appuyant, avec un légitime orgueil, sur le prince Karle; déjà le fils et la mère s'agenouillaient au premier rang.

Dans toute l'étendue de la clairière, les soldats en armes assistaient avec recueillement à la pieuse cérémonie.

Au milieu de ce paysage si pittoresque, sous un ciel d'azur, aux douces clartés d'un soleil matinal, c'était un imposant et grandiose tableau.

Lorsque le service divin fut terminé, les compagnons des deux trépassés s'approchèrent successivement de leurs cadavres afin de les baiser au front, afin de leur dire chacun à son tour :

« Adieu, Guilhem Duplessis!... Honeric de Béthune, adieu ! »

Ainsi voulut agir Karle, ainsi l'impératrice elle-même.

Puis les moines, ayant chargé les deux civières sur leurs

Puis les moines reprirent, tout en chantant des psaumes, le chemin du monastère.

épaules, reprirent, tout en chantant des psaumes, le chemin du monastère.

« A ce soir ! » leur avait dit le comte Robert.

Il y eut un instant de silence général, après lequel l'impératrice se dirigea vers la grotte en disant :

« Nous avons rendu les derniers devoirs aux morts, songeons maintenant aux blessés. »

Au milieu d'un demi-jour à peine traversé de quelques rayons, on distinguait vaguement les deux couches de fougère sur lesquelles reposaient Landrik et Bérenger.

Geneviève veillait auprès de celui-ci; auprès de celui-là, Jehanne.

Hélas ! une grande différence existait entre eux. Bien que la blessure de Landrik fût des plus graves, et le condamnât pour quelque temps à l'inaction la plus complète, la vie brillait cependant dans son regard ; et, dans la pourpre fiévreuse qui animait son mâle visage, on devinait déjà l'impatience de la guérison.

Mais Bérenger, le pauvre Bérenger, sa pâleur était effrayante, effrayante son immobilité. Depuis la veille au soir, il n'avait pas prononcé une parole, et quand parfois sa paupière se soulevait, on eût dit ses yeux déjà pleins de ténèbres. Il ne semblait plus reconnaître personne, entendre aucun bruit, conserver un seul souvenir, une seule espérance. C'était comme une vague et lente agonie ; pour se convaincre qu'elle n'était pas encore terminée, il fallait à chaque instant interroger les faibles battements de son cœur, ou prêter l'oreille au souffle plaintif qui haletait imperceptiblement entre ses lèvres déjà bleuies par les affres de la mort.

L'impératrice le regarda longuement, et ne put se défendre de pleurer.

Puis, d'une voix toute tremblante de commisération, de douleur :

« Cher enfant, murmura-t-elle, cher et malheureux enfant !... Que dirai-je à ta mère, si jamais je la revois ? Comment pourrons-nous jamais nous acquitter envers les tiens de cette cruelle mort qui te frappe ainsi... étant si jeune... si brave et si beau... si digne d'être heureux ! »

Et se penchant au-dessus du moribond, elle mit sur son front livide un baiser maternel.

Au milieu du profond silence qui régnait tout à l'entour, on entendit un sanglot d'Amaury, un sanglot de Geneviève.

Mais Jehanne intervenant tout à coup :

« Tout espoir n'est pas encore perdu, dit-elle ; un des moines qui était ici tout à l'heure l'a déclaré ; c'est un savant médecin. Par malheur, la blessure est telle qu'on ne peut le transporter au couvent. Mais nous serons là, mon père et moi ; nous le veillerons, nous le soignerons ainsi que s'il était mon frère ! »

Ce fut à qui remercierait la généreuse Jehanne. Personne,

cependant, n'osait croire à la lueur d'espérance qu'elle venait de faire briller à leurs yeux.

L'impératrice se retourna vers Landrik :

« Mon excellent guide, lui dit-elle, mon intrépide champion, vous vivrez assurément, vous... et grâce au Ciel vous redeviendrez bientôt alerte et vaillant comme par le passé. Acceptez donc avec résignation la blessure présente, et surtout le chagrin qui doit en résulter...

— Quel chagrin ? demanda Landrik en se soulevant à demi sur sa couche.

— Celui de rester ici tandis que vos compagnons vont se remettre en route... tandis que le comte Efflam aurait si grand besoin de vous pour retourner en Bretagne.

— En Bretagne! se récria l'époux de Clothilde, que dites-vous, madame ?

— Je dis que je vous dégage pour trois mois de votre serment... et que vous êtes libre de reprendre le chemin du château de Glay...

— Cependant...

— Je l'exige ainsi... je le veux... vous partirez ce soir. »

Le comte Efflam s'inclina en signe d'assentiment, de reconnaissance.

Mais il n'en fut pas ainsi de Landrik.

« Partir sans moi! se récria-t-il avec un superbe emportement, retourner sans moi au château de Glay, assiégé par toute une armée ennemie!... Oh! mais non... non... je lui serai nécessaire là-bas, nécessaire durant le voyage... C'est mon maître, entendez-vous bien, toujours mon maître... et je ne veux pas déserter son service. Il est blessé aussi, d'ailleurs, et non moins gravement que moi peut-être... Qu'est-ce que j'ai après tout, moi! une simple égratignure, qui ne m'empêche nullement de me tenir debout, de monter à cheval, de voyager et de combattre avec mon bien-aimé seigneur... Merci Dieu! que dirait la comtesse Clothilde, si elle voyait le comte Efflam sans Landrik! Je lui ai promis cela, d'ailleurs, je l'ai juré... je veux tenir mon serment... Je le peux! Voyez... voyez plutôt comme je suis guéri! comme je suis fort! »

Il s'était drapé dans ses couvertures, il se leva tout à coup, et, par un effort désespéré, parvint à faire quelques pas, la tête haute et le geste résolu.

Mais ses forces le trahirent; il chancela, pâlit, porta fiévreusement la main à sa gorge déjà envermeillée de sang, et vint bientôt retomber à reculons sur sa couche.

« Oh ! s'écria-t-il alors, oh ! misérable que je suis ! misérable et traître... je ne puis pas... je ne puis pas accompagner le comte, ainsi que c'est mon devoir, et tenir mon serment à Mme Clothilde ! Elle dira que Landrik est un mauvais serviteur, un ingrat, un félon, un lâche !... Elle aura raison... Je vous dis, moi, qu'elle aura raison... Souvenez-vous que mon maître va avoir affaire à tous les damnés Bretons de Morgane... S'il allait tomber dans quelque embuscade... si je n'étais pas là pour le défendre, pour le sauver !... Oh ! mon Dieu !... pourquoi donc n'avez-vous pas permis que ce Ganelon me frappât au cœur !... Pourquoi donc ne m'avez-vous pas laissé mourir ! »

Ce n'était plus seulement du désespoir, c'était du délire; il se tordait convulsivement dans son impuissante et généreuse colère; il pleurait, il sanglotait comme un enfant.

Tous en eurent pitié, tous à l'envi s'efforcèrent de le consoler. Mais le plus ardent à cette tâche, ce fut le Frison Barthold.

Il s'élança vers Landrik, et lui dit :

« Compagnon, je me charge de te remplacer, moi... Je m'offre à servir de second au comte Efflam. »

La voix de l'impératrice s'éleva tout à coup :

« Amaury, dit-elle, le comte Efflam est pour vous presque un père; vous l'accompagnerez aussi.

— Madame, se récria vivement Amaury, Dieu m'est témoin que je suis tout dévoué au comte Efflam... que j'apprécie tous les périls qu'il va courir... mais mon frère !... puis-je l'abandonner en cet état, mon pauvre frère ! »

Ce fut Bérenger lui-même qui répondit.

Il avait été comme réveillé par tout ce débat; il était parvenu à se retourner à demi, à se soulever quelque peu sur sa couche de douleur, et maintenant, soutenu sur le bras droit, agitant sa main gauche, qui tremblait ainsi que la feuille au vent, d'une voix presque inintelligible, il disait :

« Mon frère... il faut obéir... il faut t'en aller avec le comte... C'est moi qui t'en prie... c'est moi qui le veux ! »

Amaury s'était élancé vers Bérenger, et déjà le pressait dans ses bras.

Le blessé lui saisit la main, et poursuivit :

« C'est convenu, n'est-ce pas?... Je te rejoindrai avec Landrik. Tu as bien entendu ce que disait le moine?... Tout espoir n'est pas perdu. Je guérirai aussi, moi... je vivrai !... Est-ce que je peux mourir si jeune !... je n'ai pas encore vingt-deux ans.

— Bérenger ! sanglota Geneviève, qui était venue s'agenouiller à l'autre flanc du blessé ; mon cher Bérenger, ne vous animez pas ainsi, ne parlez pas autant... le moine l'a défendu ! »

Il la regarda longuement, avec une indéfinissable expression de mélancolie et de tendresse.

Puis, se laissant retomber en arrière, il lui prit la main, et la réunissant à celle de son frère, ainsi que la veille au soir il avait déjà fait :

« Oh ! murmura-t-il, je vous aime tous les deux... Allez... je vous aime... Et comme il faut tout prévoir; comme il se pourrait que cet adieu fût notre dernier adieu... promettez-moi, jurez-moi... si je meurs... qu'une année jour pour jour après ma mort, vous serez unis l'un à l'autre.

— Mais tu ne mourras pas, mon frère !

— Nous nous reverrons, Bérenger !

— Je l'espère... je le crois... Aussi le serment que j'exige ne vous engage pas à grand'chose ! Il me calmera... il me soulagera. Jurez donc ! On ne refuse rien à ceux qui sont dans une situation pareille à la mienne... Je vous en conjure... je le veux... Allons, Geneviève... allons, Amaury... jurez-le. »

Éperdus tous les deux d'attendrissement et de douleur, la voix entrecoupée de larmes, ils répétèrent la formule du serment que, mot par mot, leur dictait Bérenger.

L'impératrice et ses fidèles chevaliers, Landrik lui-même et

Jehanne, écoutaient et regardaient, diversement groupés dans la pénombre de la grotte.

« Ah! reprit bientôt le blessé d'une voix qui commençait à faiblir. Je suis satisfait maintenant... Je suis heureux!... Mais c'est étrange... mes sens s'engourdissent de nouveau... mon cerveau s'embarrasse... mon regard s'obscurcit, je ne vois plus... je n'entends plus... je ne sens plus même la pression de vos mains sur les miennes... Amaury... Geneviève... adieu!... adi... ou plutôt non... soit dans ce monde... soit dans l'autre... au revoir! »

Et il retomba dans cet évanouissement profond, dans cette effroyable léthargie où, déjà depuis près de quarante-huit heures, il était plongé.

« Bérenger!... Bérenger! s'écrièrent simultanément Geneviève et Amaury. Mon ami!... mon frère!... mais il se meurt!... il est mort!

— Non! fit Jehanne, qui venait d'interroger le cœur du blessé; il respire encore... il vivra peut-être! Fiez-vous à moi... Dieu aidant, nous les sauverons tous les deux. »

De l'autre main elle montrait Landrik, qui, brisé par tant d'émotions, semblait aussi perdre connaissance.

Tout le monde sortit en silence de la grotte.

Il était environ midi.

Le reste du jour fut employé à tenir conseil, à tout préparer pour le départ, qui venait d'être fixé pour le soir même.

Au moment où le soleil disparaissait à l'horizon, Amaury et Geneviève retournèrent auprès de Bérenger.

Celui-ci s'aperçut pas de leur présence, ne rouvrit pas les yeux, ne se réveilla pas.

Il en était tout autrement de Landrik, auquel le comte Efflam était venu dire un dernier adieu.

« O mon maître! murmurait le blessé, que la fièvre dominait en ce moment, mon bon maître... oh! je vous rejoindrai promptement, allez!... Mais qu'il me soit permis de vous donner un dernier avis. Soyez prudent... et défiez-vous... défiez-vous de Morgane! »

Une heure plus tard, le vieux Noël et sa fille veillaient seuls auprès des deux blessés.

L'impératrice et son fils s'acheminaient déjà vers Aix-la-Chapelle, escortés par Roland, Eginhard, Hugues et Drogo, Hervé de la Tour et tout l'host impérial.

D'un autre côté, sur la route de l'ouest, le comte Efflam commençait son long voyage avec Amaury et Barthold ; l'alerte Kob leur servait d'éclaireur.

Enfin, le comte Robert chevauchait seul vers le couvent, où les moines, se relayant à l'entour des deux trépassés, chantaient sans interruption la prière des morts.

Mais non loin de là, dans le silence d'une sombre nuit, une autre cérémonie funèbre s'accomplissait aussi.

C'était sur l'îlot solitaire, sur le rocher expiatoire où Ganelon avait reçu le châtiment de ses crimes.

Bertrade et Morgane y étaient revenues, escortées cette fois de quelques-uns des leurs, qui creusaient une fosse.

Lorsque la tête et le corps du supplicié y furent descendus, lorsque la terre les eut à jamais recouverts, ses deux complices firent éloigner les fossoyeurs, et, pareilles à deux noires sibylles, restèrent seules auprès du tombeau.

De grand nuages, aux formes monstrueuses, couraient dans un ciel couleur de sang ; les arbres, courbés par d'impétueuses rafales, faisaient entendre des gémissements sinistres ; la foudre grondait au lointain ; déjà les fausses lueurs de l'éclair annonçaient l'approche de l'orage.

Bertrade étendit le bras vers le tertre sépulcral, et dit :

« Dors en paix, Ganelon ! les deux haines qui s'étaient associées à la tienne restent encore debout, et poursuivront l'œuvre commencée, l'œuvre de notre commune vengeance ! »

Morgane ajouta :

« Que ton esprit revienne encore nous conseiller dans la lutte afin d'en assurer le triomphe... et que ce jour-là tes ossements tressaillent de joie dans ta tombe ! »

Puis, éloignant d'un geste impérieux sa compagne, elle exécuta tout à l'entour du rocher les rites mystérieux de la religion druidique. En ce moment, l'éclair flamboya coup sur coup dans le ciel noir, et le tonnerre, tombant non loin de là, abattit dans le fleuve écumeux le tronc fracassé d'un chêne.

Morgane revint s'asseoir sur le tertre funéraire, et rappelant auprès d'elle Bertrade :

« Ma sœur, dit-elle, je vous attends prochainement en Bretagne ! Venez me retrouver là-bas, sur la côte armoricaine, à l'endroit où je vous ai dit... et là, soyez-en certaine, je vous donnerai le moyen de ne plus être vaincue !

— Ce moyen... quel est-il ?

— C'est celui qui frappa déjà Lodewig dans sa force et dans son intelligence... celui qu'avait malheureusement dédaigné Ganelon. C'est le poison de Morgane ! »

A ces derniers mots, quelque cruelle que fût Bertrade, elle ne put se défendre de frissonner.

Puis, après un moment de silence, se redressant :

« Je me souviendrai du rendez-vous, dit-elle. Au revoir, Morgane !

— Bertrade, au revoir ! »

Quelques minutes plus tard, les deux inflexibles vengeresses débarquaient sur l'autre rive, montaient à cheval, et, chacune suivie de quelques farouches satellites, disparaissaient dans la nuit.

TROISIÈME PARTIE

LE POISON DE MORGANE

Troisième Partie

LE POISON DE MORGANE

I

ROMARIK

Par une brûlante et poudreuse après-midi de la fin d'août, trois cavaliers gravissaient le mont Faouëck, et se dirigeaient vers cette petite chapelle, où nous avons vu, au début de notre récit, Efflam et Clothilde se dire un touchant adieu.

« Encore quelques pas, mes amis, dit l'un d'eux, et nous apercevrons mon château... Tenez, le voici !

Mais à peine eut-il jeté les yeux sur le château de Glay, qu'on distinguait dans le lointain, qu'il s'écria :

« Malheur ! oh ! malheur !... j'arrive trop tard ! »

Non seulement aucune bannière ne flottait sur la tour, non seulement aucune sentinelle ne se montrait sur les murailles, mais encore ces murailles qui, en plusieurs endroits, semblaient éventrées, et cette tour décapitée de ses créneaux penchaient évidemment vers la ruine.

Le comte Efflam, que nos lecteurs ont déjà reconnu, bondissant sur son cheval, le lança au galop vers le manoir. Ses compagnons, Amaury et Barthold partirent du même train et tous trois descendirent la montagne avec une rapidité vertigineuse.

Le comte, éperdu, atteignit bientôt la première enceinte, et dut mettre pied à terre. Des lambeaux de toiture, des pans entiers de muraille, des débris de toutes sortes obstruaient à chaque instant le passage; c'était un spectacle empreint d'une profonde tristesse.

Néanmoins le châtelain avançait toujours. De temps en temps, d'une voix oppressée, pleine de sanglots, il appelait :

« Clothilde !... Clothilde ! »

Personne ne lui répondait; sauf le bruit des pas des trois chevaliers, un morne silence, le silence de la mort, continuait à planer sur les décombres. La seconde enceinte fut franchie.

C'était là que s'élevait la demeure, maintenant écroulée, du maître. Même désolation, même silence.

Çà et là, des empreintes sanglantes.

On eût dit qu'aucune créature humaine n'avait survécu au sac du manoir; on eût dit que les animaux eux-mêmes, que les oiseaux du ciel en avaient fui, épouvantés par le massacre.

Le comte appela une dernière fois.

Tout à coup, du fond de la salle basse de la tour éventrée, un formidable aboiement retentit, un aboiement presque joyeux.

Puis, un chien se montra soudainement, un superbe molosse qui, les oreilles redressées, la narine démesurément ouverte, bondit par-dessus un énorme amas de décombres, arriva jusqu'aux pieds du comte, flaira ses vêtements pour mieux se convaincre, et se grandissant jusqu'au point d'appuyer les deux pattes de devant sur ses épaules, finit par lui lécher le visage avec toute sorte de cris et de démonstrations d'allégresse.

« Bugh! put dire enfin son maître, mon pauvre Bugh, es-tu donc le seul être vivant que je retrouve ici ! »

Et les yeux tout en pleurs, il se laissa tomber sur une large pierre gisante à ses côtés.

Le fidèle animal, comme s'il eût compris, comme s'il eût voulu répondre, se retourna vers la tour avec un gémissement plaintif.

« Il y a là quelqu'un! se récria le comte en se redressant tout

Dites-moi d'abord que c'est bien vous !...

à coup. Il y a là quelqu'un ! mais qui donc ?... Bugh... qui donc ? »

Une voix humaine lui répondit :

« Mon maître !... n'est-ce pas la voix de mon maître que j'entends ? »

Presque aussitôt, sur le seuil de la tour, un homme de haute taille apparut, une sorte de géant.

« Romarik ! fit le comte Efflam. Ah ! c'est toi, Romarik ! »

C'était effectivement le cousin de Landrik, l'autre Landrik, le tout dévoué serviteur commis à la garde de la comtesse.

Trop ému sans doute pour répondre, il s'avançait avec une extrême lenteur, des deux mains battant l'air et comme trébuchant à chaque pas parmi les ruines.

« Mais viens donc ! lui répétait son maître, qui, d'autre part, cherchait à le rejoindre ; mais viens donc ! A moi, mon fidèle !

— Ah ! fit le géant avec une agitation de plus en plus singulière, ah ! mon maître... mon bon maître... dites-moi d'abord que c'est bien vous !...

— Eh quoi ! fit le comte de plus en plus étonné, tu ne me reconnais donc pas ?

— Hélas ! expliqua enfin Romarik, hélas ! mon bon maître... ils m'ont crevé les yeux... je suis aveugle ! »

Un même cri de commisération s'échappa des lèvres des trois chevaliers, qui, seulement alors, s'aperçurent qu'à la place des yeux, le géant n'avait plus que deux cavités béantes et rouges encore comme deux plaies vives.

« Romarik ! mon pauvre Romarik !... » dit le comte, qui, tout en étreignant les mains de son fidèle serviteur, tout en l'embrassant, le faisait asseoir à la place précédemment occupée par lui-même.

Puis, d'une voix à peine articulée :

« Clothilde ! osa demander enfin le comte, oh ! dis-moi ce qu'est devenue Clothilde ! »

A ce nom, Romarik se voila tout à coup le visage en frissonnant.

« Réponds ! supplia son maître, réponds-moi !

— Oh ! parvint à murmurer enfin l'aveugle, oh ! mon maître... ce n'est pas ma faute, allez... Je vous avais promis de veiller sur elle, et j'ai religieusement tenu mon serment. C'est le sort qui nous a vaincus, c'est la faim, c'est la mort de tous les nôtres. Je suis resté presque seul à la défendre, et seul j'ai combattu encore... oui... oui... je vous le jure... j'ai combattu comme un lion !

— Je te crois... je te crois, mon brave Romarik... Mais ils l'ont donc tuée ?

— Non, non, je suis certain qu'elle existe.

— Mais où est-elle ? où est-elle ?

— Ils l'ont emmenée ! Je ne sais pas... je ne sais pas ! »

Et l'aveugle, éclatant en sanglots, en proie à une sorte de

convulsion nerveuse, finit par tomber dans un état de prostration complète.

Quant au comte Efflam, il restait immobile, atterré, comme ployant sous le poids de la douleur.

Bugh allait de l'un à l'autre, les caressant tour à tour et les consolant de son mieux.

Il est des instants où l'amitié même devient importune; Amaury et Barthold se taisaient, assis à quelques pas de là, presque à l'écart.

L'aveugle ne tarda pas à revenir à lui, et fit le récit du siège que le château avait subi. Nous le résumons en peu de mots.

Peu après le départ du comte, Morgane elle-même, à la tête d'une troupe nombreuse, avait tenté un assaut général, qui fut repoussé. C'est alors que Janika, franchissant les lignes ennemies, était partie avertir le mari de Clothilde du danger qui la menaçait. La comtesse avait été admirable; c'était grâce à son énergie, à son mépris du danger, aux soins donnés aux blessés, que la garnison avait pu résister plus d'une année. Quand on sut qu'elle était devenue mère, quand elle vint elle-même montrer à tous son enfant, en les priant de combattre pour lui, ce fut du délire pendant quelques jours et un véritable massacre des assaillants. Mais la famine vint. De plus, Morgane qui avait disparu quelque temps, occupée ailleurs, comme nous l'avons vu plus haut, reparut et excita ses troupes à une suprême attaque.

Toute la garnison avait été massacrée, y compris le représentant de Dieu, et Janika... une femme. La comtesse avait été faite prisonnière; elle avait été emmenée vivante avec son enfant. Romarik en répondait. Lui seul de tous les défenseurs du château avait eu la vie sauve. Au moment où il allait être tué, une voix s'était élevée, celle de Morgane.

« Arrêtez! commandait-elle, cet homme m'appartient. Une fois déjà, je l'ai guéri d'une blessure mortelle, et notre Dieu fait une loi d'épargner à l'avenir celui qui nous doit déjà la vie. »

Puis, comme un sourd murmure circulait parmi la foule :

« Obéissez! ajouta-t-elle, mais ne craignez pas que votre vengeance soit perdue; la vie seulement de cet homme m'est nécessaire, et je lui réserve un destin pire que la mort. Garottez-le et que le feu s'allume! »

Quelques instants plus tard, Romarik était aveugle pour la vie.

Ce fut par un vrai rugissement de lion aveuglé qu'il termina son récit.

Après l'avoir serré sur sa poitrine, le comte, avec des larmes dans la voix, put enfin murmurer :

« Tu es bien certain, n'est-ce pas, de tes souvenirs?... tu me réponds que mon enfant vivait encore... tu me réponds que sa mère n'était pas morte... n'est-il pas vrai?... qu'elle n'avait reçu aucune blessure lorsqu'ils l'ont entraînée avec eux dans leur retraite ?

— Oui, maître, affirma Romarik, oui; mais j'ai mieux encore pour vous convaincre que le suprême témoignage de mes yeux ; c'est pour attendre votre retour qu'on m'a posté ici, je suis chargé pour vous d'un message.

— Un message... et de qui donc?

— De Morgane.

— De Morgane !

— Cela vous semble étrange, maître? Oh ! je fus étonné bien davantage encore lorsque, recouvrant quelques jours plus tard la connaissance de moi-même, dans la main qui cicatrisait mes blessures, qui m'avait sauvé... je reconnus la main de Morgane.

— Elle... elle encore !... mais dans quel but ?

— J'en reçus immédiatement l'explication. « — Ne me remercie pas, osa-t-elle me dire, c'est parce que tu m'étais utile, parce que j'avais un dessein sur toi que je suis ici. Tu vas y rester pour attendre le retour de ton maître, et pour lui dire en mon nom qu'il n'a rien à craindre pour la comtesse ; que c'est afin de tenir en ma puissance la mère et l'enfant, que je me suis emparée du château... que si le comte veut se prêter à mon vouloir, il sera plus heureux et plus puissant qu'il ne l'a jamais rêvé... » Ce sont ses propres paroles, maître. « Tu lui diras enfin, qu'à l'instant même de son arrivée, s'il veut revoir, s'il veut embrasser et sa femme et son fils, il n'a qu'à m'appeler... je viendrai, je le conduirai, j'exaucerai ses vœux. »

Morgane se tenait debout au milieu des ruines.

— Elle t'a promis cela ? » s'écria le comte.

Et alors une voix se fit entendre, une voix qui n'était ni celle de Romarik ni celle de l'un des deux compagnons du comte, la voix de Morgane elle-même.

« Me voici! venait de dire la veuve du roi Morvan ; si tu veux t'assurer que je sais tenir mes promesses, tu n'as qu'à me suivre... viens ! »

Morgane se tenait debout au milieu des ruines, et les plis de son long manteau de couleur sombre, l'éclat surtout de ses yeux ardents, lui donnaient l'apparence d'une immense orfraie se redressant sur sa proie.

Le premier mouvement de Barthold le Frison avait été de s'élancer vers elle, et de s'en rendre maître.

« Otage pour otage ! s'était-il écrié ; tu ne nous échapperas plus, misérable sorcière, incarné démon ! »

Et déjà sa main s'appesantissait sur l'épaule de Morgane.

La druidesse n'avait pas bougé ; elle se prit à sourire.

Puis, avec un imperturbable calme, avec un dédain superbe :

« Insensé ! répondit-elle à Barthold, insensé qui me croit accessible à la crainte, qui pense pouvoir enchaîner ma volonté !... Mais, sache-le donc, jamais une créature faite de chair et d'os ne prévaudra sur Morgane. Lorsque Morgane le veut, elle sait se rendre invisible, elle sait échapper à la plus robuste étreinte avec non moins de facilité que l'eau, que la flamme qu'essayerait de retenir la main d'un enfant. Je puis foudroyer qui me touche... Essaye !

— J'essayerai », répliqua sans pâlir l'intrépide Barthold, qui saisit les deux mains de la mégère en la regardant face à face.

Mais Morgane ne se transforma nullement en éclairs, nullement en fumée. Loin de là, elle s'assit tranquillement, et repartit avec un nouveau sourire.

« Ta hardiesse même me plaît et me désarme, chevalier ; je ne t'en veux pas personnellement, d'ailleurs, et j'ai d'autres moyens de prouver ici ma puissance. Si à une heure dite je ne suis pas de retour auprès de la comtesse Clothilde, ceux dont j'ai fait ses gardiens ont ordre de tuer l'enfant et la mère. Qu'en dit le comte Efflam ? »

Déjà le comte s'écriait :

« Cessez de la contraindre, Barthold... Oh ! qu'elle soit libre !... »

Le Frison obéit aussitôt.

« Tu vois, Barthold ! fit Morgane en s'accoudant sur un arceau brisé. Merci, comte... et maintenant, nous en avons le temps, causons.

— Que me veux-tu ? demanda l'époux de Clothilde.

— Avant tout, te dire les conditions de l'entrevue que je suis venue t'offrir.

— Quelles sont-elles ?

— Tes compagnons feront serment de ne pas chercher à nous suivre, de ne pas sortir de cette enceinte. »

Amaury et Barthold protestèrent simultanément contre cette première exigence.

« Nous ne pouvons nous engager à attendre patiemment ici le retour du comte, dirent-ils, nous ne voulons pas prêter ce serment.

— Je ne prétends pas vous l'imposer ainsi, répliqua Morgane, je ne veux enchaîner votre indépendance que pour quelques heures seulement, jusqu'au coucher de la lune. Lorsqu'elle aura disparu, je vous laisse libres d'agir suivant votre fantaisie... mais jusqu'à ce moment, vous serez ici les prisonniers de votre honneur. Me promettez-vous cela ?

— Nous te le jurons ! » conclurent Amaury et Barthold, après avoir un instant réfléchi.

Morgane reprit :

« Quant à vous, comte Efflam, il me faut votre parole de me suivre seul, de vous laisser couvrir les yeux d'un bandeau lorsque je le jugerai bon, et, dans ce même état, si toutefois alors vous rejetez mes offres, de vous laisser reconduire jusqu'aux environs de ce château, sans faire aucune espèce de tentative pour reconnaître la route qu'on vous aura fait prendre, sans abuser en aucune façon de ma confiance en vous.

— Mais, observa le comte, quelles sont ces offres auxquelles tu viens de faire allusion ?

— A cet égard, répondit Morgane, je ne m'expliquerai qu'en présence de la comtesse Clothilde, au moment où nous nous trouverons tous deux seuls avec elle.

— Et si je refusais alors, quand pourrai-je me retrouver auprès de mes compagnons ?

— Au lever du second soleil. »

Le comte allait consentir, Amaury intervint.

« Quelle garantie avons-nous que tout ceci ne cache pas un nouveau piège ? s'écria-t-il. Qui nous assure que le comte Efflam nous sera rendu sain et sauf ?

— Mon serment ! répliqua fièrement Morgane, et Romarik lui-même vous l'affirmera, mes serments valent les vôtres. »

Amaury et Barthold étaient loin, cependant, d'être aussi convaincus. Tous deux ils retenaient d'une main le comte, et de l'autre menaçant Morgane :

« Malheur à toi ! disait celui-ci, s'il tombe un seul cheveu de sa tête !

— Si la moindre atteinte est faite à sa liberté, disait celui-là, malheur à toi !

— J'ai juré ! conclut dédaigneusement Morgane : mais l'heure se passe, comte Efflam, et Clothilde nous attend. »

Puis, comme certaine d'être suivie, elle se mit la première en chemin.

« Laissez-moi, mes amis ! s'écria fiévreusement le comte : laissez-moi courir vers celle que j'aime !... A demain... à demain... Dieu vous garde ! »

Et il s'élança sur les pas de Morgane.

« Dieu vous garde ! » avaient répété d'une même voix Amaury et Barthold, qui, tous deux penchés en avant, regardaient avec angoisse s'éloigner leur ami.

Bientôt son ombre et celle de sa conductrice se perdirent dans la nuit ; bientôt le bruit de leur marche rapide s'évanouit dans le lointain.

Les deux chevaliers se redressèrent enfin, avec un même soupir inquiet.

« Ne craignez rien, dit Romarik, dont l'oreille restait penchée vers le sol ; j'ignore quels sont les secrets de la damnée sorcière sur le comte, mais je vous réponds que sa personne est sacrée pour elle. Vous voyez bien qu'il en fut de même à l'égard de la comtesse et de son enfant.

— Oui, fit Amaury, mais elle est néanmoins retenue prisonnière ; si le comte allait également rester captif ?

— Nous avons eu tort, ajouta Barthold, de ne pas exiger qu'il nous eût au moins pour escorte.

— Ce serait un crime de l'abandonner ainsi, s'écria Amaury. Nous ne devons pas, alors surtout qu'il est souffrant et désespéré, le laisser sans défense à la merci de cette femme. »

Et l'impétueux jeune homme eut un mouvement pour bondir sur les traces du comte.

« Frère, dit en le retenant Barthold, nous avons juré.

— Bien dit ! s'écria tout à coup l'aveugle, qui venait de se redresser avec un sourire étrange ; mais il est quelqu'un ici qui n'a fait aucun serment, quelqu'un auquel Morgane n'a pas songé, et qui vaudra même mieux que vous pour retrouver au besoin la piste du maître... va, Bugh, va... mais reviens... va ! »

Et Romarik, tout en lâchant l'intelligent animal, que jusqu'alors il avait à dessein retenu, semblait lui donner la consigne d'un véritable batteur d'estrade.

Bugh parut comprendre à merveille ce qu'on exigeait de lui, et l'œil tout flamboyant d'une sagace ardeur, il partit sans même jeter un aboiement, qui l'eût peut-être trahi.

« Mais, observa Barthold, la sorcière avait sans doute quelque escorte cachée dans les environs ; si elle s'aperçoit de la poursuite du chien, elle donnera l'ordre qu'on éloigne le pauvre animal, elle le fera tuer !

— Oh ! oh ! fit Romarik avec une sorte d'orgueil, vous ne connaissez point Bugh ! Il ne se laissera pas prendre, il ne se montrera même pas, il se contentera de suivre leur piste et de revenir ici pour nous servir de guide. Cela vous étonne, n'est-ce pas? mais cela est ainsi. Nos molosses bretons ne sont point des chiens comme les autres, et Bugh est un molosse qui n'a jamais eu et n'aura jamais son pareil. Le comte aussi le connaît bien, allez ! C'est le cousin Landrik et moi qui l'avons élevé, dressé pour le service particulier du maître. Quand nous étions en chasse, il partait deux ou trois heures d'avance, afin de nous guider plus tard là où était le gibier; quand nous étions en guerre, il s'en allait en éclaireur, et revenait juste à temps pour nous conduire droit à l'ennemi. Oh! oh! je vous le répète, c'est un maître chien que Bugh... et durant tout le cours du siège, il a combattu dans nos rangs comme un vrai soldat. Il sera promp-

Il partit sans même jeter un aboiement, qui l'eût peut-être trahi.

tement de retour, je vous l'assure..., ayez confiance en lui !

— Mais si d'ici là quelque péril menaçait le comte ?...

— Pouvez-vous faire autrement que d'attendre, puisque, jusqu'au coucher de la lune, comme l'a dit Morgane elle-même, vous êtes ici les prisonniers de votre parole ? »

Ce dernier argument n'admettait pas de réplique; Amaury et Barthold cessèrent donc d'insister davantage.

« Profitez de ces quelques heures pour réparer vos forces par un peu de sommeil, ajouta Romarik, et prenez d'abord un frugal repas. Suivez-moi. »

On arriva bientôt dans la salle basse de la tour, où se trouvaient une large couche de fougère, quelques grossiers escabeaux échappés à l'incendie, et, vers le centre, sur une large table de pierre que n'avaient pu briser les vainqueurs, des galettes de sarrasin, un quartier de venaison, quelques légumes cuits à l'eau et deux cruches de grès, l'une remplie de laitage, l'autre de cette boisson fermentée qui se buvait alors dans toutes les régions de l'Ouest.

A l'aspect d'un tel festin, qu'éclairaient deux torches de résine adhérentes à la muraille, les deux chevaliers s'étonnèrent de cette abondance inattendue, mais Romarik, lorsqu'ils eurent exprimé hautement leur surprise, ne parut nullement la partager.

« J'étais bien certain, dit-il, que Morgane aurait amené avec elle quelqu'un qui renouvellerait mes provisions, de manière à me permettre de vous offrir l'hospitalité.

— Comment! fit Barthold, c'est Morgane qui pourvoit à ta subsistance?

— Puisqu'elle m'avait empêché de mourir de mes blessures, répliqua l'aveugle, n'était-il pas tout simple qu'elle continuât son œuvre jusqu'au retour de mon maître?

— Ces soins, fit Amaury, n'ont-ils point altéré quelque peu le trop juste ressentiment que tu parais avoir contre elle? »

A ces mots, l'aveugle se redressa tout à coup, comme mordu au cœur par les serpents de la vengeance; ses muscles herculéens se raidirent ainsi que pour une lutte désespérée, son visage devint aussi pâle que celui d'un cadavre, et, sous ses paupières sanglantes, il y eut comme de fauves lueurs.

Puis, d'une voix stridente et rauque :

« Non! répondit-il, oh! non... je n'oublie pas, je la hais!... et si jamais elle retombe entre mes mains, ces mains-là l'étoufferont, la broieront, la déchireront comme une louve enragée qu'elle est. Mais l'heure n'est pas encore venue; patience... patience! »

Il venait de se calmer; ce fut sur un tout autre ton qu'il ajouta :

« Jusqu'à demain, jusqu'au coucher de la lune, il y a trêve encore pour moi, comme pour vous, d'ailleurs, sires chevaliers. Alors nous serons tous les trois délivrés de notre serment, alors nous nous mettrons en chasse, et si le comte ne nous est pas loyalement rendu, cette chasse sera terrible, je vous l'assure. En attendant, mangez et buvez.

— Ne te mettras-tu point à table avec nous? fit Barthold.

— Merci, je n'ai pas faim », répliqua l'aveugle.

Il n'en était pas de même des deux voyageurs, qui, après les fatigues et le jeûne presque quotidien d'un aussi long voyage, ne se sentaient nullement le courage de bouder un bon repas.

Ils attaquèrent donc franchement le quartier de venaison, mais non sans dire à leur hôte :

« Prends place du moins le premier sur cette épaisse litière, Romarik, et cherche un moment d'oubli dans le sommeil.

— Je ne dors plus », répondit l'aveugle.

Comprenant qu'il est de ces calamités dont rien ne console, et cependant de plus en plus sympathiques à leur infortuné compagnon, Barthold et Amaury achevèrent leur repas en silence.

Puis, s'étendant côte à côte sur la moelleuse couche toute parfumée d'aromatiques senteurs, presque aussitôt ils s'endormirent.

La lune alors atteignait à son zénith ; l'aveugle, à demi couché en travers de la porte, veilla jusqu'aux approches du jour sur le sommeil de ses hôtes.

Un aboiement les réveilla tout à coup.

A la lueur incertaine de l'aube naissante, ils aperçurent Romarik assis sur le seuil avec Bugh à ses pieds.

Le molosse ainsi que l'aveugle paraissaient en proie à quelque émotion extraordinaire.

« Qu'y a-t-il donc? demanda vivement Amaury.

— Rien d'inquiétant sans doute, fit Barthold ; mais puisque voici le soleil qui se lève... et que le chien est de retour..., qu'il nous serve de guide sur la piste du comte. »

Romarik branla la tête d'un air mécontent, et murmura de même :

« Lorsqu'il est parti, Bugh n'avait pas au cou cette courroie.

— Eh bien ! qu'en concluez-vous?

— Que Bugh a été retenu captif, c'est évident... Mais par qui?

— Ce ne peut être que par les gens de Morgane. On aura découvert sa poursuite, et tout naturellement...

— Oui... oui..., la chose a dû se passer ainsi. Mais pour que

Bugh se soit laissé surprendre, il faut que le comte lui-même l'ait appelé...

— Pourquoi non?

— Parce que le comte ne soupçonnait pas que Bugh fût sur ses traces... Parce qu'il n'est pas possible que Bugh se soit laissé entrevoir ou deviner, même par son maître... Oh! je connais le chien.

— Mais que supposez-vous donc, alors?

— Attendez! fit l'aveugle, qui, tout en réfléchissant, continuait de palper le molosse... Il faut que le maître ait jeté un cri... un cri de colère ou de douleur, un cri que l'animal ait pu prendre pour un appel.

— En ce cas, le comte aurait donc été insulté, menacé, frappé?

— Je le crains. Mais voyons... ensuite, que doit-il être arrivé? Si le maître avait été tué, les assassins auraient également tué le chien sur son cadavre!... Pour qu'ils aient épargné Bugh, après s'en être emparés, il faut que le maître ait été vivant... il faut même qu'il ait eu toute sa connaissance, car c'est lui alors qui a dû intercéder pour Bugh...

— Je comprends tout! s'écria Barthold, qui, non moins que son jeune frère d'armes, suivait avec une anxiété croissante les instinctives déductions de l'aveugle.

— Je comprends tout : le comte, pour rassurer son escorte, aura voulu que le chien continuât d'en faire partie, et connaissant toute son intelligence, sachant bien qu'il s'en retournerait vers nous, lui-même peut-être il aura coupé la courroie...

— Coupé, non... cette courroie a été brisée violemment... Voyez plutôt! » interrompit Romarik en montrant à ses deux compagnons le lambeau de cuir qui restait au cou du molosse.

Amaury et Barthold reconnurent tour à tour la vérité de cette nouvelle observation.

« De plus, poursuivit l'aveugle, dont les mains ainsi que l'esprit cherchaient toujours, le nœud est fait de façon à permettre de supposer une tentative d'étranglement. Lorsque le pauvre animal est venu se jeter sur moi tout à l'heure, il étouffait, il râlait... Enfin, dernier indice qui m'égare, son poil est encore ruisselant d'eau jusqu'au-dessous de la courroie, et la courroie elle-même n'a pas été mouillée depuis longtemps... Cette eau, cette rivière, il faut donc qu'il l'ait traversée avant qu'on ne l'attachât... Mais alors, pour revenir vers nous, pour franchir de nouveau l'obstacle, comment a-t-il fait?... Et puis il a été frappé... il est meurtri, il saigne encore! Mais alors le comte n'était donc plus là... Oh! je m'y perds... et j'ai peur. »

Durant ces dernières conjectures, l'esprit en travail de Romarik était redevenu tout inquiet. Au bout de quelques secondes de silence, ce fut une fiévreuse angoisse qui l'agita. Il marchait à grands pas chancelants, il se heurtait aux ruines et ne s'en apercevait même pas; il tremblait, il haletait, il s'épouvantait comme à l'aspect de quelque péril, de quelque malheur entrevu, ou plutôt rêvé dans les ténèbres au milieu desquels ses instincts, ainsi que ses yeux, restaient ensevelis.

Amaury et Barthold, également sortis de la cour, suivaient tous les mouvements de l'aveugle et commençaient à s'en effrayer eux-mêmes.

« Romarik! s'écrièrent-ils, le temps se passe... voici le jour... Que faut-il faire ? »

— Reprendre vos armes, répondit enfin Romarik, rappeler vos chevaux, et courir immédiatement à la recherche du comte. »

A ce dernier mot, Bugh, qui semblait écouter aussi, fit entendre un aboi retentissant et bondit à quelques pas de là, comme pour montrer le chemin.

« Vous le voyez! s'écria Romarik, vous le voyez... le chien pense comme moi... le chien nous dit que son maître est en péril... Oh! partons à l'instant, partons! »

Déjà les deux cavaliers étaient rentrés dans la tour, et s'armaient précipitamment.

Quant aux chevaux, qu'on avait laissés libres dans le val herbu qui contournait l'éminence sur laquelle était assis le manoir, ils devaient être suffisamment reposés maintenant; un simple appel suffirait pour les faire accourir aussi à la voix de leurs maîtres.

Amaury et Barthold, suivis de Romarik que guidait Bugh,

s'empressèrent de franchir successivement les deux enceintes démantelées.

Mais en arrivant à la large brèche qui servait maintenant de porte au château, ils s'arrêtèrent tout à coup.

Une troupe nombreuse de gens armés s'avançait vers eux.

ARCHE DE NUIT

Nous avons laissé le comte Efflam s'éloignant du château de Glay sous la conduite de Morgane.

D'un pas silencieux et rapide, elle avait descendu la colline, et, durant dix minutes environ, remonté le val en obliquant vers l'ouest.

Arrivée sur une sorte de plateau, hérissé de roches bizarres, parmi lesquelles croissaient quelques arbres rabougris, elle s'était arrêtée soudainement, et, par trois fois, avait imité le cri du hibou.

A ce sinistre signal, il y eut dans les broussailles avoisinantes un bruit d'hommes et de chevaux.

Mais le comte ne put voir quelle allait être son escorte, car déjà Morgane, détachant son long voile noir, le disposait en épais bandeau et rappelait au paladin la promesse qu'elle en avait reçue.

Il ne répondit que par un geste de muette résignation, et se laissa voiler les yeux.

Presque aussitôt, une main saisit la sienne, et la plaça sur la crinière d'un cheval.

En même temps, d'autre part, on lui soulevait le pied gauche pour le placer dans l'étrier.

Il se mit en selle, et l'ordre du départ fut immédiatement donné par Morgane.

Au son de sa voix, le comte comprit qu'elle était à cheval à ses côtés ; au bruit de la marche, il devina que l'escorte, d'ailleurs peu nombreuse, se composait uniquement de piétons.

L'un d'eux tenait son cheval en bride, et le guidait ainsi.

Durant un espace de temps que le comte évalua à plus de deux heures, la petite caravane chemina en silence.

Plusieurs côtes furent ainsi gravies ou descendues, plusieurs ruisseaux traversés ; on s'engagea dans des sentiers presque impraticables, où force fut de ne plus marcher qu'à la file ; on dut passer par un bois épais, dont les basses branches fouettèrent parfois le comte au visage.

Élevé au château de Glay, ayant cent fois chevauché et chassé dans ses alentours, il connaissait parfaitement tout ce pays ; et par la nature et par les ondulations du sol, par les moindres bruits que pouvait percevoir son oreille, par les plus légers aromes que recueillait son odorat, par mille indices curieusement analysés dans son esprit, il cherchait à neutraliser l'effet du bandeau qui recouvrait ses yeux, il s'efforçait de reconnaître, de deviner le chemin qu'on lui faisait suivre. Mais soit que son instinct se trouvât en défaut, soit que Morgane multipliât les détours afin de mieux égarer son souvenir, il n'y put parvenir qu'imparfaitement, et ces deux premières heures de marche le laissèrent encore dans le doute, en lui permettant néanmoins de vagues suppositions, en ravivant encore son désir de savoir.

Tout à coup, le bruit du sabot de son cheval lui révéla un terrain plat, élastique et sonore, tandis qu'une pénétrante senteur résineuse lui parvenait en même temps comme un second indice révélateur.

Plus de doute! il se trouvait en ce moment sous un bois de sapins et de sapins très élevés, car la brise nocturne, ne rencontrant aucun obstacle, soufflait en toute liberté contre son front.

Or, dans tout le pays avoisinant, il n'existait qu'un seul plateau planté de grands sapins.

Le comte Efflam, cependant, voulut une conviction plus complète encore; piquant de l'éperon son cheval, il feignit de chanceler, étendit le bras, et rencontra sous sa main l'écorce écailleuse et vernissée d'un de ces magnifiques arbres qui, sur la terre, forment comme des cathédrales de verdure, et qui, plus tard, sur l'Océan, deviennent de grands mâts de navires.

Alors, il ne put se défendre d'un cri de joie; il avait déjoué la précaution de Morgane.

Fort heureusement, elle ne s'aperçut de rien, distraite qu'elle était en ce moment par un bruit qui grandissait au lointain, et qui, d'ailleurs, détourna le cours des idées du comte.

Ce bruit, dont il avait tout d'abord été difficile de démêler la cause, ne tarda pas à devenir parfaitement distinct. C'était celui d'une troupe de cavaliers arrivant au galop.

Morgane, après avoir ordonné qu'on fît halte, dépêcha l'un de ses gens à la rencontre de ces cavaliers, que bien évidemment elle n'attendait pas.

Cinq minutes plus tard, le bruit du galop des chevaux s'éteignit tout à coup. Au bout de cinq autres minutes, l'éclaireur était de retour et commençait à voix basse son rapport.

Le comte Efflam prêta vivement l'oreille.

Mais il ne parvint à entendre qu'une exclamation de colère de Morgane, et ce nom plusieurs fois répété : « Ragnar! »

Or, Ragnar n'était pas tout à fait un inconnu pour le comte; il avait la renommée d'être le plus farouche acolyte de Morgane, et même l'un de ses parents les plus proches.

On se remit en marche, et les deux troupes se rencontrèrent.

« Que tes cavaliers se rangent à notre suite, lui commanda brusquement la terrible veuve. Toi, chevauche à mes côtés, que je te parle!... »

Ce double mouvement s'opéra sans même occasionner un

temps d'arrêt, sans que non plus l'ordre du cortège fût interverti. Morgane se trouvait donc maintenant placée entre Efflam et Ragnar. Avec ce dernier, elle s'entretenait à haute voix, mais dans un idiome inconnu du comte.

Il ne les écoutait pas moins, cherchant à deviner à leur accent leurs paroles, ou du moins la nature du sentiment qui les dictait. Tout d'abord la femme avait parlé avec la colère, à peine contenue, d'une véhémente réprimande. L'homme alors baissait le ton, comme osant à peine balbutier quelques excuses. Puis, peu à peu, il avait repris de l'assurance, et finalement sa voix s'était élevée jusqu'au diapason de sa souveraine. Il paraissait à son tour lui adresser d'amers reproches, des menaces violentes, et, dans cette sorte de réquisitoire personnel et sauvage, le comte entendit plusieurs fois revenir le nom de Clothilde.

Muet d'étonnement, palpitant d'angoisse et de colère, le comte écoutait toujours.

Que pouvait-il y avoir de commun entre sa bien-aimée compagne et ce farouche chef d'une tribu barbare?

Une dernière fois, il n'était plus permis d'en douter, Ragnar articula nettement le nom de Clothilde, et avec un accent de passion qui fit frissonner le comte jusqu'au fond de l'âme.

Il sentait grandir en lui le pressentiment d'un nouveau danger, d'un nouveau malheur.

Morgane, en ce moment, reprit tout à coup le dessus, et par une dernière réplique, empreinte d'une irrésistible autorité, parut contraindre Ragnar à l'obéissance. Il se tut, mais non sans grommeler encore quelques sourds murmures comparables au grondement hargneux d'une bête fauve qu'on forcerait à lâcher sa proie.

Dans cette dernière protestation, il y eut même comme une secrète menace, ou une lâche résolution de vengeance envers le comte. Celui-ci le devina; il le sentit, par une de ces intimes révélations du cœur qui ne trompent jamais.

On arriva bientôt au bord d'une rivière, que le comte reconnut au bruit de ses eaux, torrentueuses et profondes.

La petite caravane remonta quelque peu la rive afin de

trouver un gué, recherche d'autant plus difficile que la rivière, grossie par de récents orages, avait partout une largeur inaccoutumée. Le passage fut enfin choisi ; les piétons et les chevaux s'y engagèrent.

Bientôt le comte sentit le flot lui monter jusqu'aux genoux ; bientôt son cheval perdit pied et, tout en hennissant d'effroi, commença de se laisser entraîner à la dérive.

L'homme qui le guidait par la bride jeta un cri comme se déclarant impuissant contre la force du courant.

Soit que Morgane y fût contrainte par la nécessité, soit qu'elle voulût éprouver son pouvoir sur Ragnar, elle lui donna l'ordre de maintenir et de guider lui-même le cheval du comte.

Ragnar aussitôt fendit les eaux écumantes, et, par sa vigoureuse impulsion, remit dans le bon chemin l'animal hennissant de nouveau.

Durant quelques secondes, le comte Efflam sentit sur son visage l'ardente haleine de son ennemi ; puis, tout à coup, au milieu même du fleuve, à l'endroit où son cours étant le plus profond et le plus rapide, un choc violent l'atteignit en pleine poitrine, et, désarçonné par cette secousse imprévue, il tomba en jetant un cri.

A ce cri, répondit une exclamation furieuse de Morgane.

A la même minute, d'un escarpement voisin, une masse noire bondit dans la rivière, avec un grand rejaillissement d'eau, que diamanta la lune. Et le comte n'entendit plus rien, ne vit plus rien.

Aveuglé par le bandeau qui lui couvrait les yeux, étourdi d'ailleurs par la violence du coup qu'il venait de recevoir, il fut submergé, emporté par le courant.

Néanmoins, avant de perdre complètement connaissance, il lui sembla que quelque chose comme la gueule d'un animal le saisissait par le capuchon de son haubert, qu'une force inconnue le soulevait, et le ramenait vers la surface du fleuve.

Mais ce fut tout : il acheva de perdre la conscience de lui-même ; il murmura dans sa pensée le nom de Clothilde ; il se sentit mourir.

Lorsqu'il reprit enfin ses sens, il était étendu sur l'herbe de l'autre rive, et près de lui, cherchant à le ranimer par des caresses, il reconnut Bugh.

Tout s'expliquait, c'était par Bugh qu'il avait été sauvé.

Il promena ses regards, car le bandeau maintenant ne voilait plus ses yeux, sur les objets environnants.

Une vingtaine de Bretons, à l'aspect sauvage, formaient, les uns à pied, les autres à cheval, un cercle curieux tout à l'entour de lui. Au milieu de ce cercle, se tenait Morgane.

« Comte Efflam, lui dit-elle d'une voix lente et grave, il ne me reste plus qu'à te demander pardon du lâche attentat dont tu as failli devenir la victime, car ce crime, je l'ai déjà puni. Regarde ! »

Et du doigt elle lui montrait, non loin du chêne au tertre duquel il se trouvait adossé, une fosse fraîchement creusée, mais vide et béante encore.

« Je ne comprends pas, murmura le comte.

— Regarde encore ! » fit Morgane en indiquant du geste, cette fois, le feuillage de l'arbre.

Le comte releva les yeux. Presque au-dessus de sa tête, à la plus forte branche, pendait le cadavre, étranglé, de Ragnar.

« C'était l'un de mes plus dévoués serviteurs, poursuivit solennellement la lugubre vengeresse, c'était mon parent, mais il a méconnu mes ordres, il a failli me faire manquer à mon serment envers toi... il a subi la justice de Morgane !

— Partons ! s'écria le comte, qui, déjà relevé, s'éloignait avec horreur du chêne qui venait de servir de gibet. Oh ! partons ! partons !

— Soit ! » consentit Morgane.

Et elle donna l'ordre de ramener les chevaux. Puis, demandant à l'un de ses affiliés sa large ceinture de laine, elle en fit un second bandeau.

« Femme, dit le comte, il est de mon honneur de te prévenir que cette précaution est désormais inutile : je sais en quel endroit nous sommes.

— C'est possible, répliqua-t-elle ; mais tu ne connais pas le pays que nous allons traverser maintenant. Or, jusqu'à nouvel ordre, tu dois ignorer, tu ne dois pas voir la mystérieuse demeure où je vais t'introduire. Il le faut!

— Fais donc à ton gré, conclut impatiemment le comte, mais dépêchons. »

Au moment même où il remettait le pied dans l'étrier, Bugh se prit à hurler tout à coup.

« Tuez ce chien ! commanda Morgane.

À la plus haute branche, pendait le cadavre, étranglé, de Ragnar.

— Il vient de m'arracher à la mort! se récria vivement son maître, non... non... je ne le souffrirai pas!

— Il reconnaîtrait notre piste, repartit l'insensible veuve, il dénoncerait un asile qui, pour tous, doit rester un secret.

— Mais c'est l'unique compagnon d'un aveugle, auquel toi-même, Morgane, as ravi la lumière des cieux ! »

Il y eut un silence.

Puis, avec une voix qui n'était pas entièrement exempte de remords, l'arbitre de la vie de Bugh appela deux de ses gens et leur donna cet ordre :

« Repassez la rivière avec ce chien et attachez-le fortement à quelque arbre de l'autre rive.

— Mais, observa timidement l'un des hommes choisis pour cette tâche, avec quel lien assez robuste pourrons-nous retenir ici ce molosse lors du départ de son maître... ainsi que l'enchaîner sûrement là-bas? »

Après un court instant de réflexion, Morgane répondit :

« Avec la courroie dont le supplice de Ragnar vient d'éprouver la force : redescendez le pendu du chêne; il faut également par vos soins que cette fosse se referme sur lui. »

On s'empressa d'obéir, et bientôt le cadavre retomba lourdement à terre.

Les deux hommes désignés à cet effet s'emparèrent du cuir patibulaire, et voulurent s'approcher du chien.

Alors, Bugh recula en leur montrant les dents.

« Obéis ! » lui commanda son maître, qui, d'après les grondements du fidèle animal, avait compris sa résistance.

Bugh se laissa faire.

Mais lorsque les deux gardiens tentèrent un premier effort pour l'entraîner du côté de la rivière, il exprima son refus par un aboiement plein de nouvelles menaces.

« Va, Bugh, va ! » ordonna le comte.

Et le molosse, redevenu docile, se résigna à la retraite.

A peine ce groupe se fut-il engagé dans le courant que la petite caravane se remit en marche, laissant derrière elle le cadavre de Ragnar, au bord de la fosse encore béante.

C'étaient les deux conducteurs de Bugh qui devaient, à leur retour, y placer le mort, puis la combler.

Le passage du gué s'opéra cette fois sans accident, et dans le plus complet silence.

Cependant, sitôt que le molosse se trouva solidement attaché à l'arbre choisi sur l'autre rive, la scène changea tout à coup.

Les deux hommes auxquels Bugh venait d'avoir affaire étaient, malheureusement pour lui, deux farouches admirateurs, deux secrets confidents de Ragnar.

« Sans cet animal maudit, grommela l'un d'eux, on aurait pu

persuader à Morgane que le comte était tout naturellement tombé de cheval, et faire passer sa mort pour un simple accident; tel était le plan du chef. En sauvant son maître, en permettant qu'on reconnût la trace du coup de poignard qui n'avait pu que fausser le haubert, ce damné chien a perdu Ragnar... Il faut qu'il l'expie... il faut qu'il meure!

— Hé! fit l'autre, n'avons-nous pas nos épieux!

— Mais si le comte songeait à le venger... si Morgane...

— Bah! comment sauront-ils que c'est nous!... qui le leur dira!»

Et le premier, saisissant son épieu par la pointe, il le leva sur le molosse en guise d'assommoir. Son compagnon, non moins féroce, s'empressa d'imiter son exemple.

Quant à Bugh, il manifesta sa colère par de tels rugissements, qu'il fit trembler la main de ses bourreaux, par de tels bonds qu'il évitait presque tous les coups.

Il prit enfin un si vigoureux élan que la courroie se brisa.

Sauter à la gorge de ses deux ennemis, les terrasser, les ensanglanter par ses terribles morsures, ce fut pour Bugh l'affaire d'un instant.

Puis, dédaigneux d'achever sa vengeance et les laissant à demi morts de terreur au pied de l'arbre, il s'élança vers la rivière.

Mais là, se ravisant tout à coup, et dans la pensée peut-être que son maître avait besoin du secours de tous ses amis, ce fut vers le château de Glay qu'il reprit sa course.

On sait dans quel moment il y était arrivé; on a pu voir que Romarik ne s'était guère égaré dans ses prévisions.

Seulement, le péril du comte était passé, du moins jusqu'à nouvel ordre. Quant aux précautions prises pour empêcher qu'il ne pût reconnaître la route, elles redoublèrent.

Ce fut d'abord son cheval qu'on fit tourner et retourner plusieurs fois sur lui-même, afin de dissimuler la véritable direction dans laquelle il allait repartir.

Puis, un ruisseau s'étant rencontré non loin de là, une partie de la caravane prit la file et marcha précautionneusement dans le lit de ce ruisseau, avec l'intention sans doute, que la véritable piste se trouvât recouverte, et même peut-être effacée par le courant.

Quant à l'autre moitié de la troupe, également composée de piétons et de cavaliers, elle avait franchement traversé le ruisseau, et traçait en sens inverse une fausse piste sur l'autre rive.

Ces ruses, que pratiquent encore aujourd'hui les Indiens du Nouveau-Monde, étaient de vieilles ruses gauloises fort en honneur, surtout dans la sauvage Armorique, et dont nos amis eux-mêmes, — on s'en souviendra sans doute, — n'avaient pas dédaigné de se servir au départ de la forteresse de Tortone comme à celui du château Bayard. Mais revenons au comte Efflam.

Après avoir remonté le ruisseau durant l'espace de vingt minutes environ, son escorte se dirigea de nouveau vers l'Ouest en accélérant de beaucoup la marche.

Le terrain, cependant, devenait de plus en plus tourmenté, de plus en plus impraticable, autant du moins que le comte pouvait en juger à l'aide des mêmes observations que durant la première étape.

Parfois le cheval s'enfonçait dans les sables ou dans des marécages; parfois son trot retentissait parmi des cailloux ou des rochers. Sans cesse le chemin remontait et redescendait par des pentes rapides. La violence toujours croissante du vent semblait attester qu'il ne rencontrait plus en sa course aucun obstacle, aucune végétation, si ce n'était, à de rares intervalles, quelques buissons desséchés, quelques maigres roseaux que frôlait bruyamment l'étrier du comte.

Bien que le jour commençât à poindre, — ainsi qu'il était facile de le deviner, même à travers un épais bandeau, rien qu'à la pénétrante fraîcheur de l'air, — on n'entendait aucun réveil de bête fauve, aucun bruissement d'insecte, aucun chant d'oiseau.

Ce pays, ce steppe devait être d'une morne aridité, d'une désolation profonde.

Il y soufflait maintenant de véritables rafales, d'un caractère tout particulier et qui, tout en paraissant humides, hâlaient cependant le visage ainsi qu'un froid vif et sec.

Le comte, en cherchant à s'humecter les lèvres, y trouva bientôt une âpre senteur, une senteur saline.

Il se pencha davantage en avant, il prêta plus attentivement l'oreille, il entendit au lointain un bruit sourd, intermittent et comme reproduit sur une telle étendue qu'il semblait embrasser maintenant tout l'horizon.

Ce bruit, ce vent, il les reconnut aussitôt... c'était le vent, c'était le bruit de la mer!

Et l'on y marchait droit... et bientôt il l'entendit mugir, non seulement en face de lui, mais encore à ses deux côtés. Évidemment, on s'engageait sur un promontoire dont le flot battait les flancs.

Cette langue de terre ne tarda pas à devenir si étroite et le fracas des eaux si formidable, que le comte, assourdi non moins qu'aveuglé, put se croire comme suspendu au-dessus de l'Océan.

On le fit alors descendre de cheval, et, dans la main qui désormais le guida, il reconnut celle de Morgane.

Du reste, elle ne tarda pas à lui dire :

« Obéis strictement aux indications que je vais te donner... mets chaque pied à l'endroit exact où je te dirai de le mettre... ne te penche ni à droite ni à gauche... Il y va de ta vie! »

Le passage, en effet, semblait devenir des plus périlleux. A chaque instant, il fallait descendre et remonter des marches taillées dans un roc glissant comme le marbre ; puis serpenter sur des crêtes aiguës entre deux précipices d'une énorme profondeur : le vacarme retentissant des vagues qui s'y brisaient avec furie le disait assez, puis enfin franchir quelques troncs d'arbres à peine équarris, jusqu'à la surface desquels rebondissait l'écume des tourbillons échevelés qui hurlaient au-dessous : un pont jeté sur un gouffre. A la façon dont Morgane lui tenait les deux mains, le comte sentit qu'elle marchait à reculons.

En dépit de ce secours et quoique n'y voyant pas, le comte avait le vertige.

Aussi, ce fut comme en un rêve qu'il entendit une lourde porte sonore s'ouvrir et se refermer sur lui, qu'il crut entrer dans les entrailles de la terre, que le bandeau tomba de ses yeux.

Il se trouvait dans une vaste salle, taillée en plein roc, et dans la large cheminée de laquelle brûlait un grand feu.

Devant ce feu, sur des sièges de forme primitive, des vêtements de laine étaient étendus.

« Ces chauds vêtements te sont destinés, dit Morgane, je reviens dans un instant. »

Et comme se perdant dans la muraille, elle disparut.

Bien que la fraîcheur du matin eût encore augmenté le frisson que ressentait le comte depuis sa chute dans la rivière, il restait cependant immobile et sans songer à changer de costume.

Tout à coup, à ses pieds, le long de ses jambes, à ses flancs, il sentit courir deux alertes mains qui lui rendaient ce service.

Il baissa les yeux, il regarda.

Un nain à la tête monstrueuse, au visage de démon, au torse protubérant, aux jambes cagneuses, aux longs bras démesurément athlétiques, bondissait autour de lui en le débarrassant avec une incroyable rapidité de son habit de voyage.

Avant même qu'il fût revenu de sa première surprise, déjà le nain remplaçait le vêtement mouillé par celui qu'il était allé prendre devant le feu.

« Qui es-tu? parvint à demander enfin le comte, qui donc es-tu? »

Pour toute réponse, le nain ouvrit sa large bouche, et montra tout au fond le tronçon d'une langue coupée.

Puis il fit entendre un cri qui n'avait rien d'humain, le cri d'un oiseau de mer.

Quelques secondes plus tard, la besogne de cet étrange valet de chambre était terminée.

Il jeta alors un cri pareil au premier, mais bien autrement retentissant.

Morgane reparut.

Le nain, tout en lui montrant comme sa tâche était bien remplie, se mit à cabrioler autour d'elle avec les soubresauts et presque les jappements d'un chien familier.

« A bas! lui commanda sa maîtresse, à bas, Cormoran,... et tais-toi! »

L'affreux nain se nommait Cormoran; il avait, du reste, la voix de cet oiseau des mers.

Docile à l'ordre qu'il venait de recevoir, il alla se tapir, immobile et grimaçant, ainsi qu'une cariatide vivante, dans une sorte de niche creusée au milieu de la colonne centrale qui soutenait la voûte.

Morgane se retourna vers son hôte, et lui dit ce seul mot :
« Viens ! »

De plus en plus stupéfié, de plus en plus se croyant le jouet d'un songe, le comte suivit sa conductrice à travers les détours d'un obscur corridor, à l'extrémité duquel se trouvait une porte.

Avant de l'ouvrir :

« Silence ! dit Morgane en mettant un doigt sur ses lèvres ; peut-être dort-elle... Silence ! »

Et le faisant passer devant elle, mais sans le suivre, elle referma doucement la porte sur lui.

III

LOTHILDE

La chambre dans laquelle le comte venait d'entrer, si toutefois l'on pouvait donner à cette demeure le nom de chambre, révélait quelques prétentions, sinon de luxe, du moins de confortable.

Les parois ainsi que le plafond étaient entièrement tapissés d'un lainage de couleur bleuâtre; un épais tapis de joncs marins recouvrait le sol; çà et là se trouvaient réunis les quelques meubles rustiques alors en usage.

D'après la façon dont Morgane avait logé sa prisonnière, il était évident qu'elle la traitait avec des égards tout particuliers.

Cependant, le comte ne distingua d'abord aucun de ces détails, ébloui qu'il fut, au sortir de l'obscur couloir, par le vif rayon matinal qui pénétrait dans la chambre bleue par une large mais profonde embrasure, à travers laquelle on apercevait la mer et le ciel.

Ce rayon, auquel ne tardèrent pas à s'habituer ses yeux, tombait en plein sur une blanche couchette, où se drapaient harmonieusement la plus fine toile, la laine la plus moelleuse qu'eût jamais filée jusqu'à ce jour quenouille bretonne.

Sur la couchette, une jeune femme tenant un enfant dans ses deux bras, gracieusement arrondis en forme de berceau, était endormie.

Cet enfant... c'était celui du comte ; cette jeune mère, c'était la comtesse Clothilde.

Attendri, charmé par ce tableau, durant quelques minutes, Efflam le contempla en silence.

Il se gardait de faire aucun mouvement, il retenait jusqu'à son souffle, de crainte de les réveiller.

L'enfant rouvrit le premier les yeux. C'était un beau petit garçon de treize à quatorze mois environ, aux formes déjà vigoureuses pour son âge, à la tête intelligente, à la chair rose, au limpide regard, au visage de chérubin.

Il aperçut le comte, et resta tout étonné, le contemplant avec un regard ébahi, dans une ravissante pose.

« C'est mon fils ! pensait orgueilleusement Efflam ; il a déjà mes noirs cheveux... il a les yeux bleus de sa mère... Oh ! c'est bien notre fils ! »

Voyant que l'inconnu ne bougeait pas et lui souriait, l'enfant se prit également à sourire.

Ce sourire, pareil à une fleur purpurine qu'entr'ouvre la rosée, le rendit cent fois plus charmant encore.

Puis, s'enhardissant de plus en plus, il se mit à jouer avec ce beau rayon de soleil matinal qui formait tout à l'entour de lui comme une céleste auréole.

Dans ce mouvement, la mère, à son tour, se réveilla.

A l'aspect de l'homme qui se trouvait ainsi dans sa chambre, la comtesse, bien qu'elle se fût endormie toute vêtue, ramena vivement sur elle les couvertures à demi tombées.

« Clothilde ! murmura Efflam, oh ! ma chère Clothilde ! »

Au son de cette voix, elle tressaillit tout à coup, se redressa, bondit hors de sa couche, passa à plusieurs reprises ses blanches mains sur son visage afin de complètement s'assurer qu'elle ne rêvait plus, qu'elle n'était point folle, et finit par se précipiter, à demi évanouie, dans les bras du comte en s'écriant :

« Efflam !... ah ! c'est donc enfin toi... c'est toi, mon bien-aimé chevalier ! »

Le comte, tout en pressant Clothilde sur son cœur, s'empressa de la replacer auprès de son enfant, et, les réunissant dans une même caresse, il s'agenouilla devant eux.

Quelques minutes s'écoulèrent ainsi, durant lesquelles Efflam resta dans une muette et béate extase, tandis que Clothilde, tout en achevant de reprendre ses sens, ne pouvait se rassasier de sa vue, et n'osait lui parler encore.

« Pardon ! put-elle articuler enfin, j'avais été prévenue de ton arrivée, mais voici déjà de cela trois jours; durant les trois nuits, j'ai veillé, j'ai attendu... et c'est ce matin seulement que j'ai fini par succomber au sommeil. Oh ! pardon, mon doux sire... pardon ! »

Dire ce qu'il y avait de charme pudique dans sa voix, de grâce enchanteresse dans son attitude tandis qu'elle parlait ainsi, ce serait impossible.

« Te pardonner ! s'écria le comte, oh ! quand bien même j'aurais quelque chose à te pardonner, ton pardon... ce serait ceci ! »

Il venait de s'emparer de l'enfant, il le couvrit de baisers et de larmes.

Sous cette brusque et chaude caresse, le chérubin se débattit tout d'abord, puis se prit à rire d'un rire clair, et, se familiarisant enfin, continua par se faire un jeu de la barbe de son père.

Durant ce temps, Clothilde, radieuse de bonheur, regardait toujours son chevalier.

Bientôt, cependant, une certaine teinte de tristesse se mêlant à sa joie, ce fut presque avec des larmes qu'elle reprit :

« Efflam ! mon noble et brave Efflam, comme te voici maintenant hâve et pâle ! Et cette blessure au front... ces amers sillons creusés par les soucis... ces cheveux déjà blanchissants... Oh ! je le vois, je le comprends à présent, c'est toi, mon bien-aimé, qui as le plus souffert !

— Je te raconterai plus tard mes aventures, ma pauvre chérie, mais pour le moment occupons-nous de toi.

— J'aurais à vous dire, soupira-t-elle, une longue et terrible lutte, si déjà Romarik ne vous l'avait apprise. Romarik ! Je ne puis me défendre de frissonner à ce souvenir, et bien souvent, dans mes rêves, j'ai revu son ombre plaintive, son fantôme aveuglé ! Romarik !... Oh ! ne l'oublie jamais, ami, notre brave et bon Romarik ! Sans cesse il a veillé, sans cesse il a combattu. Son dévouement, son opiniâtreté, sa vaillance sont de ceux qui ne peuvent être dignement récompensés que dans le ciel !

« On parlera plus tard de la défense du château de Glay comme d'un miracle d'héroïsme, miracle qui s'est prolongé durant deux années, toutes les journées, toutes les heures. Mon pauvre Romarik !... il n'est pas seulement un géant par la taille, il est plus grand encore par le cœur !... Avec cela, doux et souriant comme ce cher petit enfant que j'embrasse... Et ils lui ont crevé les yeux !... Oh ! celle qui a fait cela, elle aura beau m'entourer d'incompréhensibles soins, solliciter ma reconnaissance, implorer mon pardon... jamais ! jamais !... J'entends toujours sortir de sa bouche l'ordre impitoyable qu'elle a jeté lorsqu'on m'entraînait loin de Romarik !... Je vois toujours le sang de Romarik à ses mains !... Elle me fait horreur, cette femme... elle me fait peur ! »

L'entretien se trouvait amené ainsi sur Morgane.

« Dis-moi, Clothilde, fit le comte en entourant de ses bras la jeune mère encore toute frémissante d'effroi, personnellement, tu n'as donc pas à te plaindre de cette femme ?

— Non, répondit-elle, et c'est bien étrange. Dès la première fois que nous nous sommes trouvées en présence, elle me regardait avec une sorte d'affection contenue. Durant toute notre route pour atteindre cette mystérieuse retraite, dont le nom comme la situation me restent encore inconnus, car j'y suis arrivée de nuit, les yeux recouverts d'un bandeau, et jamais depuis lors je n'ai repassé cette porte, Morgane... oh ! je l'ai nommée !... Morgane m'accablait d'égards et de prévenances. On traversa une rivière, elle voulut guider elle-même mon cheval... l'air devint plus vif, elle me couvrit de son propre manteau. Je crois même qu'en le drapant sur mes épaules, elle m'étreignit un moment dans ses bras. On eût dit qu'elle avait hâte de m'emporter dans son repaire avec une joie passionnée et sauvage; on eût dit qu'elle m'aimait... oh! l'infâme!

— Continue, murmura doucement Efflam.

— En arrivant ici, reprit Clothilde, en rentrant dans ce rocher suspendu au-dessus de la mer ainsi que le gîte inaccessible d'un vautour, je trouvai cette chambre toute prête, et qui depuis longtemps déjà m'attendait, je l'ai su plus tard, cette chambre toute matelassée d'une riche étoffe étrangère, toute meublée d'objets dignes de faire honneur à une reine. Mais regarde donc, Efflam, tu n'avais pas si luxueusement logé ta femme au château de Glay!

— C'est vrai », reconnut le comte, qui n'avait pas encore remarqué toutes ces recherches, et qui s'en montra de plus en plus surpris.

Clothilde poursuivait :

« Dès le matin de ma captivité, mon horrible geôlier apparut sur le seuil, et me dit : « Demande sans crainte tout ce que tu souhaiteras, je serai heureuse de te l'accorder. » Aussitôt je m'écriai : « Reconduis-moi dans mon château, rends-moi à la tendresse de celui que j'aime. » Elle parut vivement contrariée de cet élan de mon cœur, et répondit avec chagrin : « C'est la seule chose que je doive te refuser; exprime un autre désir. » Un seul mot sortit de ma bouche : « Va-t'en! » Et je me renfermai dans un obstiné silence. Ai-je eu raison d'agir ainsi, comte?

— Oui, répliqua-t-il, oui, mais achève.

— Elle demeura longtemps sur le seuil, immobile et me regardant. Un soupir navré souleva sa poitrine; il y eut une larme dans ses yeux. Oui, comte, une larme; puis elle se retira en silence. Le lendemain, même scène; mêmes scènes les jours suivants. C'était elle qui semblait implorer ma pitié, se mettre à ma merci. Quant à moi, je restais insensible comme une statue de marbre à toutes ces avances, et sitôt que cette femme se montrait, sitôt qu'elle me parlait, je détournais la tête. Un soir, enfin, elle s'écria, avec un accent de désespoir : « Tu me hais donc bien! Eh! que t'ai-je donc fait? » Cette fois, je la regardai bien en face, et je lui répondis : « Ma religion me défend de haïr personne... mais tu as tué Romarik ! » Elle essaya de se disculper; elle murmura : « Romarik existe, et même... » Je ne la laissai point achever. « Il existe, oui, mais il est aveugle... et si ce supplice plus cruel que la mort eût été commandé par le père de mon enfant ou par la mère inconnue qui m'a donné le jour, je crois que jamais je n'eusse pu revoir ni ma mère ni mon époux, jamais leur pardonner ! »

« A ces mots, il se fit dans la chambre un grand silence. Je pensai que Morgane était partie, je me retournai. Elle était encore là, elle pleurait. Cependant, comme honteuse de ses larmes, elle se releva aussitôt, me disant avec un amer sourire : « Soit, je ne t'importunerai plus de ma présence, je ne veillerai sur toi que de loin, et je te forcerai bien à reconnaître que Morgane n'est point une ennemie. » Effectivement elle ne se montra plus qu'à de rares intervalles; mais sitôt qu'il me passait par l'esprit un désir, ce désir, ce souhait se trouvaient réalisés comme par l'intervention mystérieuse de quelque bon génie.

« A l'exception de la liberté, vers laquelle, hélas ! j'aspirais en vain, tout m'était accordé, tout m'arrivait ici avec une profusion vraiment royale. Des mets délicats, des fruits inconnus et savoureux m'étaient chaque jour servis, se trouvaient constamment à portée de ma main, comme aussi des objets de parure pour moi, des jouets pour notre enfant. Vois, Efflam, tout ce luxe qui m'environne, ces jolis oiseaux dans ces volières dorées, ces belles fleurs dans ces vases précieux ! C'est au point, cher comte, que parfois heureuse de ma solitude et rêvant à toi, je me suis surprise à aimer mon nid bleu. Ne t'avais-je pas prévenu que tu allais entendre de surprenantes choses ! »

Il était certain que l'étonnement d'Efflam allait toujours croissant. Il ne pouvait en croire ses oreilles, il ne pouvait en croire ses yeux. Se demandant si tout cela n'était point un rêve, il se creusait l'esprit à deviner le mobile inconnu, les secrètes intentions de Morgane.

Avec un tout autre sentiment dans le regard, avec une expression tout autre dans la voix, Clothilde reprit :

« Parmi tous ces présents, auxquels je restais indifférente, il y eut cependant une surprise qui m'émut, qui me toucha profondément. J'avais grande affliction de la perte de ma pauvre Janika, je regrettais souvent ses bons services, qui certes étaient plutôt ceux d'une amie que d'une servante; souvent même je m'étais surprise à l'appeler à haute voix. Un soir que je venais de prononcer ainsi son nom, elle me répondit tout à coup, elle apparut devant moi, me souriant et me tendant les bras...

— Mais Janika a été tuée au sortir du château de Glay! interrompit Efflam, bien autrement encore stupéfié que par les précédentes révélations de Clothilde, Janika est morte!

— Je le croyais aussi, répliqua Clothilde, je le crus même en la voyant s'avancer vers moi. Or, ce mouvement démasqua Morgane, qui me dit : « Tu as désiré revoir ta compagne, la voici. Elle avait été frappée mortellement, on la descendait déjà dans la tombe... je l'ai ressuscitée selon ton vœu... car, sache-le bien, Clothilde, pour ramener le sourire sur tes lèvres, pour te rendre heureuse, il n'est rien que ne puisse accomplir Morgane! » Et, par un excès de délicatesse dont je ne pus me défendre de lui savoir gré, elle nous laissa seules.

— C'était réellement Janika? ce n'était point son fantôme?

— Non, cher comte, c'était bien elle, et, lorsqu'après l'avoir touchée, embrassée, j'eus achevé de me convaincre, je reçus de sa propre bouche l'explication de ce miracle. C'était Morgane qui l'avait cherchée, retrouvée, recueillie au milieu d'un amas de cadavres que recouvrait déjà la terre; c'était Morgane qui, ranimant en elle un dernier souffle de vie, l'avait soignée, guérie, ressuscitée pour me la rendre! C'est merveilleux, mais c'est ainsi; Morgane a conquis le droit de dire que, pour me complaire, elle est capable de triompher même du tombeau!... Tu doutes encore, ami? Mais elle est là, tu vas la voir... Attends. »

Et se retournant vers le chevet de la couchette, Clothilde appela Janika.

Une petite porte masquée par des rideaux s'ouvrit à l'instant; Janika parut.

Bien que sa débilité fût grande encore, et sa pâleur extrême, il était impossible de persister à croire que ce fût une ombre.

Après avoir dignement exprimé sa reconnaissance à la pauvre fille, le comte la fit asseoir devant lui, l'interrogeant à son tour.

La servante confirma tout ce qu'avait dit sa maîtresse, et, pour son compte, ajouta :

« Si vous aviez pu voir combien cette femme, si impitoyable et si cruelle pour les autres, s'est montrée pour moi bonne et douce ! Durant plus de vingt nuits, elle a veillé auprès de moi, épiant mon moindre souffle, ravivant à chaque minute la pauvre petite flamme prête à s'éteindre, et me contraignant à vivre. Oh ! c'est réellement bien une sorcière que cette femme-là, maître ! Mais ce n'est point pour moi qu'elle agissait ainsi, c'était pour la bonne maîtresse qui me désirait encore. Morgane me le disait. Lorsque je me sentais défaillir de nouveau, Morgane m'imposait les deux mains sur la poitrine, et dardant sur mes yeux ses grands yeux fixes, elle s'écriait avec un irrésistible accent : « Clothilde désire que tu vives... je le veux ! je le veux ! » La mort reculait aussitôt... et voilà comment je suis ici, maître !

— Étrange ! étrange ! murmurait le comte devenu tout songeur. Ainsi, Janika, tu penses que cette femme a pour Clothilde une sorte de religieux respect, une incompréhensible tendresse ?

— Pour votre femme, oui, maître... et pour votre enfant aussi, répliqua la jeune fille avec une sorte d'hésitation mystérieuse. Oh ! tenez... il y a quelque chose que je n'ai pas encore osé apprendre à ma maîtresse, et que je m'en vais vous dire, à vous.

— Parle ! firent d'une même voix les deux époux.

— Il y a quelques jours, répondit Janika, comme la chaleur était très grande, madame prenait un instant de repos, et moi-même, accoudée sur le bord de la couchette, je m'étais endormie peu à peu. C'était l'heure du sommeil de l'enfant; il était couché dans son berceau, mais non point ici, dans cette autre chambre d'où je viens de sortir, et qui est la mienne. Un léger bruit me réveilla, un bruit qui venait de ce côté. Je craignis que quelque chose ne fût arrivé au cher petit, ou que tout simplement il eût besoin de moi. Je courus donc le retrouver, mais avec précaution, de peur de réveiller sa mère. A peine avais-je rouvert cette porte, que, près du berceau, j'aperçus Morgane !

— Morgane !

— Comment avait-elle pu entrer là, je l'ignore. Ne serait-ce pas une de ces créatures qui, à leur fantaisie, empruntent les ailes de l'oiseau, ou passent au besoin à travers la muraille ! Je fis un grand mouvement de surprise, j'allais crier. « Silence ! murmurat-elle vivement ; celle qui t'a rendu la vie peut te la retirer d'un mot. Si tu appelles, tu es morte ! » Oh ! croyez-le bien ! chère maîtresse... ce ne fut pas la crainte d'être tuée sur le coup qui me ferma la bouche, et qui plus tard me fit garder le silence à ce sujet. Ce silence, Morgane l'avait exigé de moi cependant, et chacun sait qu'il ne faut pas lutter avec Morgane. Ce fut la conviction qu'elle aimait trop la mère pour jamais la séparer de son fils, ce fut surtout l'amour qu'elle témoignait à l'enfant. Ses regards, tout en le con-

Une petite porte masquée par des rideaux s'ouvrit à l'instant ; Janika parut.

templant, rayonnaient d'orgueil et de plaisir ; elle le touchait, le caressait avec tant de douceur, avec une si tendre adoration, que ce n'était vraiment plus la même femme. Quant au petit chérubin, il se laissait faire, il jouait avec Morgane, il lui souriait. Bien certainement ce n'était pas la première fois qu'il la voyait ainsi, qu'il était embrassé par elle. Au bout de quelques instants, cependant, elle le reposa debout sur son berceau, et, la main droite au-dessus de sa tête : « Enfant, lui dit-elle avec un accent prophétique, enfant, tu seras roi ! » Puis, après un dernier embrassement et le visage tout en pleurs, elle disparut. »

Déjà depuis quelques instants, le comte n'écoutait plus Janika.

« Tu seras roi ! s'était-il écrié. Mais cette étrange prophétie, le jour même de mon départ du château de Glay, elle me l'a faite à moi-même. Quelle est donc son idée fixe, à cette femme ? Quelle est donc la secrète révélation qu'elle m'a promise ici !

— Tu peux exiger qu'elle réalise à l'instant sa promesse, dit Clothilde. Vois ce timbre d'or, elle l'a placé sur ce marbre en me disant : « Sitôt que tu l'auras fait retentir, je viendrai. »

Le comte s'empressa de saisir le marteau d'ivoire que lui présentait sa femme, et, par trois fois, frappa sur le timbre retentissant.

La porte presque aussitôt s'ouvrit; Morgane s'avança.

Après un premier instant de silence :

« Comte, dit-elle, en ce qui concerne la façon dont j'ai traité ma prisonnière, es-tu satisfait de Morgane ?

— Oui, répondit-il, et malgré tout le mal que tu m'as fait, je te sais gré de cela, je t'en remercie. Mais tu dois avoir entendu tout ce qui vient de se dire entre nous. Or, le moment des explications est arrivé... Parle... Que me veux-tu ?... »

SUR LA PISTE

IV

Retournons pour quelques instants auprès de Barthold et d'Amaury.

En apercevant la troupe de gens armés qui s'avançaient vers eux, les deux paladins s'étaient arrêtés, ainsi que Romarik et Bugh, et se tenant tous les quatre sur la défensive, ils avaient attendu.

Les arrivants imitèrent cet exemple, et seul, un des leurs continua de marcher en avant.

Autant qu'il leur était permis d'en juger à distance, c'était un jeune chef à la taille haute et svelte, à l'allure franche et fière, aux membres admirablement proportionnés. On eût dit une statue de marbre antique qui marchait, la statue du dieu des combats.

En s'approchant, il plaça sur son sein gauche l'une de ses

mains, et levant l'autre au-dessus de sa tête, il parut saluer ainsi les deux chevaliers, la paume de cette main tournée vers eux.

C'était alors, dans la loyale Armorique, un signe de paix.

Amaury et Barthold remirent au fourreau leurs épées, et, tout en recommandant à Romarik de rester en arrière avec Bugh, ils firent eux-mêmes quelques pas à la rencontre du jeune chef breton.

« Quelle démarche martiale! disait en l'admirant Amaury. Quel sincère et noble visage! Ce doit être assurément l'un de leurs princes, mais je ne l'ai jamais vu... je ne le connais pas.

— Je crois le reconnaître, moi, fit Barthold. Attendez... oui... oui... je ne me trompe pas, c'est Noménoé! »

Déjà le guerrier breton se trouvait à portée de la voix.

« Oui, répondit-il, je suis Noménoé. Ma main ouverte est celle d'un ami... Le comte Efflam ne se trouve-t-il point parmi vous? C'est lui que je viens chercher; il faut, dans son intérêt, que je lui parle. »

Barthold répliqua que le comte était en ce moment absent, mais qu'Amaury et lui, Barthold le Frison, n'ignoraient aucun de ses secrets, et se faisaient forts de le remplacer en tout ce qui concernait ses espérances ou son honneur.

Noménoé laissa paraître un vif déplaisir de n'être point arrivé plus tôt. Puis, tout en invitant les deux paladins à s'asseoir à ses côtés sur quelques pierres voisines :

« Je sais, dit-il avec une gracieuse courtoisie, que tous ceux qui se disent les compagnons du comte Efflam sont des hommes dignes de la confiance d'un chef. Écoutez-moi donc... Vous n'allez entendre que des paroles loyales. »

Amaury et Barthold ne répliquèrent que par un geste sympathique, et prirent place en face de Noménoé.

Après s'être un instant recueilli, le jeune guerrier commença en ces termes :

« Il est un nom qui doit tout d'abord se prononcer entre nous; le nom de... Morgane. J'ai pour devoir de la respecter, je ne suis point son ennemi, mais la voie que nous suivons ne peut plus être la même, et, dans l'intérêt de la nation bretonne, il est temps que je fasse valoir enfin mes droits.

— Vos droits? questionnèrent d'une même voix les deux paladins surpris.

— Le sang du roi Morvan coule dans mes veines, répliqua fièrement Noménoé, je suis son fils !

— Vous !

— Oui, son fils... bien que ma naissance soit illégitime... car une femme étrangère m'a donné le jour, durant une des lointaines expéditions du grand chef armoricain. Il me fit tout d'abord élever loin de lui, redoutant sans doute pour moi la colère de Morgane. Mais comme elle restait inféconde, et que ma mère venait de mourir, il proclama hautement mon origine, il me dit : « Sors de l'ombre et viens prendre place à ma droite ! » Bien que je ne fusse encore qu'un enfant, Morgane me reçut avec répulsion, presque avec haine. L'année suivante, il lui naquit une fille, et cette grande joie fut cause qu'elle m'oublia, que je vécus. Les filles, cependant, ne règnent point d'ordinaire en Bretagne; mais Morgane se sentait assez jeune encore pour espérer maintenant un fils. Ce fut le temps où l'empereur Lodewig porta la guerre dans ce pays révolté, le temps où le roi mon père fut massacré avec presque tous les siens, où l'enfant qui était ma sœur périt, encore au berceau, dans les flammes de l'incendie allumé par les vainqueurs. Ce jour-là, l'empereur Lodewig se montra impitoyable... et moi aussi j'eus longtemps des aspirations de représailles contre sa race. Mais au moment de lui porter les derniers coups, à la vue de ses souffrances, le cœur de Noménoé s'est ému de compassion. Trouvant que le ciel s'était suffisamment chargé du soin de sa vengeance, Noménoé a pardonné.

— Je le sais, s'écria Barthold, je vous ai vu. Je vous comprends maintenant, et c'est au nom des héritiers de Charlemagne que je vous dis : Merci ! »

Tout en acceptant cette marque d'estime, le royal bâtard ne put se défendre d'une certaine rougeur au front, et comme pour s'excuser de sa généreuse initiative, il reprit :

« L'ombre de mon père m'était apparue à Saint-Médard ; elle m'avait dit : « Ne te souviens plus du passé, deviens l'ami de celui qui m'a vaincu. » Voilà pourquoi j'eus le courage de désobéir à Morgane, qui jusqu'alors m'avait courbé sous une domination absolue, ne se servant jamais de moi qu'à regret. Si j'ai enfin justifié sa défiance, c'est elle-même qui m'y a contraint. Si depuis notre séparation j'ai échappé à son ressentiment, c'est que Dieu me protège et veut que je sois roi. La plupart de nos guerriers m'ont déjà reconnu comme tel; puis-je compter sur l'alliance de votre empereur?

— Cette alliance, répondit solennellement Barthold, je vous la promets, nous nous y engageons tous les deux... n'est-ce pas, Amaury... comme au nom du comte Efflam. Mais qu'aviez-vous particulièrement à lui dire?

— Noménoé venait offrir ses services au comte afin de l'aider à reconquérir sa compagne; Noménoé voulait commencer envers lui son rôle d'allié fidèle. Où se trouve-t-il en ce moment, dites? »

Après avoir consulté Barthold du regard, Amaury raconta la visite inattendue de Morgane, et le départ qui s'en était suivi.

« Par l'esprit du tonnerre! ce n'est plus l'heure de parler, mais d'agir! J'ignore quels sont les secrets desseins de Morgane à l'égard de la comtesse et du comte, mais je sais combien elle avait soif de les tenir tous les deux en sa puissance. Il faut que nous retrouvions à l'instant leurs traces!

— Soupçonnez-vous, interrogea le frère de Bérenger, dans quelle direction cette femme peut les avoir conduits?

— Les repaires de Morgane sont nombreux, répliqua Noménoé. Un seul homme les connaît tous, et cet homme, Ragnar, doit être en ce moment avec elle. N'importe! avec l'aide de mes compagnons et des vôtres, nous parviendrons, je l'espère, à découvrir la piste.

— Avec l'aide surtout du guide que voici, murmura Romarik, qui, s'étant approché, montrait Bugh.

— Oh! fit avec un sourire l'ex-chef des assiégeants, je connais le molosse aux dents de loup... Nous avons été ennemis. »

Puis, s'apercevant que Romarik était aveugle:

« Le brave défenseur du château de Glay n'a plus ses yeux!

dit-il avec un accent de commisération sincère ; il ne méritait pas cela... Morgane est cruelle ! »

Et, saisissant la main de Romarik, il la serra cordialement dans les siennes.

Quelques minutes plus tard, l'expédition se mettait en marche.

Elle se composait, outre d'Amaury et Barthold, des compagnons de Noménoé. Ils étaient cinquante environ, tous guerriers d'élite, tous montés sur d'alertes chevaux bretons.

En tête de cette cavalcade, qui d'abord, pour faire honneur aux deux paladins, avait exécuté autour d'eux une sorte de fantasia arabe, Bugh s'avançait conduit en laisse par Romarik, ou plutôt le conduisant.

Cet ordre de marche, et surtout la lenteur qui devait en résulter n'avait pu s'admettre sans une protestation de l'impatient Amaury.

Mais Romarik avait répondu :

« Si je n'étais point là, Bugh n'irait pas avec vous ; il ne connaît que moi ; seul je sais comprendre son langage, et tour à tour le lancer sur la piste ou le rappeler au besoin. Ne me contestez donc pas la trop faible part qu'il m'est permis d'avoir à la délivrance de mon maître !

— Par le dieu Thor ! s'écria Noménoé, l'aveugle a raison ; il faut que cela soit ainsi. Soyez tranquille, mon jeune chevalier, dès que la piste nous aura révélé ses secrets, Romarik et moi nous serons les premiers à vous crier : « En avant ! »

En retenant son cheval pour donner l'exemple, il s'était mis en tête de la cavalcade avec les deux paladins, qui venaient également de remonter en selle.

En dépit de sa cécité, Romarik marchait d'un pas rapide ; il est vrai que Bugh le guidait avec un merveilleux instinct, lui faisant éviter tous les obstacles.

On ne tarda pas à atteindre l'endroit où Morgane avait retrouvé son escorte, où le comte Efflam avait pris une monture.

Noménoé descendit alors de cheval, et, durant un mille environ, chemina penché vers le sol afin d'observer de plus près les nombreuses empreintes d'hommes et de chevaux, qui s'étendaient sur un assez large espace.

Au bout de quelques minutes à peine, il eut ainsi reconnu le chiffre exact des satellites de Morgane; il en fit part aux deux chevaliers.

Un peu plus loin, comme on traversait des terrains humides où les traces devenaient bien plus distinctes que partout ailleurs, il les invita même à mettre pied à terre, et leur montrant certaines empreintes qu'il venait d'examiner avec un soin tout particulier :

« Voyez, leur dit-il, le pas de ce cheval? Ce pas est retenu, hésitant, irrégulier, contraire à toute allure naturelle...

— Eh bien?

— Ne m'avez-vous point dit que Morgane avait exigé du comte la promesse qu'il se laisserait bander les yeux?

— Oui. Qu'en concluez-vous?

— Que c'est là l'allure tourmentée d'un cheval que guide et que contient un homme à pied; ne voyons-nous pas d'ailleurs la trace constante de ses deux sandales un peu sur le côté, en avant du sabot droit? Tenez! ici l'animal a voulu faire résistance, et l'homme s'est complètement retourné vers lui. J'en conclus donc que ce cheval était monté par une personne hors d'état de le guider elle-même... J'en conclus que c'est le cheval qui porte le comte. »

Amaury et Barthold rendirent pleine justice à la sagacité du jeune chef, et l'on se remit de plus belle en chemin.

C'était merveille vraiment de voir la façon tout attentive, la subtilité toute complaisante avec laquelle Bugh conduisait Romarik et, pour ainsi dire, remplaçait ses yeux. Sans cesser un seul instant de flairer la piste suivie, sans ralentir aucunement sa marche, le molosse se retournait fréquemment vers l'aveugle, et lui faisait entendre quelques abois contenus auxquels celui-ci répondait par des paroles inintelligibles pour tout autre que pour le chien. On eût dit qu'ils se comprenaient mutuellement, qu'ils causaient ensemble; et, grâce à cette si parfaite entente, la poursuite se continuait avec non moins d'assurance que de rapidité.

Il chemina penché vers le sol.

Quant à Noménoé, tantôt il s'entretenait avec les deux paladins de ses projets d'avenir, tantôt l'ambitieux bâtard allait échanger avec ses propres compagnons quelques courtoises paroles, et cela tout en manœuvrant son cheval avec une habileté si gracieusement sauvage, en faisant preuve d'une franchise si naturellement chevaleresque, qu'il se conciliait de plus en plus l'estime de Barthold et déjà presque l'amitié d'Amaury. Ces deux jeunes hommes n'étaient-ils pas à peu près du même âge.

Tout à coup Bugh, qui pour la première fois s'arrêtait, donna de la voix, et presque aussitôt Romarik s'écria :

« En avant ! chevaliers, en avant ! Je ne comprends plus mon chien... Venez donc voir ce qu'il me désigne ainsi, ce qu'il veut nous dire. »

Noménoé venait de bondir jusqu'auprès de Bugh; déjà Barthold et Amaury l'y rejoignaient.

C'était l'endroit où Morgane avait rencontré Ragnar.

S'il était impossible de deviner le nom du chef, on put du moins s'éclairer sans peine sur le nombre des cavaliers qui s'étaient réunis en cet endroit à la troupe de Morgane.

« Elle dispose maintenant de forces plus considérables que les nôtres, dit Noménoé, devenu tout songeur; il est prudent de rétablir entre nous l'équilibre. »

A ces mots, il appela par leur nom deux de ses plus jeunes cavaliers, qui, presque en un seul bond, se trouvèrent immédiatement devant lui.

A peine eurent-ils reçu les ordres du chef que, dans des directions différentes, ils s'éloignèrent au galop.

Le reste de la cavalcade suivit de nouveau les traces de Romarik et de Bugh.

« Fils du roi Morvan, demanda Barthold après un silence, ne pourriez-vous nous faire part du message que vous venez de donner à ces deux cavaliers?

— Excusez-moi de cet oubli, répliqua le jeune chef en s'empressant de le réparer. J'ai dépêché ces deux émissaires à diverses bandes de mes partisans, avec l'ordre qu'ils nous rejoignent en toute hâte.

— Ici ?

— D'abord... mais afin qu'ils puissent nous suivre en toute assurance, je leur laisse, ainsi que vous pouvez le voir, des marques de notre passage. »

Effectivement, de distance en distance, Noménoé brisait une branche et la jetait sur le chemin, mais toujours des branches de chêne.

Amaury s'avoua curieux de connaître les motifs de cette prédilection.

« J'ai choisi le chêne pour signe de ralliement, pour emblème, répondit fièrement Noménoé, parce que c'est le roi des arbres ! »

On ne tarda pas à rencontrer un second plateau marécageux, et qui, grâce aux chaleurs de l'été, grâce surtout à celle de ce jour, gardait le moule exact et profond des moindres empreintes qu'il avait reçues.

Noménoé sauta de nouveau à terre.

Mais ce ne fut plus des pas du cheval monté par le comte qu'il s'efforça de tirer quelques nouvelles inductions, ce fut de l'allure des deux autres chevaux qui, bien évidemment, avaient marché sur une même ligne que celui-là, toujours à sa droite.

« C'est étrange ! murmura-t-il en s'opiniâtrant à cet examen, l'allure de Morgane n'était plus ici la même. Je ne me trompe pas cependant, je reconnaîtrais entre mille les pas du cheval monté par elle... c'est bien sa haquenée noire. Oui, mais elle semble guidée maintenant par une main impatiente, enfiévrée, irritée comme par une lutte. Oh ! ce n'est plus là cette main triomphante et calme qu'elle avait au départ. Elle a donc été bien vivement contrariée par la survenue du chef de ces cavaliers ; elle discutait sans doute avec lui durant le chevauché nocturne ; elle aura même été contrainte à faire preuve de toute son autorité. Oui, car voici son allure qui redevient ferme et royale. Mais l'autre, son compagnon, comme sa monture piétinait, labourait, écrasait la terre ! Elle a voulu se cabrer ici : et plus loin, là ne sont-ce pas des taches de sang ? Oh ! pour malmener, pour brutaliser ainsi un cheval, il a fallu que le cavalier eût au cœur une bien grande colère, une impuissante rage ! Ce doit être un chef violent, emporté, terrible, que celui-là ! Par le dieu Thor, si je ne connaissais son hypocrite soumission, je dirais que c'est Ragnar ! »

On le voit, le subtil raisonnement du jeune chef en arrivait presque à lui donner le don de seconde vue.

« Roi des Bretons ! s'écria dans ce moment Amaury, dont ces dernières conjectures venaient d'accroître encore l'anxieuse impatience, roi des Bretons, ces muettes empreintes ne peuvent rien t'apprendre de plus, le temps se passe, et voici notre guide qui disparaît au lointain. En chasse !

— En chasse ! » répéta vivement Noménoé, qui bondit en selle et repartit au galop, mais non sans avoir jeté un dernier regard de regret vers l'indéchiffrable énigme qu'il n'avait pu deviner entièrement.

Puis, se retournant avec un sourire vers Amaury :

« Le jeune chevalier au visage de femme n'a pas moins de sagesse que de bravoure, lui dit-il, ce sera un grand capitaine ! »

On courut ainsi durant près d'une heure, et déjà le bruit de la rivière se faisait entendre, lorsque Bugh fit une seconde et soudaine halte, en jetant cette fois des aboiements, des hurlements étranges. En même temps, il grattait la terre, il semblait furieux.

« Qu'est-ce donc, Bugh ? » demanda l'aveugle, qui, seul, continuait à s'avancer à tâtons.

Sous ses mains, un arbre se rencontra. A cet arbre pendait une courroie brisée, l'autre moitié de cette courroie qui restait encore au cou de Bugh et venait de lui servir de laisse.

« Je comprends ! fit en souriant Romarik, je comprends mon brave chien... c'est ici que tu étais attaché, ici qu'on t'a battu, ici que tu as été vainqueur ! Mais ton poil ruisselant d'eau indiquait une rivière franchie... celle qui sans doute est là, devant nous,... n'est-ce pas Bugh... n'est-ce pas ? »

Le molosse se retourna vers le fleuve, qui bruissait à quelques pas sous les saules, et sembla répondre par une sorte de jappement affirmatif.

Puis, il revint se frotter contre les genoux de l'aveugle.

Les deux guides s'engagèrent dans le gué franchi par la

troupe de Morgane, et la cavalcade atteignit rapidement l'autre rive.

Au pied du grand chêne, la fosse préparée pour Ragnar était encore ouverte, mais vide.

Quant au cadavre il avait disparu.

Noménoé, dont le regard scrutateur ne laissait échapper aucun indice, remarqua sur la première branche une certaine déchirure, et, devinant sans peine qu'elle résultait de la pression d'une corde fortement tendue, il se demanda quel lourd objet, quel cadavre on avait suspendu à cette branche.

Avant de quitter l'autre rive, il avait détaché le restant de courroie retrouvé par l'aveugle; il le tenait encore à la main.

On le vit, après un instant de réflexion, se hausser sur les étriers, atteindre la branche, et, dans sa déchirure, essayer cet indice révélateur.

La courroie répondait parfaitement à l'entaille.

Noménoé regarda la fosse béante au pied du chêne; puis se retournant vers le chien, il lui dit :

« Tant mieux pour toi, mon brave Bugh, si ce que je soupçonne est vrai... la corde d'un pendu porte bonheur !

— Au nom du Ciel! questionna vivement Barthold, dites-nous ce que vous supposez. »

Noménoé indiqua successivement la branche, la fosse, et répondit :

« Cette courroie me semble avoir servi non seulement à attacher cet animal, mais tout d'abord à faire une victime humaine. Voici le chien ; où est l'homme ?

— Malheur ! s'écria le bouillant Amaury, malheur et trahison, si cette victime était le comte Efflam ! »

Et, sans même attendre ses compagnons, il piqua des deux en avant.

« Soit! fit Noménoé en s'élançant à sa suite ; dans le cas où la piste nous manquerait, il sera toujours temps de rappeler l'aveugle et le chien. Qu'ils se reposent un instant... »

La cavalcade disparut au milieu d'un tourbillon de poussière.

« Ah ! fit Romarik en se laissant tomber sur le tertre formé par les déblais de la fosse, savoir mon maître en péril, et ne pouvoir ainsi qu'eux dévorer l'espace!... et rester en arrière comme un être impuissant, inutile!... Non! je ne me vengerai jamais assez cruellement de toi, Morgane! »

Comme s'il eût compris, Bugh vint caresser Romarik.

Amaury fut rejoint par ses compagnons sur le bord d'un ruisseau qu'ils s'empressèrent de traverser.

La piste, de plus en plus évidente, se continuait au delà.

Puis, il revint se frotter contre les genoux de l'aveugle.

Lorsque, durant quelques minutes, ils l'eurent suivie au galop :

« Ne vous semble-t-il pas comme à moi, fit soudainement Noménoé, que ces empreintes sont moins nombreuses que tout à l'heure ?

— Qu'importe ! répliqua non sans quelque étourderie le frère de Bérenger... allons toujours ! »

Noménoé n'insista pas d'abord ; mais au bout de quelques minutes, s'arrêtant tout à coup :

« Halte ! commanda-t-il, il faut que j'examine de plus près ces traces. Attendez un instant. »

Déjà il était à terre, se penchant vers le chemin frayé par

l'ennemi. Puis, se redressant tout à coup, et avec une ferme conviction, bien que sans aucun orgueil :

« Il n'y a plus là, déclara-t-il, ni les pas de la monture du comte, ni ceux du cheval de ce chef inconnu, ni ceux même de la haquenée de Morgane. Il faut retourner en arrière... nous nous égarions sur une fausse piste ! »

En ce moment l'écho, bien qu'affaibli par la distance, répéta l'aboiement lointain de Bugh.

« Écoutez ! reprit Noménoé, c'est le fidèle molosse qui a également éventé leur ruse et qui nous rappelle... Au galop ! »

Tandis que s'opérait la volte-face, Amaury trouva le moyen de ranger son cheval à côté de celui de Noménoé, auquel il dit avec une franche et touchante humilité :

« Pardon, fils du roi Morvan ! il est du devoir de ceux de mon âge de n'agir que d'après les ordres du chef.

— Mes jours ne sont guère plus nombreux que les tiens, répliqua généreusement le royal bâtard, mais nous sommes en Bretagne, et je suis Breton ! »

Sur l'autre rive du ruisseau, on retrouva Romarik et Bugh.

Le chien, élevant son intelligente tête au-dessus des hautes herbes, semblait hurler après le courant.

« Voilà qui devient inquiétant ! se prit à réfléchir Noménoé ; que peuvent-ils être devenus ? Bien que Morgane prétende commander aux éléments, nous ne devons pas admettre qu'elle ait emporté dans les airs le comte Efflam.

— Quel est votre avis ? demanda Barthold, et que faut-il faire ?

— Attendre, répliqua le jeune chef, mes hommes vont agir. Approche, Audoën. »

Celui qu'il venait d'interpeller ainsi, un beau et robuste cavalier de vingt-cinq ans, s'empressa d'obéir à l'ordre de son roi.

Il reçut pour mission de remonter la rive durant deux cents pas, et d'entraver là le cours du ruisseau.

Aussitôt qu'Audoën se fut éloigné, avec une vingtaine de ses compagnons qu'il venait de choisir lui-même, afin de l'aider dans ce travail, Noménoé s'adressant aux autres :

« Quant à vous, mes vaillants, leur dit-il, retournez en toute hâte jusqu'au pied du grand chêne sous la ramure duquel une fosse béante attend sa proie, et battez avec soin tous les halliers. Romarik et Bugh vont vous rejoindre, afin de vous seconder dans cette tâche. Courage, pauvre aveugle!... va, mon bon chien... Il nous faut absolument le cadavre du pendu. »

Déjà les cavaliers s'étaient remis en mouvement ; Romarik et son infatigable molosse se hâtèrent sur leurs pas.

« Et nous, demanda Barthold, quelle sera durant ce temps notre besogne?

— Ne vous l'ai-je pas dit? attendre! Alors même que les bras d'un chef sont forcément au repos, son esprit travaille ! »

Il s'assit donc sur un tertre voisin, et là, un coude sur son genou, le front dans sa main, il parut s'absorber dans une méditation profonde.

« Voici déjà l'eau qui baisse, ne tarda pas à dire Amaury, qu'importunait peut-être un aussi long silence.

— Oh ! soyez sans inquiétude, ne craignez rien, murmura Noménoé ; mes gars sont alertes en toute espèce de labeur, et la digue qu'ils élèvent ne tardera pas à barrer complètement le ruisseau. »

Quelques minutes après en effet, il devint si peu profond qu'on commença d'entrevoir son lit mélangé de sable et de cailloux, parfois même d'une légère couche vaseuse.

Amaury voulut immédiatement y descendre, mais Noménoé l'arrêtant du geste :

« Patience ! dit-il, nos pas ne doivent effacer aucune empreinte avant de l'avoir sérieusement interrogée. »

Au bout de quelques minutes, le cours d'eau se trouva complètement à sec, et l'on put y reconnaître de toutes parts des traces d'hommes et de chevaux.

« Voyez ! s'écria triomphalement Noménoé, voyez si j'avais raison!... Oh! je m'en doutais bien... elle ne nous échappera pas, malgré tous ses stratagèmes de sorcière... car je les connais tous, je les sens, je les vois ! »

Puis, comme si ces confuses empreintes, inintelligibles pour ses compagnons, parlaient clairement à ses yeux, il ajouta :

« C'est bien elle qui a passé là !... Sa piste est redevenue calme, régulière et franche comme celle d'une femme qui se croit assurée du succès... Il est vrai que je ne retrouve pas à gauche le sabot du cheval monté par le chef dont le nom m'échappe encore !... mais revoici bien les pas incertains de la monture du comte Efflam.

— Et vivant, n'est-ce pas? interrompirent d'une même voix Amaury et Barthold ; il était encore vivant quand on l'a conduit par ce chemin ?

— Nous allons le savoir, répliqua le jeune chef en étendant le bras vers la rive qu'ils venaient de quitter. Voici mes compagnons qui reviennent de leur battue tout à l'entour du grand chêne. »

Ce qui surtout donnait cette espérance à Noménoé, c'est qu'on apercevait, au milieu d'un groupe d'hommes qui marchaient en avant de leurs chevaux guidés par le reste de la bande, deux prisonniers, et plus loin, sur une sorte de brancard, comme une masse inerte, comme un cadavre.

Bugh, bondissant auprès des captifs, aboyait contre eux avec une inextinguible furie.

Il était bien dans son droit, le digne chien ; car c'étaient ses deux assommeurs de la nuit précédente.

« Grâce ! crièrent-ils en se précipitant aux genoux de Noménoé, c'est toi seul qui es notre roi... grâce ! »

Celui-ci les repoussa d'un geste dédaigneux et s'élança vivement vers le brancard.

Amaury et Barthold l'avaient déjà précédé.

Ce brancard supportait un homme à demi évanoui, un blessé au visage presque violet, au cou sillonné tout à l'entour d'une profonde marque rouge.

Ce n'était point le comte Efflam.

Son nom s'échappa, comme une imprécation, de la bouche de Noménoé :

« Ragnar !... Ragnar !... Oh ! mon ressentiment l'avait deviné ! »

Puis, comme le farouche lieutenant de Morgane était incapable encore de subir lui-même un interrogatoire, il se retourna vers les deux autres prisonniers, leur demandant du regard une explication.

Après avoir raconté ce que connaît déjà le lecteur, ces misérables ajoutèrent qu'après la fuite de Bugh, ils étaient revenus vers la fosse afin d'exécuter l'autre commandement de Morgane, mais que là, au moment d'enterrer Ragnar, ils s'étaient aperçus qu'il respirait encore ; ils s'étaient efforcés de le faire revenir à la vie, et cela jusqu'au moment où, effrayés par l'approche de la cavalcade, ils avaient tous les trois cherché un refuge dans l'épaisseur des buissons voisins.

Ce récit n'était que l'exacte vérité ; Ragnar le confirma lui-même.

Il avait rouvert les yeux ; il était parvenu à se redresser à demi ; il pouvait enfin parler.

« Noménoé, dit-il, tu sais maintenant de quelle façon Morgane a récompensé mes services, et tu dois comprendre que désormais je ne suis plus ton ennemi.

— Je suis toujours le tien ! interrompit superbement le royal bâtard ; jamais la main loyale de Noménoé ne touchera ta main lâche et sanglante !

— Soit ! fit le pendu ; mais songes-y bien, tu as besoin de moi, car moi seul je connais les repaires de Morgane, seul je puis t'introduire dans celui où elle retient ceux que tu cherches ! »

Après une hésitation dernière, et comme luttant encore contre une invincible répulsion, Noménoé répondit :

« J'achète les traîtres, mais je ne m'allie point avec eux... Vends-moi tes secrets...

— C'est bien ainsi que je l'entends ! riposta Ragnar, et voici quelles sont mes conditions...

— Parle?

— D'abord, tu me promettras la vie sauve et ta protection.

— Pourvu toutefois que tu t'abstiennes de tout nouveau forfait... Souviens-toi bien de cette parole. Est-ce tout?

— Non. Il était une récompense que Morgane m'avait promise, que je méritais et qui, au suprême moment, m'a échappé. Il faut que tu me la promettes, à ton tour, cette récompense.

— Quelle est-elle ?

— C'est mon secret.

— Et tu veux que Noménoé s'engage ainsi d'avance, sans même savoir ce que tu réclameras à l'heure de régler nos comptes !

— Oui... car ce que je t'offre en échange, c'est non seulement la liberté, la vie des captifs de Morgane... mais c'est encore ton triomphe définitif sur cette prétendue reine dont j'ai maintenant à me venger. Je possède tous ses secrets, songez-y ! C'est la couronne que je t'offre ; il est trop juste que tu exauces à ton tour l'ardente ambition que je cache là, dans mon cœur. Oh ! je conçois que tu hésites ; car on sait que tu tiens tes serments à la lettre... Veux-tu jurer ? »

L'ambitieux bâtard restait encore silencieux, pensif, et la main plongée dans sa poitrine. Tout à coup, comme si cette main eût rencontré quelque objet invisible dont le souvenir le décidait enfin, il releva la tête, et répondit :

« Soit... J'accepte ! »

Tandis que, d'une voix brève et résolue, il avait articulé ces mots, Amaury et Barthold, qui tous deux attendaient anxieusement sa réponse, crurent apercevoir passer sur ses lèvres un insaisissable et singulier sourire.

Mais Ragnar, tout à la joie de voir renaître sa secrète espérance, n'avait aucunement remarqué ce sourire, et s'écriait :

« C'est donc marché conclu ! J'ai la vie sauve et je puis compter sur ta protection... tu me l'affirmes ?

— Avec la restriction que tu sais, Noménoé te le jure, et tu viens de le reconnaître toi-même, c'est un souverain qui remplit à la lettre toutes ses promesses.

— Aussi j'ai pleine confiance, et je le prouve ! repartit Ragnar, qui, renonçant à son rôle d'agonisant, bondit aussi hors de la civière, et, maintenant debout, ajouta : Passons au dernier article de notre traité... Tu t'engages devant tous, n'est-il pas vrai... tu t'engages à m'accorder, le jour où tu seras roi, ce que je te demanderai seulement alors, pour prix de mes services ?

— Oui, conclut le bâtard en appuyant sur chacun des mots,

cette même récompense que Morgane t'avait promise, que tu méritais si bien et qui, au suprême moment, t'a fait défaut... Ne sont-ce pas là tes propres paroles?

— Exactement. Eh bien?

— Eh bien! cette trop juste récompense, tu l'auras de moi, je te le jure, et complète! »

Puis après avoir ordonné qu'on donnât un cheval à Ragnar, et lui-même s'élançant sur le sien :

« En chasse, compagnons, leur cria-t-il d'une voix retentissante. »

E SECRET DE MORGANE

Lors de son entrée dans la chambre bleue, au moment de répondre à la trop juste sommation du comte Efflam, Morgane n'était plus cette farouche druidesse, cette altière et sauvage souveraine, cette fatale créature que nous avons jusqu'ici connue : Morgane n'était plus Morgane.

Non. C'était maintenant une simple et pauvre femme, aux traits prématurément flétris, au visage d'une pâleur livide, au regard comme attristé par un immense chagrin, par une éternelle douleur.

Tout son attirail fantastique avait disparu, mais non point son vêtement de deuil, qui, retombant tout à l'entour d'elle en longs plis sévères et sans apprêts, rendait la veuve du roi Morvan intéressante ainsi, vraiment belle encore.

Elle s'avançait d'un pas lent et presque timide ; elle osait à peine lever les yeux; ses mains tremblaient, sa poitrine était haletante.

On devinait facilement qu'elle touchait à l'une de ces heures décisives devant lesquelles les plus résolus hésitent; que l'aveu suspendu à ses lèvres était un dernier coup de dés contre le destin, que l'espérance ou le désespoir de toute sa vie allait s'accomplir !

Aussi, se laissant tomber sur le premier siège qui se rencontra sur son chemin, la tête enfouie dans ses deux mains, parut-elle se recueillir un instant.

Étonnés, émus l'un et l'autre par cette scène inattendue, Efflam et Clothilde se taisaient, restaient immobiles.

Mais il n'en fut pas de même de l'enfant; il reconnut sa complaisante visiteuse de chaque jour, et, s'avançant vers elle sans que personne y prît attention, il finit par tirer doucement sa mante.

« Ah! s'écria spontanément Morgane, qui l'avait pris sur ses genoux, qui le couvrait de folles caresses, ah! tu me donneras le courage qui me manque, toi ! Je parlerai maintenant... je parlerai avec toi! »

Puis ayant assis l'enfant sur son giron, le serrant contre sa poitrine, elle releva la tête, et avec non moins de douceur dans le regard que dans la voix :

« Clothilde, Efflam, commença-t-elle... oh ! vous qui êtes son père et sa mère, il ne faut pas trop sévèrement juger celles dont l'union fut maudite, celles qui peut-être n'ont appris à haïr que parce qu'elles avaient trop souffert. Il en fut ainsi de moi, voyez-vous. Je n'avais guère plus de trois fois l'âge de cet enfant que déjà je connaissais toute l'amertume des larmes. Ma tribu venait d'être détruite, tous mes parents avaient disparu, hormis mon aïeul, un vieillard arrivé aux dernières limites de la vie, le plus saint et le dernier des druides. Nous nous réfugiâmes dans les grands bois, où, durant près de dix années, je dus pourvoir à sa subsistance, où souvent nous eûmes à souffrir du froid et de la faim, mais où je commençai à apprendre les secrets d'une religion que l'ignorance persécute en vain, d'une religion qui peut-être va renaître.

— Femme, interrompit en cet endroit le comte, ne blasphème pas ainsi... Il n'est qu'un seul Dieu, c'est le nôtre. »

Morgane parut péniblement affectée de cette première réponse, et ce fut avec une amère résignation qu'elle reprit :

« Ne discutons pas nos croyances ; laisse-moi continuer. J'avais donc grandi dans la solitude, n'ayant d'autre abri qu'une tanière de bête fauve, et, comme un jeune sauvage, cherchant ma vie dans la forêt. Un jour que nous étions en chasse, une troupe de cavaliers nous entoura tout à coup. Leur chef n'était autre que le destructeur de ma tribu, que l'ennemi de ma famille : le roi Morvan ! Mon aïeul se jeta à ses pieds, avoua quels proscrits nous étions, implora pour moi surtout la clémence du vainqueur. Morvan me regarda ; j'étais déjà belle. « Honte à moi, dit-il, si je n'épargnais pas le sang des druides ! Hésus, le dieu suprême, semble avoir mis un divin rayon dans les grands yeux noirs de cette jeune fille ; il faut qu'elle soit instruite dans les rites sacrés, qu'elle devienne la Velléda bretonne ! » Ce disant, il ordonna qu'on nous conduisît, mon aïeul et moi, au collège des druidesses de l'île de Sein. Quelques jours plus tard, la porte de cette sombre demeure, éternellement battue par un océan furieux, se refermait sur moi. Je n'avais pas connu les joies de l'enfance ; celles de la jeunesse devaient être également rayées du livre de ma vie. Oh ! ce n'est qu'après une longue et pénible initiation, ce n'est qu'après un terrible et dur apprentissage qu'on en arrive à pénétrer jusqu'au fond des arcanes de la science, à s'élever jusqu'aux formidables hauteurs où réside Tarann, l'esprit du Tonnerre ; et celles-là qu'il favorise de l'inspiration sacrée achètent cruellement la toute-puissance ! A force de travaux et de veilles, je devins l'une des rares sœurs du gui de chêne ; ma main calma tour à tour ou souleva les tempêtes ; je reçus la faucille d'or, et, pour me faire plus grand honneur, dans le colosse d'osier qui s'éleva sur la pointe de Karnac, on brûla cent victimes humaines ! »

Efflam et Clothilde ne cherchèrent point à dissimuler l'horreur que venait de leur inspirer cet aveu. Morgane s'en aperçut et comme pour mieux se faire pardonner un mouvement d'orgueil :

« Ce sacrifice, reprit-elle avec toute son humilité première, cette hécatombe devait me porter malheur. Le roi Morvan voulut me voir, et me trouvant à son gré, me fit reine. Hélas! les passions des rois sont éphémères! L'amour de mon époux s'éteignit bientôt, et moi je l'aimais, je devins jalouse. Oh! que de jours torturés, que de nuits sans sommeil! Et je n'avais plus rien pour le retenir auprès de moi, rien, pas même un enfant! les dieux m'avaient rendue stérile! Puis, non content de multiplier le nombre de mes rivales, un soir Morvan osa me dire : « Une autre femme que toi m'a donné un fils, et ce fils, le voici ; je veux qu'il soit comme le tien! » Il existe, cet enfant! Vous voyez bien que Morgane sait pardonner, et mérite aussi qu'on lui pardonne! »

Efflam et Clothilde gardèrent le silence. Morgane poursuivit : « Mais ce n'était rien encore que de voir grandir à mes côtés ce futur ennemi, que de réchauffer dans mon sein ce serpent à tête d'homme, ce Noménoé! Le Ciel me réservait de bien autres douleurs. Je l'avais bien prié cependant; je continuais, en l'honneur de tous mes dieux, les sacrifices les plus constants, les conjurations les plus ardentes. Ils parurent s'attendrir enfin, ils m'exaucèrent. Je devins mère à mon tour... mais, hélas! mère d'une fille! N'importe... Je me rattachai énergiquement à cette suprême espérance, je me dis : « La loi des hommes peut se refaire, elle régnera, cette enfant! » Et je me pris à l'aimer. Oh! tenez... on prétend qu'entre tous les animaux la lionne se distingue par la puissance de son amour maternel, eh bien! c'est en lionne que j'aimais ma fille!... »

Jusqu'à ce moment, Morgane avait retenu sur ses genoux l'enfant de Clothilde ; il s'effraya sans doute de la véhémence de ses dernières paroles, car il s'échappa tout à coup pour se réfugier auprès de sa mère.

Mais telle était alors l'émotion de la druidesse, qu'elle ne s'en aperçut même pas.

Elle continua :

« Il n'y avait pas plus de six mois que la naissance inespérée de ma fille m'avait rendu l'amour de mon époux, lorsque

Je me trouvai entre une tête coupée et un berceau vide.

l'empereur Lodewig se rua en suzerain irrité sur la malheureuse Bretagne. En un seul jour... jour à jamais maudit!... les flammes dévorèrent le dernier refuge de son roi, qui venait d'être vaincu, qui était tombé vivant au pouvoir de l'ennemi. Le lendemain, je me retrouvai entre une tête coupée et un berceau vide!... Comprends-maintenant, comte Efflam, pourquoi Morgane se venge ! »

Ce n'était plus avec un accent de colère qu'elle avait jeté ce dernier cri, c'était avec des sanglots, avec des larmes.

Puis, comme aucune voix ne l'interrompait encore, et que chacun respectait cette grande douleur, elle parut tomber dans une sorte de mélancolique extase.

« Au milieu des agitations et des fièvres de ma fatale tâche, murmura-t-elle, je conservais cependant tout au fond de mon âme en deuil comme un coin qui souriait ; j'avais sans cesse devant les yeux une vision d'avenir ; je faisais constamment un rêve !

— Ce rêve, questionna le comte, quel était-il ?

— Ma fille n'était pas morte ; elle avait été sauvée de l'incendie par un jeune chef de l'armée victorieuse ; elle était recueillie, élevée dans son château, et je me disais : « Patience, Morgane, patience ! ne lis-tu pas dans les astres qu'elle sera belle et qu'il l'aimera? » Pouvais-je d'ailleurs faire autre chose que d'attendre ? Pouvais-je emporter un enfant dans mon tourbillon de courses et de périls? N'était-elle pas là bien plus sûrement que partout ailleurs? Et puis, je n'étais plus mère en ce moment, j'appartenais tout entière au démon des représailles. Des années s'écoulèrent ainsi, ma prédiction s'accomplissait, mon espérance n'était point une chimère... et voici maintenant mon rêve réalisé ; le voici là devant mes yeux... Clothilde, je suis ta mère ! »

A cette dernière révélation, qui tombait devant eux comme la foudre, le comte et sa femme se redressèrent soudainement avec ce double cri :

« Ma mère !... vous... ma mère ! avait dit Clothilde.

— Non ! c'est impossible ! avait dit Efflam.

— Souviens-toi où tu l'as trouvée il y a dix-huit ans ! repartit

Morgane avec une désespérante assurance. Souviens-toi de l'opinion générale qui la désigne encore comme l'enfant d'un des chefs bretons disparus dans le massacre... Un chef, je le crois bien, c'est la fille du roi Morvan! Ce que j'affirme d'ailleurs, j'en fournis la preuve : n'a-t-elle pas sur le bras un tatouage dont jamais vous n'avez pu déchiffrer le sens? Ce tatouage ne représente-t-il pas une faucille surmontée d'une couronne de roi?... L'emblème de Morvan et le mien. Cet emblème, Morvan lui-même le traça sur le bras de l'enfant qui venait de naître, ainsi que quatorze années auparavant, le jour du mariage, il l'avait gravé sur le bras de l'épouse légitime qu'il s'était choisie... sur ce bras, sur mon bras gauche. Veux-tu t'assurer que les deux signes sont bien pareils?... tiens, regarde! »

Et rejetant en arrière sa manche, elle montra sur son bras nu la couronne de roi surmontant la faucille de druidesse.

« C'est vrai! » fut obligé de reconnaître le comte.

Morgane se retourna triomphante, mais toute anxieuse, vers sa fille.

« Clothilde! lui cria-t-elle du fond de l'âme, et toi, Clothilde, ai-je besoin de te rappeler cette femme voilée de noir qui souvent, aux jours de ton enfance, écartait tout à coup la haie du parc du château de Glay, te soulevait dans ses bras, t'embrassait follement et s'enfuyait aussitôt!... Ai-je besoin de te rappeler cette ombre mystérieuse et muette qui partout et toujours s'attachait à tes pas! Clothilde, ma Clothilde... ne lis-tu pas dans mes yeux tout en pleurs... ne comprends-tu pas à ma voix qui tremble... ne sens-tu pas aux élans de ton cœur que je suis bien ta mère? »

Et Morgane, chancelante, éperdue, avide d'un premier baiser, s'avançait vers elle en lui tendant les bras.

Clothilde enfin se laissa tomber sur son sein, l'appelant du doux nom qu'elle implorait... Mais, hélas? ce ne fut pas sans un frissonnement, sans ce murmure :

« Oh!... Romarik!... Romarik!... »

Entre elle et sa mère, elle avait vu se dresser ce fantôme vengeur qui, depuis trois mois, passait dans ses rêves... Le fantôme ensanglanté du fidèle défenseur auquel Morgane avait fait crever les yeux.

La malheureuse mère se ressouvint de la précédente conversation entendue par elle ; elle se recula, toute pleine de consternation et d'amertume.

Puis, d'une voix désolée, mais résignée :

« Ce fut un crime nécessaire, murmura-t-elle sourdement, car il t'aurait retrouvée, il t'aurait reprise... et je ne le voulais pas, je ne le veux pas !... Tu me punis de ce crime... Soit ! J'attendrai que tu m'aies pu comprendre et que tu m'aimes... car tu m'aimeras... oui, tu m'aimeras... avec le temps !... Est-ce que je n'ai pas l'habitude de patienter et de souffrir, moi ? Est-ce que je suis faite pour le bonheur ?... Non... non... c'est l'ambition qui est mon seul lot... l'ambition... il faut tout au moins qu'elle me console du reste ! »

Le comte Efflam s'empara du dernier mot, et comme entrant en lice à son tour :

« Morgane, dit-il, ton secret maintenant m'est connu... Je dois respecter ta personne... mais j'ignore encore tes projets, quels sont-ils ?

— Ne les as-tu pas devinés déjà ? Mon amour pour ton fils, les quelques paroles qui me sont échappées en l'embrassant ne te les ont donc pas fait comprendre ?

— C'est une révélation franche et complète que tu m'as promise ; explique-toi plus clairement.

— Eh bien !... si j'ai pu consentir à me séparer de ma fille, en la laissant grandir dans une autre religion que la mienne, c'est que les voix de l'avenir m'avaient parlé ; c'est qu'elles me disaient : « Ce ne sera pas le sang d'une rivale, d'une étrangère, qui régnera sur la Bretagne ; ce sera ton propre sang, ce sera l'enfant qui naîtra de Clothilde ! »

— Lui !

— Oui, ton fils. Ne lui ai-je pas dit : « Enfant, tu seras roi ! » Cette prophétie, que l'avenir réalisera, — les astres l'affirment ! — ne te l'ai-je pas faite à toi-même ? Oui, comte Efflam... Morgane t'offre une couronne !

— A moi ?

— A toi, le vaillant des vaillants, l'invincible paladin, qui seul me donnera la puissance de refaire la vieille loi armoricaine, qui seul vaincras ce Noménoé, qui seul relèveras la bannière indépendante et glorieuse du roi Morvan. C'est l'oracle du chêne sacré qui me l'a dit cent fois, et cet oracle-là ne se trompe jamais. Veux-tu que je te proclame dès aujourd'hui comme l'époux de ma fille, comme l'héritier de mon adoption ? Veux-tu qu'après toi, ton fils soit souverain de la Bretagne, dis, le veux-tu ? »

Le comte réfléchit un instant. C'est qu'il pressentait bien que de sa réponse, déjà résolue dans son esprit, allait dépendre la liberté de sa femme et de son enfant, leur réunion, leur bonheur à tous ! Aussi, n'osant prononcer encore le sacrifice, il se contenta de murmurer tout d'abord :

« Morgane... mais tu oublies, ce me semble, mes deux compagnons ?

— Qu'ils consentent également à devenir des nôtres, repartit-elle vivement, et quelque riche apanage, Nantes ou Rennes, les récompensera de leurs concours... Nous les ferons tout-puissants aussi parmi les enfants d'Hésus !

— Renier notre Dieu ! se récria le comte avec un premier élan de refus.

— Attends ! interrompit Morgane en courbant le front et comme douloureusement honteuse de ce qu'elle allait ajouter, je vais te donner l'exemple du sacrifice. Oui, tel est mon amour pour cet enfant et pour sa mère, tel est mon désir de voir se réaliser enfin le rêve de toute ma vie, que je consens à ce que vous gardiez le culte du Christ. Je ferai plus : j'annoncerai à mon peuple que le moment est venu d'imiter les autres Gaulois, de renoncer à leurs dieux. Moi seule, tout en les trahissant ainsi, je leur resterai fidèle. Tu le vois, comte, je t'offre l'occasion et la gloire de conquérir tout un peuple à ta religion. Ne serait-ce donc pas une magnifique excuse, une sublime justification du reste ? »

Efflam répliqua :

« Tu es habile, Morgane... et ta diplomatie sauvage pourrait tenter tout autre que moi. Mais je suis de ceux qui, ne transigeant avec aucun devoir, ne trahissent pas plus la terre que le Ciel. Or, il est non seulement dit dans notre loi divine : « Tu rendras à Dieu ce qui appartient à Dieu », mais aussi : « Tu rendras à César ce qui appartient à César. » Le César de la nation franke, c'était Charlemagne hier, aujourd'hui c'est l'empereur Lodewig. Charlemagne m'a recueilli, adopté comme son filleul, élevé jusqu'au premier rang de ses pairs. De plus, au lit de mort, il m'a choisi pour l'un des exécuteurs de la tâche sacrée qu'il léguait après lui. Cette tâche, j'y dois rester fidèle ; ce devoir, je dois l'accomplir jusqu'à ma dernière goutte de sang, jusqu'à mon dernier souffle de vie. Ne me demande donc pas de déserter mon œuvre, de trahir mon souverain, de retourner mes armes contre mon pays d'adoption...

— Ton pays d'adoption ! interrompit ardemment Morgane, c'est celui où s'est écoulée ton enfance, où tu es devenu un homme, où tu as aimé... c'est la Bretagne !

— La Bretagne appartient aux descendants du grand Karle.

— Par droit de conquête, n'est-ce pas ?... Ah ! comte Efflam... comte Efflam... toi qui te prétends si juste, oserais-tu me soutenir que chaque peuple n'ait pas été créé libre, que le droit du plus fort soit un droit ?

— Morgane, répondit-il, ce n'est plus à toi que je m'adresserai désormais, c'est à ta fille. »

Puis, se retournant vers la mère de son enfant :

« Clothilde, poursuivit-il avec une tendre solennité dans la voix, vous venez d'entendre ce qu'on me propose en votre nom : à cet enfant une couronne de roi, à son père l'abandon de la noble cause qu'il a jusqu'alors servie, la lâche apostasie du dévouement auquel il appartient tout entier, le déshonneur... Qu'en pensez-vous ? »

La jeune femme fit un pas vers lui, s'appuya fièrement à son épaule, et répliqua :

« L'honneur avant tout ! Dût notre fils rester pauvre et obscur... dût notre séparation devenir éternelle... dussé-je en mourir... faites votre devoir !

— Clothilde! ma fille! voulut tour à tour menacer et supplier la druidesse, songe à mon ressentiment... vois mes pleurs...

— Dispense-toi d'insister davantage, conclut Efflam en embrassant Clothilde, nous refusons! je refuse!

— Oh! je n'accepte pas ce dernier mot, s'écria Morgane, hésitant encore entre les deux sentiments qui se disputaient son âme; tu réfléchiras; tu ne me contraindras pas à devenir ton ennemie, à creuser un infranchissable abîme entre elle et toi! »

Les deux époux firent un même mouvement.

Morgane reprit avec un sourire :

« Vous avez compris tous les deux... Comte Efflam, tu me reviendras... Clothilde, il faut rester auprès de ta mère!... Mais épargne-moi la douleur de te retenir par la force... Dis-moi que tu ne me hais plus, que tu me pardonnes, que tu ne désires pas me quitter. Songes-y donc, il y a si peu de temps que j'ai la joie de t'appeler ma fille! Ce n'est qu'à tes sentiments que je veux tout d'abord m'adresser, c'est à ton cœur que je fais appel! »

Et, comme pour l'attirer sur son sein, comme pour lui dire que c'était le refuge qu'elle devait choisir, Morgane lui tendait les bras.

Il y eut dans le regard de Clothilde, non point un combat, mais une douloureuse hésitation à se prononcer, un regret compatissant et généreux.

S'avançant enfin vers Morgane, elle se laissa embrasser par elle; elle l'embrassa.

Puis se dégageant avec un doux respect de l'étreinte passionnée qu'elle venait de recevoir :

« Ma mère, dit-elle, je n'ai plus le droit ni de vous juger ni de vous haïr. Je regrette sincèrement de ne pouvoir vous dire encore que je vous aime; néanmoins je vous aimerai... si vous pouvez renoncer à vos ambitieux desseins, si vous me rendez à sa tendresse, si vous voulez venir avec nous et vivre sous sa loi.

— Jamais! interrompit énergiquement la druidesse, jamais! Morgane est faite pour donner des ordres et non pour en recevoir. Morgane est celle qui ne suit point les autres, mais qui veut être suivie! »

Un vif chagrin assombrissait le visage suppliant de Clothilde. Elle demeura quelques instants songeuse ; puis se dirigea lentement vers une table de marbre, y prit un volumineux parchemin, feuilleta ce livre en silence, jusqu'à ce qu'elle y eût trouvé la page qu'elle cherchait, et montrant cette page à Morgane :

« Vous avez permis que je fusse chrétienne, dit-elle ; voici la loi divine qui règle la conduite des femmes chrétiennes... lisez, ma mère, lisez ! »

Ce livre, c'était une Bible, que la druidesse avait elle-même

S'avançant enfin vers Morgane, elle se laissa embrasser par elle ; elle l'embrassa.

apportée là, qu'elle connaissait bien ; elle y lut à haute voix le verset suivant :

« La femme quittera son père et sa mère pour suivre son époux. »

Clothilde était retournée auprès d'Efflam.

« Ma mère, demanda-t-elle, pouvons-nous partir ? »

Durant quelques instants, Morgane se voila le visage de ses deux mains. Puis, d'une voix brisée, presque vaincue :

« Laissez-moi du moins l'enfant ! s'écria-t-elle, je ne vous demande que l'enfant pour que je l'élève à mon gré, pour que j'en fasse un roi !

— Mon fils! se récria Clothilde en s'élançant vers la charmante petite créature qui lui souriait, me séparer de mon fils! jamais... jamais!... Oh! Morgane, si vous aviez vraiment le cœur d'une mère, vous sauriez que ce qu'une mère préfère à toutes les autres joies, à tous les autres devoirs, à tous les autres bonheurs de ce monde... même à sa vie, même à son époux, même à son Dieu... c'est son enfant!

— Morgane, ajouta sévèrement le comte, cet élan du cœur de ta fille vient d'être ta condamnation. Ce n'est point la tendresse qui parlait en toi, c'est toujours l'ambition, toujours la haine!

— Eh bien... soit! fit-elle en se redressant tout à coup, en redevenant le pâle et superbe ange déchu qu'elle avait toujours été, qu'elle était encore, soit! va-t'en! mais quant à ta femme, à ton fils, ils m'appartiennent par droit de conquête. Tu l'as toi-même reconnu, ce droit; et ils me répondent de ton obéissance à l'avenir. Ils sont à moi, bien à moi. Va-t'en, te dis-je, va-t'en, je les garde!

— Et si je voulais te les arracher, s'emporta enfin le comte, si je te reprenais à l'instant ces deux trésors qui me viennent de Dieu, dont tu ne t'es emparée que par trahison, que tu m'as volés! »

Déjà Morgane avait fait retentir un sifflet d'argent qui pendait à sa ceinture. Par la porte que venait de rouvrir le nain Cormoran, toute une bande de farouches sicaires se rua dans la chambre, les yeux pleins de menace et le fer à la main.

« Essaye! fit superbement Morgane.

— Oserais-tu me faire assassiner? demanda d'une voix calme Efflam, au-devant duquel venait de se jeter Clothilde, palpitante, éperdue; prétendrais-tu me retenir prisonnier... j'ai ta parole.

— J'avais la tienne aussi, riposta ironiquement la druidesse, ta parole de chevalier, de paladin... et sans ces dignes gardiens de leur souveraine, tu manquais à ton serment. Je tiendrai mieux le mien. On te reconduira ainsi qu'on t'a amené; un bandeau sur les yeux. Puis, on te rendra tes armes, tu retrouveras tes compagnons, d'autres alliés peut-être, et nous entrerons alors en lutte ouverte, moi, pour conserver mes prisonniers, toi, pour me les reprendre. Telles étaient nos conventions, c'est trop juste, et je ne puis que te le répéter encore : Essaye !

— Oh ! oui, j'essayerai... Je te combattrai, je te vaincrai ! Tu sauras ce que peut un filleul de Charlemagne.

— Insensé ! fit en ricanant Morgane, cette lutte ne servira qu'à te convaincre de mon pouvoir et de ton impuissance, qu'à te ramener vaincu, soumis et suppliant à mes pieds. Voilà pourquoi je te laisse sortir d'ici... pourquoi je ne désespère pas encore de l'avenir que j'ai rêvé, de l'avenir que mes dieux me garantissent, et qui, malgré toi, malgré tous les tiens, malgré l'enfer et le Ciel se réalisera ! »

A peine achevait-elle cette dernière imprécation qu'on entendit soudainement retentir au dehors les trompes de guerre et que Cormoran apparut.

En un instant Morgane comprit ce dont il s'agissait. Sur ses ordres le comte fut saisi, et, les yeux bandés, il fut entraîné rapidement au dehors.

Au bout de quelques minutes, il se retrouva dehors la grotte, et, à peine eut-il fait quelques pas qu'il aperçut ses amis poussant à sa vue des cris de joie.

Mais au même moment Noménoé montrait au loin, sur la mer, une barque s'enfuyant à toutes voiles... et à l'arrière se tenait Morgane !

B VI

UGH

Trois semaines se sont écoulées. Nos héros ont battu infructueusement tout le pays soumis à Morgane, visité tous les repaires que prétendait connaître Ragnar... et, hélas ! il va falloir abandonner la poursuite.

Depuis quelques heures Landrik est arrivé tout à fait guéri, accompagné du comte Robert. Ils ont apporté à Amaury la triste nouvelle de la mort de son frère, et à tous l'ordre de rejoindre immédiatement l'armée à Laval.

De nouveaux dangers menacent le vieil empereur. Le comte Lanthert a refait une armée; les Normands et des bandes gasconnes marchent à sa rencontre, et Lodewig, en route vers la Loire, risque de se trouver pris entre deux troupes également fortes, si on n'empêche pas à tout prix leur jonction.

On est décidé à partir. Noménoé lui-même a juré de voler au secours du fils de Charlemagne. On a reculé de quelques heures le départ pour donner le temps de revenir à Romarik qui est en chasse avec Bugh depuis vingt-quatre heures.

Landrik cause dans un coin avec son maître; il confesse qu'il est devenu l'époux de Jehanne et la lui recommande, au cas de mort dont il a le pressentiment.

Tout à coup, à quelques pas sur leur gauche, de terribles aboiements retentissent, et, presque aussitôt, ce cri de Romarik :

« A l'aide ! à l'aide ! on tue Bugh ! »

Le comte Efflam fut le premier à se précipiter vers l'endroit d'où venait cet appel.

Comme il allait dépasser une haute et large pierre droite, dans une sorte de ravine qui se creusait devant elle, il aperçut, il reconnut Cormoran.

Le nain s'enfuyait, en agitant au-dessus de sa tête un arc.

« C'est lui ? cria le comte, ce doit être lui qui a frappé Bugh... car c'est l'affreux gnome de Morgane ! »

Et il s'élançait à sa poursuite.

« Attendez, maître ! cria Landrik, ne vous souvenez-vous donc plus que je suis le plus agile coureur de toute la Bretagne ? »

Effectivement, il avait déjà devancé le comte.

Mais la façon dont courait le nain, tour à tour caché derrière quelque menhir, ou bondissant à travers les rares espaces éclairés par la lune, était vraiment merveilleuse.

Aussi Landrik, aux mains duquel il venait pour la troisième fois d'échapper, s'arrêta-t-il tout à coup pour saisir une énorme pierre plate qu'il lança vers le fugitif.

C'était là un véritable effort de Titan ; telle était sa justesse, que le hideux nain semblait devoir en être écrasé.

Cependant, il trouva moyen d'éviter cette atteinte, fit un bond de cerf aux abois, traversa comme un éclair un groupe de menhirs très rapprochés les uns des autres, et, jetant au vent de la nuit son strident éclat de rire, disparut aux yeux de tous.

Quelques minutes après notre agile écuyer atteignit avec son maître un groupe qui venait de se former non loin du principal dolmen.

Au milieu de ce groupe, le pauvre Bugh se débattait dans les convulsions de l'agonie, avec une flèche en travers du corps.

« Adieu, ma dernière espérance ! dit l'époux de Clothilde.

— Mais, s'écria Noménoé, cette flèche elle-même et l'apparition de Cormoran ne prouvent-elles pas que près d'ici se cache Morgane, et qu'avec Morgane...

— Ne me dites pas cela ! interrompit vivement le comte, ne me laissez pas entrevoir la possibilité d'un succès qui maintenant ne m'est plus permis. Clothilde d'ailleurs n'a rien à redouter auprès de Morgane... Je me suis juré de partir à la fin de cette nuit même... voici le jour... partons !

— Partons ! répéta le fils de Morvan; mais bien que vous en disiez, comte, je prétends laisser ici quelqu'un qui continuera les recherches et, s'il peut enfin reconquérir Clothilde, nous la ramènera n'importe où nous serons alors. Celui que je charge de cette tâche, c'est toi, Ragnar. »

A ce nom, Efflam ne put contenir un premier mouvement de répugnance.

Noménoé s'en aperçut :

« Aie donc foi tout entière dans celui dont Clothilde est la sœur ! » lui dit-il à l'oreille.

Puis se retournant vers le pendu :

« Cette mission, reprit-il, l'acceptes-tu ? Nous promets-tu derechef dévouement et fidélité ?

— Fidélité et dévouement, répondit Ragnar; mais toi de même de ton côté...

— Sois sans crainte, interrompit le fils de Morvan, amène-nous la comtesse Clothilde, et ce jour-là, quoi que tu me demandes, fût-ce un sacrifice qui dût désoler quelqu'un de mes amis, me révolter moi-même... je te le promets encore, je te le jure ! justice te sera rendue. »

En prononçant ces derniers mots, sur lesquels il avait appuyé d'une façon étrange, on eût dit que l'astucieux chef s'adressait directement à cette secrète convoitise de Ragnar, que maintenant il semblait connaître.

Aussi le pendu s'empressa-t-il de répondre ardemment :

« J'accepte, et je réussirai ! »

On lui donna quelques hommes afin de seconder ses nouveaux efforts, et cette première cavalcade s'éloigna vers l'ouest.

Quant aux compagnons du comte Efflam, quant à l'armée de

Noménoé, après un frugal repas et un touchant adieu au pauvre Romarik, toute cette belliqueuse légion disparut dans la direction de Laval.

A l'heure où le soleil commençait de monter à l'horizon, il ne restait plus parmi les pierres de Karnac, auprès du cadavre du pauvre Bugh, que l'aveugle et qu'un jeune garçon commis à sa garde.

Longtemps Romarik resta silencieux, la tête plongée dans ses mains

« Maître, lui dit enfin l'enfant, fatigué sans doute de jouer avec des fragments druidiques, dites-moi donc où je dois vous conduire ? Demandez-moi donc quelque chose dont vous ayez besoin ?

— Nous repartirons demain pour les ruines de Glay, répliqua Romarik sans encore changer de posture ; il ne me faut rien d'ici là. »

Le jeune gars ne parut accepter cet ordre qu'à contre-cœur, et plus tard, revenant à la charge :

« Voici déjà le soleil à son midi, murmura-t-il, c'est ordinairemet l'heure du repas... »

L'aveugle ne répondit tout d'abord qu'en fouillant à l'aumônière que le comte lui avait remise. Puis, tendant une piécette à l'enfant :

« Va chercher au prochain village ce que tu désires », lui dit-il.

Le plus prochain village ne se trouvait pas à moins de deux lieues de là ; le jeune pourvoyeur ne reparut que vers le soir.

« Voici notre souper, dit-il en se faisant une table d'une pierre renversée.

— Mange, fit Romarik, moi, je n'ai pas faim. »

Il n'en était pas ainsi du petit gars, qui se mit aussitôt en besogne. Et bientôt, la bouche pleine :

« Nous n'avons point là, reprit-il, que de quoi manger et boire. Pensant bien qu'avant de repartir vous voudriez enterrer le chien, j'ai pris chez ma mère une pioche et une bêche.

— Bien ! s'écria Romarik avec l'accent de la reconnaissance, c'est bien, mon jeune ami, tu es un brave enfant. Donne-moi ces outils. Mais dis-moi, ta mère habite donc ce hameau d'où tu viens?

— Sans doute, et mon père aussi.

— Pourquoi n'es-tu pas resté avec eux jusqu'à l'heure du départ?

— Parce que vous ne me l'aviez pas permis, maître.

— Je te le permets maintenant. Retourne vers ta famille, et ne reviens ici que demain matin... va!

— Vous ne voulez donc point que je vous aide?

— Non, je suffirai à la tâche... Je le veux ainsi... Va, te dis-je! Mais laisse seulement à ma portée quelque vase rempli d'eau; j'aurai peut-être soif. »

Après avoir obéi à ce dernier ordre, l'enfant disparut de nouveau.

Romarik se mit à creuser la fosse.

Longue et rude était cette besogne pour un aveugle.

La nuit était déjà venue, lorsque la tombe se trouva prête.

Romarik alors en ressortit, et tout en cherchant d'une main tremblante le cadavre du molosse :

« Bugh! disait-il avec des larmes dans la voix, Bugh, mon défenseur, mon guide, mon ami... mon pauvre Bugh, il va donc falloir nous dire un éternel adieu! Ah! je me sens plus seul encore, il me semble être plus aveugle... mais le voici? Adieu donc, Bugh, adieu! »

Tout à coup, un plaintif murmure lui répondit.

Romarik s'empressa de palper le chien; il s'aperçut qu'il respirait encore.

Éperdu d'étonnement et de joie, il retrouva non sans peine le vase rempli d'eau; il rafraîchit de cette eau la tête du noble animal, il parvint à en lui en faire avaler quelques gouttes.

Mais, hélas! lorsqu'il voulut laver la plaie, il se vit contraint de reconnaître une seconde fois que la flèche avait traversé le corps de part en part, que c'était là une blessure irrévocablement mortelle, que cette sorte de résurrection ne permettrait que quelques heures de souffrances, pas autre chose!

« Ah! s'écria l'aveugle avec désespoir, si, durant ces quelques heures de grâce, tu pouvais recouvrer un peu de ton intelligence et de ta force, tu me guiderais jusqu'à la retraite où ta maîtresse est prisonnière, tu me permettrais peut-être de délivrer enfin la comtesse Clothilde ! »

A ce nom, le gémissement de Bugh devint comme un énergique aboi.

Et il se retourna vers la direction de laquelle, en dernier lieu, il était revenu ; et, rampant sur la terre, il commença de se diriger vers le but que venait de lui rappeler son maître.

« Tu m'as compris ! s'écria Romarik, je te comprends à mon tour... courage ! courage !... Ah ! brave chien ! Va... va... Guide-moi... Je te soutiens ! »

Et tous les deux, celui-ci sur le flanc, celui-là sur les genoux, ils rasaient le sol ensanglanté par leur passage, ils avançaient dans la nuit.

VII

LE TOMBEAU DE MORVAN

A deux kilomètres environ de Karnac, non loin du hameau de Plouharnel, dans une assez profonde ravine, on montre aux voyageurs une longue suite de gigantesques dolmens, assez larges, assez élevés pour qu'une voiture y passe et qui cependant sont à moitié enfouis dans le sable.

Sous ce principal monument du druidisme, dans d'étroites cellules, dont le plus grand nombre reste peut-être à découvrir, on a retrouvé des ossements d'hommes et de chevaux, des étriers de fer et des bracelets d'or, des armes, des colliers, des faucilles et même quelques-unes de ces haches en pierre bleue dont on se servait, aux temps les plus reculés, pour les cérémonies du vieux culte gaulois.

Effectivement, c'était là le temple par excellence des temples armoricains, la sépulture sacrée des premiers rois bretons, le tombeau de Morvan.

Lors de chacune des royales funérailles qui s'y étaient mystérieusement succédées, la veuve du défunt, ses fils légitimes et les trois principaux d'entre les druides avaient seuls le droit de s'avancer jusque-là, d'assister aux derniers rites funèbres, qui restaient entre eux un impénétrable secret, comme aussi la place précise où reposait chacun des monarques trépassés.

Quant au peuple, quant aux chefs mêmes de ces nombreuses tribus, ils restaient à distance respectueuse, ils ne devaient pas franchir, sous peine de mort, le dernier cercle que formaient à l'horizon les pierres de Karnac.

Pour porter le cercueil, pour le descendre et le sceller dans le caveau, pour reformer au-dessus du monument l'immense tumulus de sable que ne surmontait alors qu'un seul et dernier dolmen, dont personne n'oserait plus approcher à l'avenir, on employait une vingtaine de prisonniers de guerre, on les égorgeait, on les brûlait sur le lieu même, et leurs cendres étaient jetées au vent de la mer, en vertu sans doute de ce terrible axiome druidique : « Les morts seuls ne parlent pas. »

Après la mort de Morvan, plus que jamais le secret des tombeaux de Plouharnel se trouva bien gardé. Non seulement Noménoé s'en était vu exclure comme illégitime, mais encore les trois druides officiants étaient morts l'année suivante. De ceux qui pour la dernière fois, — il y avait dix-sept ans de cela, — étaient descendus dans le temple, il ne restait donc plus que Morgane.

Profitant de cette situation exceptionnelle, désireuse de se créer un refuge ignoré de tous, inviolable pour tous, elle était revenue par une sombre nuit à Plouharnel avec Cormoran, — le nain possédait son entière confiance, — elle lui avait fait rouvrir le tumulus, elle y avait plus tard enfoui ses trésors, elle s'y était ménagé pour ainsi dire un appartement complet.

Il en résulta naturellement que, se voyant pourchassée dans tous ses habituels repaires, ayant appris d'ailleurs que désormais Ragnar guidait Noménoé, elle se prit à songer au seul asile dont elle n'eût point fait confidence à Ragnar, et elle y renferma ses prisonnières.

Grandes et minutieuses avaient été ses précautions : elle s'était servi d'un puissant narcotique pour endormir Clothilde et Janika ; elle les avait ainsi transportées dans un chariot couvert, par une profonde nuit, et le lendemain, à leur réveil, les deux captives s'étaient trouvées plongées dans les entrailles de la terre, sans pouvoir deviner où elles étaient, sans parvenir à comprendre par quel prodige elles y avaient été conduites.

Une étroite chambre souterraine, deux simples couchettes de varech, une table de pierre, quelques escabeaux grossiers, un flambeau de cire sans cesse brûlant dans les ténèbres, tel était désormais le cachot de la comtesse Clothilde.

Mais il lui restait encore sa fidèle Janika ; mais elle avait conservé son enfant auprès d'elle !...

De longues heures s'étaient écoulées, sombres et tristes, sans savoir ni quand c'était la nuit ni quand c'était le jour, sans même définir par où se renouvelait le peu d'air respirable qui leur permettait de vivre dans ce sépulcre, au fond duquel elles étaient, pour ainsi dire, enterrées vivantes.

Sans doute, quelques secrets interstices avaient été ménagés dans le sable et parmi les pierres dont elles se sentaient environnées. Peut-être, de temps en temps, aux heures de leur sommeil, une porte extérieure qu'elles ne connaissaient point s'entr'ouvrait mystérieusement dans la nuit. C'était vainement que Janika s'était efforcée d'en apprendre ou plutôt d'en deviner davantage.

A qui se serait-elle adressée, d'ailleurs ? Qui pouvait-elle interroger, maintenant que leurs gardiens se trouvaient réduits à ces deux seuls personnages, également silencieux : Cormoran, un muet, Morgane, une statue.

Oh ! c'est que Morgane maintenant n'implorait plus, ne semblait même plus désirer l'amour de sa fille. On eût presque dit qu'elle l'enveloppait peu à peu dans cette immense haine que semblait lui inspirer la création tout entière. A peine se montrait-elle aux yeux de ses deux captives ; à peine avait-elle un regard adouci pour l'enfant, à peine pour la mère quelques glaciales paroles. On lisait sur son front hautain le ressentiment de la poursuite acharnée qu'elle subissait, la sourde rage de se voir acculée dans son dernier refuge, l'humiliation de n'en pouvoir plus sortir qu'à l'heure des oiseaux de nuit, dans les ténèbres.

C'était d'ailleurs une lutte suprême, désespérée ; songeant à la soutenir jusqu'au bout, elle se roidissait, elle s'enfiévrait rien qu'à la crainte d'être vaincue ; elle était redevenue l'altière et farouche sibylle d'autrefois, la Morgane des plus mauvais jours, la véritable Morgane.

Quant à l'affreux nain, on ne le voyait qu'aux heures des repas, et toujours souriant de son même infernal sourire.

Lorsqu'il n'était pas là, les deux prisonnières le sentaient tourner et guetter autour d'elles dans la sablonneuse montagne qui leur servait de prison, pareil à l'un de ces gnomes malfaisants que la terre, croyait-on alors, recèle dans ses entrailles.

Après deux journées, cependant, de cette claustration sépulcrale, l'enfant demanda si ce serait toujours la nuit, et se prit à pleurer en redemandant le soleil.

Clothilde, qui jusqu'alors s'était absorbée dans une morne tristesse, éclata soudainement en sanglots et s'écria :

« Mon enfant ! mon cher et pauvre petit !... Ah ! c'est certain, nous mourrons ici tous les deux !

— Courage ! fit à voix basse Janika ; dites-vous plutôt ma bonne maîtresse qu'il ne nous reste plus que deux geôliers. Au lieu de vous laisser abattre ainsi, songez donc à vous échapper de leurs mains. Moi, déjà j'y pense, et je l'espère !

— Que veux-tu dire, amie ? questionna la comtesse, étonnée.

— Chut ! » murmura vivement Janika, un doigt sur les lèvres.

Puis, après avoir écouté à toutes les parois de la cellule :

« Maîtresse, revint-elle dire tous bas à l'oreille de Clothilde, n'avez-vous donc pas remarqué que, lors de la première visite de Morgane, je me suis plainte à elle de ce que votre couche était trop dure, et que le lendemain, était-ce le lendemain ? — Cormoran est venu l'exhausser de toute une brassée de fougère... ce qui fait que présentement elle me monte jusqu'à la ceinture ?

— Eh bien ?

— Silence ! approchez d'ici la lumière... et regardez ! »

Ce disant, Janika avait écarté la fraîche litière, et montrait, entre deux énormes pierres plates dont cette litière masquait la base, un trou commencé dans le sable.

Clothilde ne put retenir un premier cri de surprise.

« Silence ! reprit sa compagne, vous voyez déjà que la besogne est en bon train ! Cette masse de terre qui nous sépare du soleil et de la liberté... ne saurait avoir une telle épaisseur que je n'en vienne à bout !

— Mais, fit la comtesse, quand bien même tu réussirais, ma pauvre Janika, que deviendrions-nous ? que ferions-nous, seules et sans guide, pour nous ramener vers le comte ?

— Oubliez-vous donc qu'à la tour de Carhaix, j'avais surpris sur les lèvres de Morgane le nom de Karnac, et que ce mot, avant de succomber à l'étrange sommeil qui nous a fait perdre toute connaissance, mais non point tout souvenir... vous l'aviez gravé, avec la pointe de mon aiguille, sur l'un de vos bracelets ? Ce bracelet, je le mis sous un escabeau ; le comte l'y aura retrouvé, soyez-en certaine, il est sur nos traces, il est peut-être tout près d'ici.

— Ah ! s'écria Clothilde, si je le savais ! si je le croyais !

— Écoutez ! » fit tout à coup Janika.

Quelque chose comme un tonnerre lointain, comme un galop de cavaliers passait sur leurs têtes en ébranlant de toutes parts les sonores cavités du monticule.

« Ce sont eux ! murmura d'une voix frémissante la dévouée camérière. Ah ! maîtresse, ne le sentez-vous pas là ? c'est lui !... Écoutez plutôt... écoutez de ce côté... maintenant, là, tout près de nous ; voici le nain qui s'agite et Morgane qui laisse échapper une imprécation de colère.

— A l'œuvre donc ! fit Clothilde déjà convaincue. A l'œuvre !

— Oh ! repartit vivement Janika, mes mains n'ont pas besoin d'aide, et d'ailleurs j'ai là deux bons couteaux. Tout ce que je vous demande, c'est de recevoir dans votre giron le sable que je vous passerai, de le répandre également partout sous vos pieds, afin qu'on ne puisse s'apercevoir de rien.

— Va !

— Déjà j'y suis ! Mais faites donc parler et courir l'enfant, afin que ses ébats et son rire couvrent tout autre bruit. C'est, du reste, le moyen d'endormir la vigilance de Morgane. »

Et tandis que cette dernière précaution se réalisait, les deux captives se mirent activement au travail.

. . . .

Janika ne s'était point trompée; c'était bien le comte et ses compagnons qui venaient de contourner au galop le tumulus.

Comment auraient-ils pu concevoir la pensée de s'y arrêter, de le profaner? N'était-ce pas l'inviolable sépulture, la tombe sacrée du père de Noménoé? Le bracelet d'ailleurs n'avait-il pas dit : « Karnac », et non point Plouharnel?

On s'était donc dirigé vers Karnac, et vainement on y avait passé deux jours.

Durant ces deux jours, bien souvent le comte Efflam et ses compagnons avaient contemplé de loin l'impassible dolmen qui se dessinait majestueusement à l'horizon sur ce vaste monticule de sable, sans se douter, hélas! que cette funèbre éminence, où ne semblait habiter que la mort, recélât précisément dans son sein celles que l'on recherchait avec tant d'ardeur, celles qui, dans ce même moment, travaillaient de leurs propres mains à leur délivrance.

La besogne était plus difficile que ne l'avait tout d'abord supposé Janika; car non seulement la couche de sable avait en cet endroit une grande hauteur, mais encore il s'y trouvait de distance en distance de larges pierres plates qui en soutenaient le poids.

Plusieurs fois, le passage se trouvant donc obstrué, il fallut chercher un autre chemin.

Mais rien ne rebutait l'infatigable Janika; elle creusait encore, elle creusait toujours.

Ce fut au point que Clothilde, qui continuait à répandre les déblais par la cellule, commençait à appréhender que l'exhaussement du sol ne frappât les yeux de Morgane et ne lui fît pressentir la vérité.

Fort heureusement Morgane avait alors bien d'autres soucis en tête. D'abord ce fut le voisinage du comte Efflam et de ses compagnons, que chaque nuit elle faisait épier par Cormoran. Puis, comme le nain lui servait en outre de messager pour se tenir en correspondance avec ses derniers partisans, elle parut en avoir reçu tout à coup d'importantes et terribles nouvelles.

Cormoran lui parut gesticuler avec une animation singulière.

En ce moment, le travail hasardeux de Janika se trouvait fatalement l'avoir conduite auprès de la cellule de Morgane. Une pierre plate seule l'en séparait, et vers la base de cette pierre, un léger interstice lui permettait, sinon de tout voir, du moins de tout entendre.

Un matin, — elle avait calculé que le nain devait revenir à la fin de chaque nuit, — Cormoran lui parut gesticuler avec une animation particulière, et presque aussitôt Morgane s'écria :

« Ils sont enfin partis!... Karnac m'est rendu, Karnac est libre ! »

A la suite de cette exclamation de joie, il y eut un silence durant lequel, en agrandissant quelque peu le trou qui lui servait d'observatoire, Janika parvint à suivre tous les nouveaux mouvements auxquels se livrait le muet.

Dans sa turbulente et fantastique pantomime, il se recula jusqu'à la muraille, comme indiquant quelque point éloigné de l'horizon... puis revint en courant vers sa maîtresse.. s'arrêta tout à coup, parut se cacher, écouta, fit un geste qui pouvait s'interpréter par le départ de cavaliers nombreux... rétrograda encore, mais cette fois en rampant précautionneusement sur les deux mains... traça dans l'air comme le profil d'un animal, fit le signe de tirer une flèche, et, par le rictus triomphant de sa large bouche démesurément ouverte, parut célébrer une victoire.

« Bugh ! s'écria Morgane, c'était Bugh? Et tu l'as tué ? »

A plusieurs reprises précipitées, Cormoran hocha affirmativement la tête.

C'était effectivement la mort du pauvre Bugh qu'il venait de décrire ainsi.

Quant à ce qui avait précédé ce dernier épisode de son voyage, il était facile de deviner qu'au retour d'une expédition assez lointaine, il s'était mis à l'affût pour surprendre quelque entretien des ennemis de sa maîtresse.

Cet entretien, il venait d'être expliqué par le cri joyeux de Morgane ; mais l'expédition de Cormoran, quelle était-elle ?

Au moment même où Janika s'adressait cette question, Morgane s'écria :

« Retourne en toute hâte vers celle qui, déjà depuis huit jours, attend à Carhaix. Fais-lui comprendre qu'elle peut venir enfin... ou plutôt ramène-la toi-même jusqu'à la grève de Karnac. C'est là que vous me retrouverez cette nuit, à l'heure où la lune atteindra son zénith. Va... Mais que me dis-tu donc? qu'il fait déjà grand jour maintenant... que la nuit prochaine mes prisonnières resteront sans gardien?... Eh! qu'importe, est-ce qu'elles pourront soulever cette montagne?... Eh! qu'importe, puisqu'ils ne sont plus là! Va, te dis-je... va me chercher Bertrade! »

Ce dernier nom était complètement inconnu de Janika; mais les paroles qui l'avaient précédé contenaient des renseignements précieux.

Janika s'empressa d'aller les communiquer à sa maîtresse, et conclut ainsi :

« La nuit prochaine, pour la première fois, Morgane et le nain s'absenteront ensemble. Il nous faut profiter de cet instant pour briser les derniers obstacles qui nous séparent de la liberté, pour nous enfuir.

— Mais, observa Clothilde, si le comte s'est éloigné?

— Il ne peut être bien loin encore, interrompit Janika, vous avez de l'or, nous trouverons des chevaux, nous rejoindrons le comte. »

Et elle disparut dans la souterraine galerie creusée par ses mains.

Cette galerie formait alors un assez large passage qui s'étendait d'abord horizontalement dans le sable; puis, tout en contournant diverses masses granitiques, s'élevait en pente rapide vers la surface présumée du monticule.

A l'heure où d'ordinaire Cormoran apportait les provisions, ce fut Morgane qui cette fois le remplaça. Fort heureusement, cette visite avait été prévue; Janika se trouvait présente, et l'orifice du trou se dissimulait complètement derrière la haute couche de fougères.

Morgane échangea quelques mots à peine avec sa fille, et se retira presque immédiatement.

Dès que la lourde porte scellée dans le granit se fut refermée sur elle à double tour, Janika fit à cette porte l'honneur d'un grand salut, et dit à voix basse :

« Là! nous ne serons plus dérangés maintenant... Si je ne me trompe, il ne me reste plus qu'à percer une dernière couche de sable. Songez-y donc, maîtresse, cette nuit même, dans quelques heures, nous allons enfin sortir de ce tombeau, revoir le ciel, respirer l'air libre... être libres comme lui! Oh! rien que ce mot-là, voyez-vous, ça me donne autant de courage, autant de force qu'en avait notre pauvre Romarik. »

Et elle alla se remettre au travail.

Mais, d'après le calcul qui se faisait dans son esprit, lorsque l'heure du départ de Morgane approcha, elle revint ainsi qu'une couleuvre vers l'interstice qui lui permettait de voir dans la cellule de son geôlier ; elle y plongea de nouveau son regard, elle écouta.

La druidesse était assise sur un bloc de pierre, et paraissait relire attentivement quelques feuillets de parchemin noir, sur lesquels des caractères bizarres, des emblèmes sinistres étaient tracés en rouge. A côté de ce manuscrit cabalistique, il y avait deux fioles de forme étrange, quelques paquets d'herbes sèches, des vipères enfilées, mais vivantes encore, dans un anneau de fer, et divers autres objets que Janika ne put définir.

Au bout de quelques instants, la sorcière se leva, mit les plantes et les flacons dans un sac de loutre qu'elle suspendit à sa ceinture, prit en main l'anneau au bas duquel se débattaient impuissamment les venimeux reptiles, et promena tout à l'entour d'elle un regard illuminé de fanatique joie :

« Voici l'heure, dit-elle d'une voix lente et profonde. Oh! vous tous dont les ossements m'environnent, vous les anciens rois de la Bretagne indépendante, sortez pour un instant de vos sépulcres, franchissez les sombres limites du dolmen de Plouharnel et réunissez-vous à moi... Venez, légions de fantômes ; venez m'inspirer dans l'œuvre vengeresse et libératrice que je vais accomplir cette nuit! Toi surtout, Morvan, mon fier et terrible Morvan, viens... sers de guide aux spectres de tes ancêtres, sois avec moi! C'est en ton souvenir surtout qu'agira ta veuve... c'est toi surtout qu'évoque Morgane! »

Alors se drapant dans son manteau d'éternel deuil, elle disparut.

Janika, toute frissonnante encore de terreur, s'empressa de rejoindre Clothilde, et lui dit :

« Maîtresse... c'est dans le tumulus de Plouharnel, c'est au milieu des morts que nous sommes !

— Ah! fit la comtesse en se voilant le visage, ah!... je me sens défaillir... j'ai peur !

— Raison de plus pour redevenir courageuse et forte... pour nous échapper plus promptement de cette horrible prison, qui est une tombe! Venez donc... Laissez, pour un instant, votre enfant qui, fort heureusement, s'est endormi... il faut que vous m'aidiez, que vous m'éclairiez du moins. Le temps presse! venez! »

Quelques minutes plus tard, elles étaient toutes les deux à l'extrémité du souterrain, Clothilde tenant le flambeau, Janika s'attaquant à la dernière couche de ses deux mains, chacune armée d'un couteau.

Mais la pensée du lieu où elles se trouvaient, la crainte de se heurter à quelques ossements humains, ou de réveiller quelque fantôme, l'appréhension d'être surprises avant d'avoir réussi, l'impatience de s'enfuir, l'humidité même du terrain dans lequel elles étaient comme ensevelies, tout contribuait à faire vaciller la lumière aux mains de Clothilde, tout enfiévrait davantage encore Janika, tout les rendait l'une et l'autre palpitantes, muettes et pâles d'effroi.

« Courage! ma bonne maîtresse, balbutiait cependant Janika. N'entendez-vous pas, au bruit de mes coups, qu'il ne reste plus au-dessus de nos têtes qu'une dernière croûte de terre, qui tremble déjà, qui bientôt va tomber. »

Mais s'interrompant tout à coup :

« Écoutez! fit-elle avec un tout autre accent, écoutez donc... ne dirait-on pas qu'à l'extérieur on travaille ainsi que moi... que l'on creuse, que l'on gratte, là... là... Oh! tout est découvert, nous sommes perdues! »

Et elle se recula, pour éviter une masse de sable, qui, s'ébranlant enfin, tomba presque à ses pieds.

Un instant, les deux captives entrevirent le ciel étoilé; mais un corps opaque aussitôt boucha l'ouverture.

Puis, aux dernières clartés du flambeau que venait de laisser tomber Clothilde, elles aperçurent une main qui descendait vers elles... une énorme main... une main sanglante!

VIII

DEHORS ET DEDANS

Disons-le bien vite, cette main c'était celle de Romarik.

Bugh, comme galvanisé par le dévouement, s'était traîné jusqu'à Plouharnel, guidant une dernière fois l'aveugle, qui rampait à son côté, qui le soutenait et l'encourageait en chemin, tout en s'efforçant de tenir fermée la saignante et double blessure du pauvre animal.

L'héroïque molosse atteignit enfin le tumulus, en contourna douloureusement la base, parut prêter l'oreille à quelque bruit insaisissable pour son compagnon, et, par un suprême effort, s'élevant jusqu'à certain endroit de l'éminence, se prit en cet endroit à gratter le sable comme dans une dernière convulsion d'agonie.

Puis, avec un déchirant aboi, Bugh était retombé sur le flanc, Bugh était mort.

Après s'être assuré qu'il ne respirait plus, l'aveugle retrouva en tâtonnant la place qu'avaient profondément marquée les griffes du chien. Sur cette place, il se mit à frapper de toute la vigueur de ses deux poings. On sait le reste.

Au cri que venaient de jeter les deux prisonnières, il les reconnut ; il s'empressa de leur dire :

« Ne craignez rien, c'est moi... moi, Romarik. Mais comme mes yeux ne me parlent plus, dites-moi promptement où je suis, où vous êtes. »

Clothilde, déjà remise de sa frayeur, résuma toute la situation en quelques mots, et conclut ainsi :

« Mon bon Romarik, agrandis avec ton bâton cette issue trop étroite encore. N'appréhende rien pour nous, nous sommes à l'abri maintenant. Quant à toi, Janika, va chercher mon fils... hâte-toi ! »

Puis, sitôt que l'ouverture fut assez large pour lui donner passage :

« Donne-moi la main, Romarik », dit-elle.

Et l'aveugle ayant obéi, elle s'élança au dehors.

Déjà Janika reparaissait avec l'enfant endormi.

Elle le passa vivement à sa maîtresse, qu'elle s'empressa de rejoindre.

« Maintenant, reprit l'aveugle, ne perdez pas une minute... fuyez... dans la direction de Vannes, dont la route doit passer là. Janika, du reste, est de ce pays, elle trouvera le chemin, elle saura vous conduire. Vous arriverez à Vannes vers le point du jour... A Vannes, vous prendrez des chevaux, et vous vous dirigerez immédiatement vers Laval. Laval, vous m'entendez bien ? C'est à Laval que se rend le comte.

— Mais, put interrompre enfin Clothilde (car jusqu'alors telles avaient été la précipitation, l'impatiente émotion de l'aveugle, que placer un seul mot n'était pas possible), tu ne viens donc pas avec nous, Romarik ?

— Y songez-vous ! fit-il avec une poignante amertume, ne vous souvenez-vous pas qu'on m'a crevé les yeux !... que je ne puis plus vous défendre... que je ne vous serais bon à rien, à rien qu'à retarder votre marche ! Non... non, je reste ici moi... Mais si Dieu me seconde, ce que j'espère, je saurai m'y comporter de façon à ce que personne ne vous poursuive... Allez, allez ! »

Dans ces derniers mots de Romarik, il y avait eu quelque chose d'étrange, de fatal, de mystérieusement terrible.

Quoi que pût dire ou faire la comtesse pour que l'aveugle s'expliquât davantage ou se départit de sa résolution, elle n'en put obtenir autre chose que de nouvelles supplications de s'éloigner sans délai.

« Venez ! dit enfin Janika, en entraînant Clothilde vers la route conseillée par l'aveugle... Venez, maîtresse !... Il a raison... Je me charge de vous servir de guide, et, s'il le faut, de vous défendre. Oh ! je suis forte aussi, moi ! Venez !

— Adieu donc, Romarik ! fit alors la comtesse. Je n'oublierai jamais ce que tu as fait pour moi ; nous nous reverrons un jour, mon bon Romarik, et l'avenir te prouvera que je ne suis point une ingrate !

— Ne songez qu'au présent, répondit l'aveugle avec un accent de mélancolie profonde, et que, dans le présent comme dans l'avenir, Dieu bénisse tous ceux qui sont aimés du comte Efflam ! »

Puis, prêtant l'oreille au bruit des pas de la comtesse et de Janika qui déjà s'éloignaient, tant qu'il put les entendre, il resta immobile.

Mais lorsqu'il n'y eut plus dans l'air que le souffle du vent, que le murmure de la mer, il s'accroupit de nouveau sur le tumulus, il rechercha, retrouva l'issue par laquelle les deux fugitives étaient sorties, et se glissa à son tour dans la galerie souterraine, en attirant après lui le cadavre du molosse, auquel il disait :

« Viens, Bugh... nous aurons tous deux notre tombeau parmi les tombeaux des rois ! »

Quelques instants plus tard, il arrivait en rampant dans la cellule précédemment occupée par les deux prisonnières.

Là, il se redressa lentement, après avoir déposé le cadavre de Bugh, parcourut de la main la muraille, rencontra la porte, en fit sauter la serrure sous la vigoureuse pression de son épaule, et, derrière cette porte entre-bâillée, s'adossant à la colonne de granit qui seule désormais la maintenait en équilibre :

« A nous deux maintenant, Morgane ! dit-il avec un calme effrayant, à nous deux ! »

Et, non moins immobile au milieu des ténèbres que les menhirs enfouis qui l'entouraient, il attendit.

INUIT!...

Sur les pas de Janika, qui lui indiquait le chemin, la comtesse Clothilde s'avançait rapidement. Elle avait voulu se charger elle-même de son enfant, elle le portait toujours endormi, soigneusement enveloppé dans sa mante.

C'était une froide et singulière nuit, parfois brillante et constellée, parfois obscurcie par d'épaisses brumes qui venaient de la mer.

Jamais, sur la côte bretonne, le flot n'avait si lugubrement gémi; jamais, sur cette grève aride et sauvage, le silence n'avait été si profondément sinistre.

Aussi, les deux nocturnes voyageuses, se sentant péniblement impressionnées, n'osaient-elles échanger un seul mot.

Tout à coup, à la blême clarté de la lune qui se montrait entre deux sombres nuages, Clothilde aperçut en avant toute une légion de blancs fantômes.

« O mon Dieu! murmura-t-elle en frissonnant, qu'est-ce que cela?

— Rassurez-vous, maîtresse, lui répondit sa compagne, ce sont les pierres de Karnac. »

La comtesse avait entendu parler de ce terrible lieu; elle ne dissimula pas sa répugnance de le traverser à pareille heure, et surtout par une pareille nuit.

« Il le faut cependant, dit Janika, à moins d'un long détour qui nous ferait perdre beaucoup de temps.

— Continuons notre chemin en ligne droite », conclut hardiment Clothilde.

Mais, comme à mesure qu'elles avançaient les hautes pierres droites semblaient grandir encore, et même s'animer, tourbillonner aux fantastiques rayons de la lune, elle se prit à murmurer de nouveau :

« C'est un endroit maudit que celui-là!... Oh! passons, passons vite!

— Les fées et les gnomes qui le hantent, dit Janika, ne sont à craindre que pour les méchants. Quant aux pierres elles-mêmes, qui jadis avaient une âme et des bras... le fait est certain... elles en ont été privées, dit-on, par le vrai Dieu... elles sont immobiles maintenant, et ne peuvent plus faire de mal à personne !

— Je le crois ainsi que toi, ma bonne Janika, répliqua Clothilde; néanmoins j'ai peur... surtout pour mon enfant. Oh! si quelqu'un de ces spectres de granit allait l'écraser au passage!

— Ne les regardez pas, maîtresse! je vais vous guider par la main, fermez les yeux; c'est le plus sûr moyen pour échapper au vertige... et tenez, voici précisément la lune qui se voile de nouveau et la brume qui nous enveloppe. On ne les verra bientôt plus. »

Effectivement, de noires nuées, comparables à de monstrueux oiseaux nocturnes, passaient en ce moment dans le ciel, en même temps que sur la terre une masse compacte de brouillards tellement épais que Clothilde ne voyait même plus Janika qui, cependant, la guidait par la main.

Elles voulurent profiter de cette sorte de trêve obscure pour achever de franchir la redoutable arène, mais les menhirs devenaient si nombreux en cet endroit, qu'elles se trouvaient à chaque pas contraintes à quelque nouveau détour.

Et lorsque parfois, à travers les interstices des nuées, à travers le brouillard, parvenait à se glisser un furtif et fauve rayon, elles revoyaient les sinistres fantômes en avant, en arrière, à leur droite, à leur gauche, comme se réunissant de toutes les extrémités de la plaine invisible, pour leur barrer entièrement la route.

La comtesse luttait maintenant avec une vaillante énergie contre la crainte. Elle se disait, tout en claquant des dents :

« Je ne veux plus avoir peur !... Je n'ai plus peur ! »

Mais il n'en était plus ainsi de Janika, dont l'allure devenait de plus en plus hésitante. A force de se voir réduite à marcher en zigzags, elle ne trouvait plus à s'orienter au milieu de ces profondes ténèbres, elle commençait à craindre d'avoir perdu son chemin.

Elle dut finir par l'avouer à Clothilde.

« Maîtresse, lui dit-elle avec effroi, je ne sais plus où nous sommes, je ne m'y reconnais plus. Attendons que ce brouillard se soit dissipé. »

Toutes les deux, elles s'arrêtèrent.

Presque aussitôt, grâce sans doute au profond silence qui venait de se faire autour d'elles, elles entendirent un bruit de voix.

Croyant rêver, doutant encore, elles prêtèrent attentivement l'oreille.

C'étaient bien des voix, des voix humaines qui parlaient au milieu des ténèbres dans le camp druidique... là... là, tout auprès d'elles.

« Fuyons ! murmura la comtesse éperdue, ce ne peuvent être que des ennemis, éloignons-nous d'eux, hâtons-nous de fuir ! »

Et elle se mit la première à courir au hasard.

Soit que la terreur égarât ses pas, soit que les menhirs auxquels parfois elle se heurtait la contraignissent à tourner toujours dans un même cercle, les voix semblaient se rapprocher encore et, comme avec un fantastique acharnement, la poursuivre sans cesse.

C'était au point que Janika, qui du reste s'efforçait en vain de retenir sa maîtresse, n'osait même plus lui parler, dans l'appréhension que d'autres oreilles l'entendissent.

Tout à coup, juste en travers du chemin que suivaient les deux fugitives, à quelques pas, une grande flambée rougeâtre pétilla dans la brume.

Janika n'eut que le temps de saisir sa maîtresse par le bras, de se blottir avec elle sous l'obscur abri d'un dolmen qui, fort heureusement, se trouvait là.

Durant quelques secondes, les deux pauvres femmes y restèrent immobiles et le visage dans les deux mains.

Puis, comme aucun nouveau bruit ne se faisait entendre, elles se hasardèrent à relever la tête, à tourner les regards vers l'autre issue du dolmen.

C'était là, presque en face de l'antre sombre qui leur servait de refuge, que brillait et crépitait la flamme dont elles s'étaient si fort épouvantées.

De l'autre côté de cette flamme, qu'il attisait de son souffle, le hideux Cormoran se tenait accroupi sur les talons.

« Oh ! pensa Clothilde en frémissant, oh ! si mon enfant allait se réveiller, crier ! »

Et la main désormais sur les lèvres du pauvre petit qui, par bonheur, restait profondément endormi sur ses genoux, elle se reprit à contempler, béante et muette ainsi que Janika, l'étrange spectacle qui se déroulait devant elles.

Au-dessus du foyer, sur lequel le nain continuait d'agir ainsi qu'un grotesque soufflet vivant, il y avait un grand trépied, soutenant un vase de forme antique.

Dans ce vase, en ce moment presque rougi, tant la flamme était ardente, on entendait une sorte de bouillonnement aigu.

« Souffle encore ! » commanda soudainement la voix de Morgane, qui, pareille à quelque spectre infernal, apparut presque aussitôt dans le cercle lumineux.

Derrière elle s'avançait en silence une autre ombre, une femme également vêtue de noir, également sinistre et pâle.

Alors seulement Clothilde et Janika se ressouvinrent du rendez-vous dont elles avaient surpris le secret. Cette autre veuve, dont elles ne connaissaient que le nom, ce devait être Bertrade.

Mais pourquoi ce rendez-vous à pareille heure dans ce lieu? Qu'attendaient donc ainsi ces deux horribles vengeresses?

« Remets pour la septième fois sous ce trépied sept poignées de fougères sèches, commanda Morgane à Cormoran, et, pour la septième fois, recommençons ensemble l'invocation à Zwertha, la déesse du mal ! »

A peine le nain eut-il obéi et les fougères se furent-elles enflammées, que la druidesse se mit à tourner tout à l'entour du feu, vers lequel elle étendait tantôt sa faucille d'or, tantôt une longue branche de houx qu'elle tenait de l'autre main et qui ne conservait à son extrémité que sept feuilles, jaunies par le temps.

Et, dans un idiome incompréhensible pour celles qui l'écoutaient, elle commença de psalmodier une sorte d'incantation bizarre, dont chaque strophe se terminait comme par un même refrain.

Ce refrain, Cormoran ne pouvait le répéter, mais il l'accompagnait, pour ainsi dire, avec des cris stridents et rauques, avec des contorsions et des soubresauts qui le faisaient ressembler à quelqu'un de ces monstrueux reptiles à tête humaine dont l'imagination des poètes aime à peupler le sabbat.

Quant à sa sombre maîtresse, elle semblait s'adresser tour à tour à chacun des éléments, et les conjurer de concourir à son œuvre fatale. Puis, elle semblait évoquer tous les dolmens et tous les menhirs de Karnac, toutes les perfides divinités de la nuit, toutes les puissances de l'enfer.

S'arrêtant enfin :

« Assez ! commanda-t-elle à Cormoran ; c'en est assez ! Disperse ces branches, éteins ce feu !... les esprits qui m'obéissent ont achevé leur tâche ! »

Le nain s'empressa d'exécuter cet ordre avec une précipitation qui tenait du délire, et, comme par enchantement, toute lueur terrestre s'évanouit.

En revanche, la brume s'était complètement dissipée, le ciel avait reconquis ses étoiles, et la lune resplendissait au zénith.

« Il est minuit ! s'écria triomphalement Morgane, c'est bien l'heure où le terrible philtre doit refroidir aux pâles rayons des astres nocturnes. Découvre le vase, Cormoran... et prépare les flacons de lave... Bien. Donne-moi maintenant mon masque et mes gants de fer, et va-t'en !... nous n'avons plus besoin ici de tes services, et ta surveillance est nécessaire là-bas... va-t'en, Cormoran ! »

Après avoir obéi à ces commandements, le nain s'inclina devant sa maîtresse, et disparut en bondissant dans la direction de Plouharnel.

« Grand Dieu ! murmura Clothilde à l'oreille de Janika, il va s'apercevoir de notre fuite, et revenir.

— Non, interrompit Janika, non... vous oubliez Romarik ! »

Dans ce même moment, Bertrade à son tour élevait la voix.

« Morgane, disait-elle, m'expliqueras-tu enfin ce que contient ce philtre, et quel est ton projet ?

— Écoute ! fit solennellement la druidesse : l'empereur Lodewig fut jadis un chef de grande vaillance et de supérieur esprit. Il semblait devoir être le digne héritier de Charlemagne, il le fut... jusqu'au lendemain de sa victoire sur le roi mon époux, sur Morvan. Ce jour-là, dans la coupe que je présentai moi-même à notre vainqueur, il y avait quelques gouttes de ce même philtre dont j'ai su retrouver enfin le secret, quelques gouttes du poison de Morgane !

— Ce n'est donc pas un poison qui tue ? demanda Bertrade.

— Non ! dit dédaigneusement la druidesse, il fait mieux que cela... il anéantit toute force, toute volonté, toute intelligence ; il rend fou. Lodewig le fut pendant près d'une année ; de savants médecins orientaux le sauvèrent d'une complète démence ; néanmoins tu sais ce qu'il est resté. Tu dois maintenant comprendre quelle fut la cause de toutes les douleurs de sa vie, de toutes les humiliations de son règne. Sans le supplice du roi Morvan, il eût été Lodewig le Glorieux, Lodewig l'Heureux... De par la vengeance de Morgane, il est devenu Lodewig le Désespéré, Lodewig le Débonnaire !

— Eh bien?
— Eh bien! ce qu'il était jadis, son bien-aimé fils Karle l'est aujourd'hui... Ce qu'il est aujourd'hui, il faut que son bien-aimé fils Karle le devienne.
— Ah! reprit ardemment la veuve de Bernhard, tu as raison, merci... Ce sont bien là les représailles qu'il nous faut à toutes deux... Une vengeance plus cruelle que la mort... une vengeance digne de ceux que nous pleurons, et qui nous regardent!

Le nain s'empressa d'exécuter cet ordre.

— La terrible liqueur est refroidie, dit Morgane, il est temps de la transvaser dans ces deux flacons, dont les volcans éteints de la Bretagne ont jadis fourni la matière. »
Et elle passa les gantelets qui devaient préserver ses mains de tout contact avec le terrible venin.
« Mais, observa Bertrade, pourquoi deux flacons?
— Parce que j'ai d'autres ennemis que Lodewig! répliqua Morgane avec un profond sentiment de haine, des ennemis personnels à moi, dont il me faut aussi l'abaissement! »
Et, comme elle allait prendre son masque tout auprès du dolmen à l'entrée duquel se penchait Clothilde, Clothilde l'entendit ajouter à voix basse ces deux noms :

« Noménoé… le comte Efflam ! »

Il fallut la soudaine et vigoureuse étreinte de Janika pour arrêter le cri d'indignation qu'allait jeter la comtesse.

Après quelques minutes d'un profond silence, les deux flacons se trouvèrent remplis, hermétiquement fermés; puis, tout en cachant l'un d'eux dans son sein, Morgane présenta l'autre à Bertrade.

« Mais, fit celle-ci, comment m'y prendre ?…

— J'ai imaginé le moyen, interrompit Morgane. Comme il est impossible que Lother puisse résister à toutes les forces qui se réuniront pour l'anéantir, il se résignera sans doute à une apparente soumission, il ira saluer son jeune frère du titre de roi, et lui offrira lui-même en présent une couronne d'or. Cette couronne, tu l'auras enduite intérieurement de mon poison, et pourvu que pendant une heure le roi Karle la garde sur sa tête, il est perdu !

— Comment ! un simple contact…

— Oui, cette énervante liqueur sera dissoute à la chaleur de son front, s'infiltrera dans sa chair, pénétrera son cerveau… C'est l'anéantissement certain de toute son intelligence, de tout son avenir… c'est peut-être (car en retrouvant le secret, je crois en avoir forcé la puissance), c'est peut-être la mort, une mort terrible et lente. Oh ! ce dont je puis te répondre, Bertrade, c'est qu'il souffrira bien, et que tous ceux qui l'aiment pleureront sur son destin des larmes de sang.

— J'ai hâte de voir cela ! s'écria impatiemment la veuve de Bernhard, je veux repartir à l'instant. Le puis-je ?

— J'allais te le demander, conclut sa non moins farouche complice, car voici déjà trop longtemps que je reste éloignée de la dernière demeure que m'ont laissée nos ennemis communs ; il est urgent que j'y retourne. »

Déjà Bertrade avait fait retentir un sifflet d'argent bruni qui pendait à sa ceinture.

Une dizaine de cavaliers accoururent aussitôt.

L'un d'eux tenait en bride la haquenée de l'ex-reine d'Italie.

« Tu ne tarderas pas à entendre parler de moi, dit-elle, en se hissant à l'étrier. Adieu, Morgane !

— Adieu, Bertrade, répliqua l'ex-reine de Bretagne; que toutes les anciennes divinités gauloises te conduisent et t'inspirent ! Adieu ! »

Et toutes deux disparurent, celle-ci vers l'est, celle-là vers le tumulus de Plouharnel.

Quelques minutes plus tard, Clothilde et Janika se relevèrent et sortirent de l'ombre du dolmen.

Il était temps; l'enfant s'éveillait en jetant son premier cri. Ce cri, Morgane pouvait-elle encore l'entendre?

La comtesse ne s'en inquiéta même plus, tant elle semblait maintenant rassérénée, intrépide et résolument impatiente de se remettre en chemin.

Janika voulut manifester la surprise que lui causait cet étrange changement.

« Ne comprends-tu donc pas, interrompit Clothilde, qu'il ne s'agit plus seulement de retrouver le comte, mais aussi, mais surtout d'empêcher le triomphe de cet odieux complot, de sauver l'héritier de Charlemagne ! Il faut que nous devancions cette femme, il le faut ! »

Et cette fois, marchant la première, elle s'élança sur les traces de Bertrade.

A VEILLE DU DERNIER COMBAT

A quelques journées de là, non loin de Laval, sur les bords serpentueux de la Mayenne, on distinguait de nombreuses tentes, diversement groupées dans le val et sur les collines.

C'était le campement de l'invasion normande et des bandes pyrénéennes qui s'y étaient tout récemment adjointes.

La nuit venait, une calme et tiède nuit de septembre.

De distance en distance, des feux étaient allumés.

Dans le voisinage de l'un de ces feux, sur la lisière d'un petit bois, six hommes, revêtus seulement de leurs cottes de mailles, s'avançaient avec précaution, comme pour observer de plus près les mouvements de l'ennemi.

« Combien doivent-ils être? questionna la voix de Noménoé.

— Qu'importe leur nombre! répliquèrent celles de Roland et du comte Robert; nous n'avons point à les compter, mais à les vaincre.

— Soit, fit le fils de Morvan, et je m'y emploierai bravement, fussions-nous un contre dix!...

— C'est à peu près ce qu'ils sont », murmura de l'autre côté le comte Efflam, non sans une certaine mélancolie dans la voix.

Aussi Barthold le Frison ne put-il se défendre de lui dire :

« Mais qu'as-tu donc ce soir, ami ? te voilà comme découragé, comme triste... A la veille d'une bataille !

— Et de la plus terrible bataille que nous ayons jamais engagée ! C'est vrai pourtant, je devrais être joyeux, impatient... mais je ne le puis pas !... c'est étrange... Oh ! sois sans crainte cependant, ami Barthold, je n'en frapperai demain que plus fort... mais ce soir, est-ce le résultat de mes blessures, ou mes chagrins en sont-ils la cause ? je me sens un sombre pressentiment dans l'âme !

— Moi de même, avoua franchement Landrik, qui était le sixième des nocturnes compagnons ; jamais encore semblable malaise ne m'avait attristé l'esprit. C'est la faute sans doute de cette maudite lame que Ganelon m'a plantée dans la gorge ! Je suis contraint de respirer maintenant après chaque coup que je porte... ça n'était pas dans mes habitudes, et ça me gêne ! »

Le comte Efflam, en ce moment, le regardait et lui dit à voix basse :

« Et puis, tu penses à Jehanne !

— Oui ! répliqua vivement Landrik sur le même ton. Oh ! souvenez-vous de ce que vous m'avez promis, maître !

— Ne deviendrais-tu pas le protecteur de Clothilde, si c'est moi que choisit demain la mort ?

— Pourquoi parler de mourir ? » demanda Roland, qui n'avait entendu que ces quelques derniers mots.

Le comte Efflam ne fit aucun scrupule d'expliquer la singulière situation d'esprit contre laquelle il luttait vainement, ainsi que Landrik.

« Je comprends cela, dit Roland, je l'ai moi-même éprouvé un jour. C'était la veille de Roncevaux... Et, tenez ! si j'ai voulu diriger en personne cette reconnaissance, si je ne suis pas exempt d'une certaine inquiétude, ce n'est pas seulement parce que nous allons avoir affaire aux Normands... les plus rudes adversaires que je sache... c'est surtout parce qu'ils ont avec eux des

Gascons. Les Gascons sont les seuls hommes devant lesquels ait dû reculer Charlemagne... Les Gascons m'ont porté malheur !

— Mais, dit Barthold, ils étaient trente contre un à Roncevaux !

— Ils seront peut-être demain tout autant contre nous, répliqua Roland.

— Mais ils ne l'ont emporté que par la trahison, par la ruse...

— Ils ont cette fois avec eux les Normands, qui sont la force. D'ailleurs, ayons garde de trop les mépriser eux-mêmes ! Ce sont de rudes et enragés montagnards, des hommes libres et passionnés pour la défense de leur liberté. Ils nous conservent encore rancune d'y avoir porté atteinte; ils s'en vengeront cruellement demain... Écoutez plutôt la farouche ballade que chante là-bas cette sentinelle ! Je l'avais entendue de même la veille de Roncevaux; ils y ont ajouté, depuis le jour de leur victoire, un couplet en mon honneur... Écoutez !

Effectivement, une voix harmonieuse et sonore montait en ce moment vers eux du fond de la vallée; elle commençait ce mâle et sublime chant populaire qui devait être retrouvé plus tard[1], et que voici dans toute sa primitive simplicité ; le chant de guerre d'Altabiçar !

Un cri s'est élevé
Du milieu des montagnes des Escaldunac,
Et l'homme libre, debout devant sa porte,
A ouvert l'oreille, et a dit : « Qui va là ? que me veut-on ? »
Et le chien qui dormait aux pieds de son maître
S'est levé et a rempli les environs d'Altabiçar de ses aboiements.

Au col d'Ibaneta un bruit retentit :
Il approche en frôlant, à droite, à gauche, les rochers ;
C'est le murmure sourd d'une armée qui vient.
Les nôtres y ont répondu du sommet des montagnes,
Ils ont soufflé dans leurs cornes de bœuf,
Et l'homme libre aiguise ses flèches.

Ils viennent, ils viennent ! Quelle haie de lances !
Comme les bannières versicolores flottent au milieu !
Quels éclairs jaillissent des armes !

1. Par M. de Monglave.

Combien sont-ils ? Enfant, compte-les bien !
Un, deux, trois, quatre, cinq, six, sept, huit, neuf, dix, onze, douze,
Treize, quatorze, quinze, seize, dix-sept, dix-huit, dix-neuf, vingt.

Vingt, et des milliers d'autres encore :
On perdrait son temps à les compter.
Unissons nos bras nerveux, déracinons ces rochers,
Lançons-les du haut des montagnes
Jusque sur leurs têtes !
Écrasons-les, tuons-les !

Et qu'avaient-ils à faire dans nos montagnes, ces hommes du Nord ?
Pourquoi sont-ils venus troubler notre paix ?
Quand Dieu fait des montagnes, c'est pour que les hommes ne les franchissent pas.
Mais les rochers, en roulant, tombent; ils écrasent les bataillons !
Le sang ruisselle, les chairs palpitent;
Oh ! combien d'os broyés ! quelle mer de sang !

Fuyez ! fuyez ! ceux à qui il reste de la force et un cheval;
Fuis, roi Carloman, avec tes plumes noires et ta cape rouge...
Ton neveu, ton plus brave, ton chéri, Roland, est étendu mort là-bas;
Son courage ne lui a servi à rien.
Et maintenant, Escaldunac, laissons les rochers,
Descendons vite en lançant nos flèches à ceux qui fuient.

Ils fuient ! Ils fuient ! Où donc est la haie de lances ?
Où sont les bannières versicolores flottant au milieu ?
Les éclairs ne jaillissent plus de leurs armes souillées de sang.
Combien sont-ils ? Enfant, compte-les bien !
Vingt, dix-neuf, dix-huit, dix-sept, seize, quatorze, treize,
Douze, onze, dix, neuf, huit, sept, six, cinq, quatre, trois, deux, un.

Un ! Il n'y en a même plus un !
C'est fini, homme libre, vous pouvez rentrer avec votre chien,
Embrasser votre femme et vos enfants,
Nettoyer vos flèches, les serrer avec votre corne de bœuf, et ensuite vous coucher
    et dormir dessus.
La nuit les aigles viendront manger ces chairs écrasées,
Et tous ces os blanchiront pendant l'éternité !

. . . .

La sentinelle montagnarde avait fini sa chanson, dont les dernières paroles, murmurées d'un ton plus bas, se répétaient aux lointains échos de la vallée.

Les six chevaliers restaient silencieux. Roland lui-même semblait plus triste.

Mais en ce moment, un septième compagnon se dressa tout à coup devant eux dans la nuit.

Ce nouveau venu, c'était Amaury.

« Eh bien ! s'empressèrent de lui demander les autres, eh bien ! quelles nouvelles de l'armée du comte Lantbert ?

— J'ai rencontré ses avant-postes à moins de cinq lieues d'ici, répondit le fiancé de Geneviève. Si nous voulons les empêcher de se réunir, il faut immédiatement attaquer ceux que nous avons déjà en face. Tel est du moins l'avis d'Éginhard et de nos autres compagnons ; ce sont eux qui m'ont dépêché vers vous, ils vous attendent.

— Hourra ! conclut Roland, va pour la bataille... Si toutefois le fils du roi Morvan veut comme nous en courir les chances ?

— Noménoé n'admet point de retardement lorsque brillent les épées au soleil, répliqua fièrement le roi breton. Il est votre allié fidèle, il combattra demain à vos côtés. »

Et l'on s'en retourna vers le camp.

Le comte Efflam et Landrik cheminaient quelque peu en arrière des autres. Ils se sentaient de plus en plus tristes tous les deux, ils continuaient à s'entreparler de Clothilde et de Jehanne.

Au lointain, dans la nuit, la sentinelle gasconne avait recommencé sa chanson.

ENSEMBLE!

Il était déjà grand jour, et la comtesse Clothilde n'apercevait pas encore les remparts de Vannes.

Janika n'avait plus besoin maintenant de l'encourager : c'était elle qui pressait la marche, répétant presque à chaque pas :

« Plus vite encore ! plus vite ! »

Oh ! c'est qu'elle avait sans cesse devant les yeux la conjuration de Karnac, le terrible poison, la fatale couronne ! Elle savait bien que si Bertrade arrivait la première, c'en était fait de tous les généreux efforts du comte Efflam et de ses compagnons ; à tout prix, elle voulait sauver Karle ! Et Vannes ne se montrait pas encore à ses yeux ! Et sur la route, pas un hameau, pas une chaumière où trouver des chevaux.

Tout à coup, au détour d'un hallier, elle aperçut des cavaliers qui venaient à sa rencontre.

« Maîtresse ! s'écria Janika, maîtresse, entrons dans ce fourré... cachons-nous... Si ces hommes étaient des ennemis ?

— Folle ! répondit intrépidement Clothilde, ne nous ont-ils pas aperçues ? D'ailleurs, ils ont des chevaux... des chevaux ! »

Et, remettant son enfant à Janika, elle s'élança à la rencontre des arrivants, bien résolue d'en obtenir, soit par des promesses, soit par des prières, ce que si ardemment elle souhaitait.

Mais le hasard allait la servir bien plus efficacement encore qu'elle n'eût osé l'espérer.

Le chef de cette cavalcade, c'était Ragnar.

Ragnar, qui précisément était à sa recherche, ne demandant qu'à la ramener vers Noménoé.

Aussi, dès qu'il eut reconnu Clothilde, une sauvage joie brilla dans son regard. Dès les premiers mots de la comtesse, il s'empressa de l'interrompre, lui apprenant qui il était, ce qu'il espérait lui-même, et ordonnant aussitôt à deux de ses gens de descendre de cheval.

« C'est inutile, fit-elle, j'irai seule avec vous.

— Maîtresse! se récria vivement Janika, vous oubliez donc le pauvre petit?

— Non, répondit la comtesse, je le laisse à ta garde. Ne m'as-tu pas dit que tu étais de Vannes? tu dois y avoir encore quelques parents?

— Oui,... une sœur...

— C'est là qu'il faut te réfugier à l'instant, pour y attendre mon retour.

— Mais si vous ne reveniez pas!

— Tu irais retrouver le comte avec lui. Si le comte était mort, tu porterais notre enfant à quelqu'un de ses compagnons, à l'empereur Lodewig lui-même. Mais je ne puis faire assez grande diligence en vous ayant tous les deux avec moi... Il est des heures où le devoir d'une femme est d'oublier qu'elle est mère! Va donc... va, te dis-je; veille bien sur lui, aime-le bien... Adieu, mon enfant! mon cher petit... adieu! »

Elle l'avait éperdument embrassé durant ces dernières paroles, elle venait de le remettre à Janika, qu'elle repoussait vers la direction de Vannes.

Durant ce même temps, à l'aide de son manteau, Ragnar avait approprié l'une des selles au nouveau fardeau qu'elle allait porter, et maintenant du doigt montrant l'Est :

« Voici la route! » disait-il.

Durant près de dix heures, elle courut ainsi.

La comtesse se laissa vivement hisser sur le cheval, et, la première, partit au galop.

Durant près de dix heures, elle courut ainsi, sans répondre aux obséquiosités de Ragnar, sans même s'apercevoir qu'il fût là, ne songeant, n'aspirant qu'à son but.

Enfin, comme la cavalcade débouchait d'une forêt, — c'était vers le soir, — elle entendit un grand bruit semblable à celui de plusieurs tonnerres qui se fussent entre-choqués dans le lointain.

Par intervalles, au milieu de cet étrange fracas, il passait comme de grandes clameurs, tantôt d'effroi, tantôt de colère.

Vainement Ragnar voulut retenir le cheval de Clothilde; elle continua sa folle course jusqu'au sommet d'un prochain coteau.

De là, le regard planait sur une immense étendue de pays.

Dans cette plaine, à travers des tourbillons de poussière, elle entrevoyait des hommes, des soldats, des chevaliers qui se ruaient avec furie les uns contre les autres, qui se frappaient en faisant jaillir, au milieu du nuage tout retentissant qui les enveloppait, des gerbes d'étincelles de chaque cuirasse et des éclairs de chaque épée.

C'était la bataille, la bataille acharnée, terrible, mais déjà sur son déclin, car vers le Midi, vers la Loire, des bandes désarmées fuyaient.

« Madame, suppliait Ragnar, n'allez pas plus loin, restez ici sous la garde de mes hommes; laissez-moi m'avancer seul à la découverte, je reviendrai vous apprendre ce qui en est. Oh! je vous le jure, je reviendrai promptement! »

Immobile, stupéfiée, Clothilde n'avait plus de regards que pour les dernières convulsions de l'horrible mêlée qui se débattait, qui vociférait là... devant elle, ainsi qu'un océan soulevé par la tempête.

Elle ne répondit même pas à Ragnar.

Mais il prit ce silence pour un acquiescement à sa prière, et lança son cheval au revers de la colline.

Quelques minutes plus tard, il lui devint facile de comprendre que ceux qui fuyaient vers la Loire, c'étaient les Normands et les Gascons, que ceux qui résistaient encore aux bras vainqueurs des Treize et de Noménoé, c'étaient les soldats du comte Lantbert, qui venait d'arriver à son tour sur le champ de bataille.

Au lieu d'un combat, il y en avait deux.

Et dans cette seconde lutte, l'armée du bon droit, cette armée qui pour le cri de ralliement disait : « France et Karle ! » cette armée, si faible cependant en nombre, l'emportait encore.

Mais au prix de bien des efforts et de bien du sang.

Parmi les morts, il y avait Hugues, Drogho, Éginhard.

Un peu plus loin, Hervé de la Tour et Barthold le Frison, le comte Robert.

Plus loin encore, Landrik, le pauvre Landrik, auprès du cadavre du roi normand, sans doute sa dernière victime, dont il s'était fait en tombant comme un oreiller sépulcral.

Presque tous nos amis enfin, presque tous les Treize.

Il n'en restait plus que trois : Roland, Amaury, le comte Efflam, qui combattaient séparément, chacun en tête d'une cohorte bretonne. Noménoé commandait la quatrième, et, comme les autres, achevait de rompre l'ennemi, de le mettre en déroute.

Un de ces bataillons, cependant, semblait avoir beaucoup souffert : c'était celui dont le comte Efflam était le chef, ou plutôt l'âme.

A peine lui restait-il quelques hommes, qui peu à peu, harassés et sanglants, s'arrêtaient en chemin.

Quant au comte, il allait toujours.

Bientôt il se trouva seul.

Devant lui, plus rien que des fuyards.

Tout à coup, l'un de ceux-ci se retourna, fondit sur le comte Efflam.

Et c'était le comte Lantbert lui-même.

Le premier choc fut terrible, terrible la lutte qui s'ensuivit.

Un dernier coup, un de ces coups que Roland appelait des coups d'empereur, abbatit enfin le principal allié de Lother.

Le comte Lantbert tomba; mais avant de mourir, il avait eu le temps de crier aux siens :

« Vengez-moi ! »

A cet appel suprême, ils firent volte-face.

Hélas ! l'épée du comte Efflam s'était échappée de sa main.

Couvert de blessures, à bout de forces et de sang, il avait chancelé en frappant pour la dernière fois; il avait reculé; il était tombé sur les genoux à quelques pas de là.

Il comprit le péril, mais tenta vainement de se relever. Il appela Landrik. Landrik ne pouvait plus venir à son secours.

En ce moment, un cavalier passait au galop.

« Mon épée ! cria le comte en la lui montrant avec un geste de supplication et de désespoir, oh ! ne fuis pas sans m'avoir rendu mon épée ! »

Le cavalier parut avoir entendu, car, en se penchant sur l'étrier, il ramassa le saint glaive.

Mais ce ne fut pas pour le restituer à son maître.

Non, non, il passa outre.

Ce cavalier, c'était Ragnar.

Derrière lui, la masse ennemie se rua sur le comte Efflam, qui pour un instant disparut comme englouti sous cette avalanche humaine.

Quant à Ragnar, il ne tarda pas à tourner bride, il voulut enfin retourner sur ses pas.

Presque aussitôt il se rencontra face à face avec Noménoé, qui peut-être, avait tout vu... face à face avec Clothilde.

Elle ne s'était pas sentie la patience d'attendre son retour; s'élançant sur ses traces, elle avait eu le courage d'affronter les horreurs du champ de bataille, de traverser sans défaillir ces mares de sang, ces montagnes de cadavres, ces gémissements et ces imprécations d'agonie !

Elle arrivait enfin, frissonnante, éperdue, mais toujours criant du fond de son cœur plein d'alarmes :

« Efflam !... où est le comte Efflam? Il faut que je le voie, que je lui parle... Efflam !... Efflam !...

— Clothilde ! lui répondit une voix mourante, Clothilde ! ma bien-aimée Clothilde ! Ah ! du moins je t'aurai revue ! »

Dès qu'elle l'aperçut, elle se précipita vers lui et s'agenouilla, non moins chancelante, non moins pâle, non moins brisée que si chacun des coups dont saignait le comte lui eût, à elle aussi, percé le cœur.

D'une voix encore résolue, cependant, elle lui dit :

« Relève-toi, Efflam !... il faut monter à cheval, il faut courir. J'ai surpris un horrible complot... Morgane et cette autre femme qui se nomme Bertrade ont empoisonné la couronne que Lother doit offrir à Karle ! Ce poison, c'est plus que la mort, c'est l'énervement et la démence ! et cette Bertrade est partie... elle avait toute une journée d'avance sur moi, elle va arriver. A cheval, te dis-je, à cheval ! »

Le comte avait compris toute l'imminence du péril ; il voulut tenter un effort désespéré, il ne parvint qu'à se remettre sur les genoux, et, tristement indiqua le ciel comme pour répondre :

« Hélas ! je ne puis plus aller que là ! »

Mais Roland, appuyé sur l'épaule d'Amaury assistait à cette scène.

« Amaury, s'écria-t-il aussitôt, tu as entendu... toi seul, tu es sans blessures, toi seul tu peux sauver Karle ! »

En moins d'une minute, Amaury eut trouvé un cheval, fut en selle et partit ventre à terre.

Le comte Efflam, cependant, commençait à fermer les yeux. Mais, se ranimant à un dernier souvenir :

« Mon enfant ! murmura-t-il en tendant vers Noménoé ses mains suppliantes, songe à mon enfant !

— Il est à Vannes, ajouta éperdument Clothilde, qui, par un suprême instinct du cœur, semblait avoir tout compris, à Vannes... chez la sœur de Janika...

Et comme Efflam s'affaissait entre ses bras, elle le suivit dans sa chute, les yeux fixés sur ses yeux, les lèvres contre ses lèvres.

Ils tombèrent ainsi pour ne plus se relever, lui mourant de sa gloire, elle de sa douleur !

Alors Roland découvrit devant les deux cadavres enlacés sa tête blanche, et leur dit :

« Ensemble vous avez eu pour linceul un champ de bataille, ensemble vous aurez une autre tombe au Rolandsteck ! »

Puis, se tournant vers le fils de Morvan :

« Explique-moi leurs dernières paroles, lui dit-il, quelle est cette Janika? quel est cet enfant?

— N'en n'ayez point souci, répliqua Noménoé, cet enfant, c'est celui de ma sœur... Il sera mon fils! »

XII

A COURONNE DE KARLE

Amaury sentait que tout l'avenir de l'œuvre des Treize dépendait maintenant de sa vitesse; il dévorait l'espace.

Sur son chemin, il rencontra les débris de l'armée vaincue la veille; il traversa cette armée comme un éclair.

Malheureusement, on lui avait dit : « L'empereur Lodewig doit être campé dans les environs du Mans », et l'empereur Lodewig était déjà redescendu vers Blois.

Il lui fallait donc obliquer vers la droite, presque revenir sur ses pas. Ce retour, ce retard, n'était-ce pas une fatalité?

Amaury précipita davantage encore sa folle course, et bientôt la plaine blaisoise se découvrit à ses yeux.

Dans cette plaine, trois armées campaient.

Au nord, celle de l'empereur Lodewig; au midi, celle que le roi Pépin avait amenée du fond de l'Aquitaine, au secours de son père; au milieu, celle de Lother qui avait dû se trouver ainsi cerné, traqué par les deux premières.

Dans les trois camps néanmoins paraissait régner une grande liesse. Partout on voyait des soldats attablés ou formant de longues bandes joyeuses; ce n'était partout que pacifiques ébats et chants de fête.

Sur une éminence qui dominait la plaine, autour de l'immense tente où flottait l'étendard impérial, la foule devenait plus compacte encore et plus allégrement agitée qu'ailleurs.

De cette tente elle-même, il s'élevait par intervalles de bruyantes et enthousiastes clameurs semblables à celles d'un festin de paix.

De plus en plus surpris, Amaury continuait d'avancer, mais lentement, à cause de la foule, qui semblait comme s'obstiner à lui barrer le passage.

Tout à coup les draperies de la tente impériale s'écartèrent, et, sur le seuil on put apercevoir Lodewig et ses fils.

Le jeune roi Karle était au premier rang; il portait en tête la couronne.

Un cri de désespoir s'échappa des lèvres d'Amaury; il arrivait trop tard !

Effectivement, voici ce qui s'était passé.

Au moment même où Lother se voyait contraint à mettre bas les armes, Bertrade s'était présentée devant lui, tenant en main le flacon donné par Morgane.

Deux heures plus tard, Lother faisait une soumission solennelle.

C'était cette cérémonie qui venait d'être terminée.

Auparavant, sous la grande tente ouverte de toutes parts, afin que toute l'armée rangée dans la plaine pût voir ce qui allait s'accomplir, l'empereur s'était assis entre Louis et Pépin, ses deux fils fidèles. Quant à Karle, appuyé sur le trône même de son père, il se tenait fièrement debout.

Lother et les siens vinrent s'agenouiller devant Lodewig le Pieux, confessèrent qu'ils avaient grandement péché, jurèrent d'obéir dorénavant à tous les ordres du vieux monarque.

Puis Lother se releva seul, et, suivi de deux hérauts d'armes, qui, sur des coussins de velours, portaient celui-ci un sceptre d'ivoire, celui-là une couronne d'or, il avança vers son frère Karle, et lui dit :

« Non seulement je te reconnais aujourd'hui comme souverain de tout le pays entre Loire et Seine, mais j'ai voulu t'offrir de mes propres mains ta première couronne royale... mais je veux moi-même, et devant tous, te la poser au front ! »

Karle avait spontanément embrassé son frère, puis s'était agenouillé devant lui.

Et Lother, malgré le serment qu'il venait de prononcer sur la croix sainte, l'infâme Lother avait placé sur la tête de Karle la couronne empoisonnée !

Un pardon complet du vieil empereur s'en était suivi, puis le festin de la réconciliation générale.

Ce festin durait depuis trois heures.

Durant ces trois heures, Karle avait constamment gardé la fatale couronne.

Ainsi, depuis quelque temps, il était devenu très pâle; il semblait lutter contre une sorte de fébrile souffrance, il avait de mornes silences et de soudains éclats de joie... mais d'une joie sinistre.

Lorsque enfin on se leva de table, il se surprit à chanceler, il porta vivement la main à son front, il laissa échapper un cri de douleur.

« Qu'as-tu donc, mon enfant? lui demanda, pour la dixième fois au moins, sa mère.

— Rien, ce n'est rien ! » répondit-il, en se raidissant contre le mal inconnu dont il ressentait la première atteinte.

Et il apparut au seuil de la tente, tellement affaissé, tellement livide, souriant d'un si désespéré sourire, qu'Amaury, de loin, en fut terrifié.

Il voulut s'élancer en proclamant le crime, en tentant un dernier effort pour l'empêcher de s'accomplir.

Tout à coup, Karle arracha la couronne de son front, en jetant un cri terrible.

Puis, il se prit à courir comme atteint d'une sorte de rage; puis enfin, dans d'horribles convulsions, il tomba.

On s'empressa de le relever, on appela des médecins. L'un d'eux avait conservé ce contrepoison oriental qui jadis avait sauvé la vie de son père. On parvint à le rappeler à la vie, à la raison peut-être...

Mais, en moins de quelques heures, sa magnifique chevelure était presque entièrement tombée ; l'héroïque éclat de son regard s'était éteint; toutes les espérances qui la veille encore reposaient sur sa tête s'étaient à jamais évanouies !

Il eût peut-être été Karle le Grand; il ne pouvait, il ne devait plus être que Karle le Chauve !

CHATIMENTS

Bertrade avait hésité longtemps à se rendre à l'invitation de Morgane. Elle avait tout tenté avant d'en venir à cette extrémité.

Elle avait appelé près d'elle ses deux fils, Albin et Didier, puis fait sa soumission aux pieds de Lodewig, qui avait pardonné, et consentit à attacher à son fils les enfants de l'infortuné Bernhard. Ceux-ci, élevés dans la haine du vieux roi et de tous ceux qu'il affectionnait, devaient circonvenir Karle et, un beau jour, l'entraîner dans quelque embûche préparée par eux-mêmes.

Mais le fils de Judith était si bon, si généreux que peu à peu il sut gagner l'affection des deux jeunes gens, qui déclarèrent à leur mère qu'ils ne combattraient pas contre elle, mais qu'elle ne devait plus compter sur eux. C'est alors qu'elle s'était décidée à aller en Bretagne retrouver son ancienne alliée.

Le lendemain de la scène que nous avons racontée, après une nuit de délire, Karle enfin s'était endormi sous les yeux en pleurs de l'impératrice.

Dans sa propre tente, les deux fils de Bertrade attendaient son réveil.

Tous les deux, ils étaient également tristes.

Pour secouer cette tristesse, l'idée leur vint de faire des armes.

Auprès de la panoplie, se trouvait la couronne offerte par Lother à Karle. Personne n'avait soupçonné que le mal venait d'elle.

« Pauvre Karle! dit Albin, il la portait si fièrement hier!

— Crois-tu donc qu'elle ne nous siérait pas aussi bien à nous, qui sommes des fils de roi! répondit Didier, en se mettant la couronne au front.

— Y songes-tu! se récria vivement son frère, mais si quelqu'un te surprenait ainsi!

— Advienne que pourra! interrompit Didier, il me plaît ce matin que nous fassions un royal assaut... En garde! »

Et durant près d'une heure il s'escrima ainsi.

Puis, se découronnant, afin d'essuyer son front baigné de sueur :

« C'est étrange, fit-il; je ne me suis jamais senti sitôt lassé.

— Il faut s'en prendre au poids de cette couronne, repartit en souriant Albin; mais c'est vraiment dommage, elle t'allait bien!

— Crois-tu qu'elle t'irait plus mal à toi, frère? répliqua Didier, comme sous l'influence d'une inexorable fatalité; essaye-la donc à ton tour, ne fût-ce que pour me donner le plaisir de vaincre un roi. Allons, je t'en prie... je le veux! »

Et, bon gré mal gré, en dépit de sa résistance première, il fallut qu'Albin se prêtât au caprice de son frère.

La lutte ainsi recommença, durant toute une seconde heure.

Tout à coup, Bertrade entra.

Elle remarqua dès le premier regard la pâleur et l'animation de ses deux fils; elle reconnut, au front du plus jeune, la couronne empoisonnée par Morgane.

Dire avec quelle épouvante, avec quel désespoir elle bondit jusqu'à Albin, et la lui arracha du front... ce serait impossible.

« Ma mère, fit Didier, calmez-vous... ne le grondez point. C'est moi qui l'ai ainsi voulu, et qui lui en ai donné l'exemple en essayant le premier cette couronne. »

LE POISON DE MORGANE.

Bertrade recula jusqu'à la draperie, et là, pantelante, atterrée, comme foudroyée :

« Mon Dieu ! gémit-elle du plus profond de son âme à jamais désespérée, oh ! mon Dieu ! quel châtiment ! »

Ce même jour, à plus de vingt lieues de là, non loin du champ de bataille de Laval, un autre coupable expiait ses crimes.

Ragnar, les deux mains liées derrière le dos, comparaissait devant Noménoé.

« Il est temps de régler nos comptes, dit le fils de Morvan.

— Je ne demande plus rien de toi, balbutia Ragnar.

— Oui, répliqua Noménoé, tu ne demandes rien, car Clothilde est morte, et ce que tu ambitionnais si ardemment, c'était de devenir son époux. N'essaye pas de mentir, je t'avais deviné. D'ailleurs, ta haine jalouse n'a-t-elle pas désarmé le comte Efflam, alors qu'il implorait ton aide, alors que ton devoir était de le sauver ! J'ai tout vu, tu le sais bien ! Le véritable auteur de sa mort, celui qui les a tués tous les deux, elle comme lui, c'est toi !

— Mais tu m'avais garanti la vie sauve ! se récria le misérable, déjà tout blémissant de peur.

— Si tu ne commettais pas quelque nouvelle infamie, répliqua Noménoé. D'ailleurs, souviens-toi, je t'avais promis encore quelque chose ? »

Et comme Ragnar restait muet, il continuait :

« Ce que Morgane t'avais promis... ce que tu n'avais pas complètement reçu d'elle... ce que tu mérites si bien... imbécile ! lorsque je te jurai cela, et je vais tenir mon serment, ma main caressait, sous mon haubert, la courroie de cuir avec laquelle Morgane t'avait fait pendre, et que voici !... Justice soit faite ! »

Puis, jetant la corde au bourreau, qu'il avait fait appeler, il passa outre.

. . . .

Restait Morgane.

Mais non. Elle avait déjà reçu son châtiment, et par la main de Romarik.

Nous avons laissé l'aveugle en embuscade dans le tumulus de Plouharnel.

Il avait bien pensé que Morgane ne tarderait pas à revenir auprès des deux prisonnières, que maintenant il remplaçait.

Néanmoins, ce fut le cri discordant du nain qui tout d'abord se fit entendre.

A peine se fut-il aperçu que la porte de la cellule était entr'ouverte, à peine eut-il fait un pas pour la franchir, qu'une main le saisit dans l'ombre, qu'une voix lui cria :

« Meurs le premier, toi qui as tué Bugh ! »

Et Romarik, le faisant tournoyer par la jambe au-dessus de sa tête, lui brisa la tête contre les parois granitiques du souterrain.

Puis, s'adossant de nouveau au revers de la porte, il attendit encore.

Cette porte ne tarda pas à se rouvrir pour la seconde fois, poussée du dehors. C'était enfin Morgane !

La main droite de Romarik s'appesantit aussitôt sur son épaule et lui fit plier les genoux, tandis que de l'autre il l'étreignait à la gorge et lui faisait perdre momentanément connaissance, mais plus encore par l'effroi que par la douleur.

La relevant ensuite comme une chose inerte, il la transporta dans l'étroit passage par lequel elle venait d'arriver, il la jeta sur le sol et lui mit le pied sur la poitrine.

C'était dans cette espèce de couloir dont l'aveugle avait tout d'abord expérimenté la résistance, dans ce dolmen souterrain dont la pierre supérieure supportait le tumulus.

Le géant étendit ses deux robustes bras en travers, et, par un effort herculéen, ébranla d'une première secousse les deux énormes pierres plates, verticalement placées au-dessous de la troisième.

Si les deux supports s'écartaient encore de quelques lignes, la masse entière du monticule s'écroulait.

Morgane commençait à revenir à elle.

Aux mourantes clartés de la torche qu'elle avait laissé tomber sur le seuil de la cellule, elle reconnut Romarik. Elle comprit qu'elle était perdue.

« Grâce ! s'écria-t-elle, grâce ! et je te donnerai tous les trésors qui sont ici, je me résignerai à ce que tu exigeras de moi, je

Et les pierres s'écartaient toujours.

deviendrai ton esclave! Grâce, Romarik. Oh! pardon! pardon! »

Le géant se contenta de sourire, en continuant d'écarter sous son irrésistible effort les deux pierres non moins insensibles que lui.

Morgane voulut se débattre et fuir; mais elle était comme clouée au sol sous le pied qui l'écrasait.

Une seconde fois, elle essaya de la prière et des larmes.

Presque aussitôt l'aveugle l'interrompit.

« Tais-toi, femme! laisse-moi prier Dieu, pour qu'il me pardonne de me faire ici l'instrument de sa juste vengeance... pour qu'il ne me punisse pas de chercher dans ton sépulcre un refuge contre ma désespérante infirmité! Elle ose me demander grâce, ô mon Dieu; cette mégère qui m'a fait crever les yeux! Elle espère encore que je ne l'écraserai pas, cette vipère qui veut la désolation et la mort de tous ceux que j'aime, qui maintenant encore peut-être cache en son sein quelque autre venin mortel! Non, non le ciel m'absoudra! »

Et les pierres s'écartaient toujours.

Morgane alors cessa de parler.

C'est que les dernières paroles de Romarik venaient de lui rappeler le flacon qu'elle portait sur elle.

En le cherchant à sa ceinture, elle y avait trouvé aussi sa faucille de druidesse.

Avec cette faucille, elle se mit à frapper follement la jambe qui la retenait captive, tandis que de l'autre main, dans les chairs entr'ouvertes, elle versait goutte à goutte son terrible poison.

Mais Romarik ne parut même pas s'en apercevoir; il continuait de sourire, il semblait ne plus songer qu'à Dieu.

Enfin, un horrible craquement se fit entendre, et la montagne tout entière s'affaissa sur eux.

. . . .

Morgane mourut-elle écrasée sous cet éboulement? Morgane mourut-elle de faim au fond de quelque cavité que les pierres laissaient entre elles? Ce qu'il y a de certain, c'est qu'on ne la revit jamais; et à quelques jours de là, en regardant avec effroi la

place où s'élevait jadis le tumulus sacré de Plouharnel, les plus fanatiques partisans de la dernière druidesse se disaient :
« Nos dieux s'en vont ; l'heure est venue d'adorer le Christ ! »

Épilogue

A une année de là, Karle étant roi de France, et Noménoé roi de Bretagne, une barque s'arrêtait, vers le soir, au pied du Rolandsteck.

Un jeune homme et deux femmes, tous les trois en deuil, descendirent sur la rive.

C'était Amaury avec la comtesse Bayard et Geneviève.

Ils s'engagèrent dans le sentier qui conduisait à l'ermitage; ils atteignirent le plateau, toujours conduits par Amaury, qui seul s'avança vers la grotte, et prononça à haute voix ce grand nom :

« Roland! »

Bientôt l'ermite se montra; car le paladin s'était de nouveau transformé en ermite, mais cet ermite n'était plus maintenant qu'un vieillard… dont la fin semblait prochaine.

« Mon père, dit Amaury, avant d'obéir au dernier vœu de mon

frère Bérenger, nous avons voulu, ma mère, Geneviève et moi, venir prier sur sa tombe!

— Priez! » fit l'ermite,

Amaury et ses deux compagnes entrèrent dans la grotte, et parmi les treize tombes qui s'y trouvaient, chacune surmontée de la sainte épée du défunt, ils retrouvèrent celle qui renfermait la dépouille mortelle du pauvre Bérenger.

Puis, lorsqu'ils furent de retour sur le plateau, s'agenouillant tous les trois devant le vieillard :

« Mon père, dit Amaury, bénissez-nous! »

Quelques minutes plus tard, ils redescendaient vers le Rhin.

L'ermite, après avoir regardé la barque s'éloigner, reporta les yeux vers le couvent de Nonnenwerth.

Un glas funèbre y tintait. La nuit suivante, à la fenêtre de la cellule abbatiale, aucune lumière ne s'alluma.

Roland comprit que Théalda n'était plus.

« Mon Dieu! priait-il d'une voix fervente, ô mon Dieu, faites-moi la grâce de pouvoir enfin la rejoindre! Ce n'est qu'au ciel qu'il nous sera permis d'être heureux... elle m'y attend! »

A quelques nuits de là, par une belle et poétique nuit mystérieusement étoilée, Roland sentit avec joie la mort lui venir; et la main droite sur la garde de son épée, qu'il plaçait devant lui en guise de croix :

« Seigneur, dit-il en s'agenouillant peu à peu, Seigneur, avant que je ne quitte ce monde, révélez-moi ce qu'il adviendra de mes compagnons, ce qu'il en sera de notre œuvre... Seigneur, je vous en conjure!... »

Aussitôt il y eut dans l'air comme une céleste harmonie, dans le ciel et sur la terre comme une merveilleuse aurore.

La pierre d'une première tombe se souleva; c'était la tombe d'Éginhard.

Éginhard se redressa tel qu'il était sur le champ de bataille de Laval, et s'avançant avec lenteur vers son frère d'armes :

« Roland, fit-il, Dieu t'a entendu, Dieu t'exauce. C'est lui-même qui jadis avait désigné nos compagnons à l'empereur Charlemagne; lui-même qui, plus tard, afin que le peuple se trouvât représenté dans nos rangs, nous adjoignit Landrik. Il a voulu que de ces douze paladins naquissent douze vaillantes races, et que dans chacune d'elles, à une époque marquée d'avance au livre de l'Avenir, la France eût un sauveur. Ces douze héros, en qui s'incarnera le génie de la nation française, ils vont défiler devant nous, tels qu'ils seront à la plus brillante heure de leur gloire. Roland remercie Dieu qui t'accorde cette révélation... et regarde ! » Ils s'agenouillèrent alors tous les deux, le moribond comme le fantôme, et tandis qu'augmentaient à l'entour du Rolandsteck la céleste symphonie, la divine auréole, les douze pierres tombales successivement se soulevèrent.

La première apparition fut celle du comte Robert, qui passa sous une armure à laquelle le temps à venir ne semblait devoir presque rien changer; il dit :

« Je dégagerai de l'empire carlovingien la vraie France, et m'appellerai Robert le Fort ! »

Du second sépulcre, sortit un moine au visage enthousiaste ; il portait une croix blanche sur la poitrine, il tenait un crucifix dans la main gauche, et dans la droite une épée nue :

« J'inspirerai, dit-il, à notre pays la glorieuse initiative des croisades ; j'étais autrefois l'archevêque Drogho, je serai prochainement Pierre l'ermite ! »

Son frère Hugues le suivit de près, encore sous la forme d'un homme d'Église, au regard austère, au grand front pensif.

« Mon rôle sera moins belliqueux, dit-il, mais la patrie me devra sa réorganisation civile, et le premier développement pacifique de son merveilleux génie ; je me nommerai Suger ! »

Ce furent les deux ombres enlacées du comte Efflam et de Clothilde qui sortirent de la quatrième tombe, en murmurant d'une même voix :

« Un des descendants de notre fils sera ce héros si vraiment Français qui se nommera Du Gueslin. »

Déjà du sépulcre voisin, s'était élancé Landrik. Jehanne était auprès de lui, la sainte et vaillante Jehanne, armée de pied en cap, déployant d'une main l'oriflamme, et de l'autre montrant une épée pareille aux treize autres :

« Je dois la retrouver plus tard à Fierbois, dit-elle. Si le Ciel a permis que je restasse une pauvre fille des champs, c'est qu'il veut que des entrailles mêmes de la nation naisse un jour cet ange glorieux, cette héroïque vierge par laquelle la France sera sauvée... Nous serons Jeanne d'Arc ! »

Et tous les deux ils passèrent, suivis bientôt de Bérenger, qui, le casque en tête et dans l'étendard fleurdelisé, disait :

« L'un des descendants de Geneviève et d'Amaury sera le chevalier sans peur et sans reproche... et, comme dans le passé, il s'appellera Bayard ! »

Un peu plus loin, des deux fraternels cercueils, qui renfermaient Honoric de Béthune et Guilhem Duplessis, se levèrent ensemble deux grands hommes futurs, deux grands ministres, qui, l'un sous son costume de guerre, l'autre sous un long vêtement de cardinal, dirent presqu'en même temps :

Celui-ci :

« Je serai Sully ! »

Celui-là :

« Je m'appellerai Richelieu ! »

Un autre groupe ne tarda pas à se montrer.

Il se composait cette fois de trois personnages revêtus d'un costume qui semblait devoir appartenir à peu près à la même époque. Les deux premiers tenaient en main le bâton des futurs maréchaux de France; le troisième, armé d'une hache d'abordage, avait la franche et mâle apparence d'un héros de la mer.

C'était Hervé de la Tour, devenu Turenne !

C'était Wilha le Burgonde, sauvant la France à Denain, et se nommant alors Villars !

C'était Barthold le Frison... Jean-Bart !

Il y eut ensuite un intervalle, un silence, durant lequel Roland, déjà presque aussi pâle que l'ombre d'Éginhard, ne put se défendre de lui demander :

« Mais nous... nous, frère, quel sera donc notre rôle ? »

Le fantôme répondit :

« Dieu nous a réservé la sublime tâche d'inspirer, de guider, durant la succession des siècles tous ces héros inconnus que la mort moissonne avant la maturité de la gloire, tous ces généraux, tous ces capitaines, tous ces soldats dont le dévouement à la patrie reste sans récompense, et qui tombent avant la vingt-cinquième année sur les champs de bataille! C'est nous qui devons donner l'élan à chaque armée française, c'est nous qui devons être l'âme du courage et du génie français. Crois-moi, frère... notre part n'est pas moins belle que celle des autres!... Mais une dernière tombe est restée muette... Roland! regarde encore. »

Cette tombe était celle de Kalouméros.

Un autre Charlemagne en sortit, un empereur au profil antique, au front puissant, au regard d'aigle.

D'une voix brève, et comme faite pour commander à l'univers, il ne dit que ce seul mot :

« Napoléon! »

Et tout en traversant la grotte, il toucha du doigt le manuscrit des *Capitulaires* de Charlemagne, sur le vieux parchemin desquels on entrevit aussitôt resplendir, en caractères de feu, ces deux lignes :

EMPIRE FRANÇAIS
CODE CIVIL

. . . .

Puis tout s'évanouit, tout s'éteignit, tout se tut.

Le chef des Treize était mort.

Mais cette vision, dont le Ciel venait de le favoriser, n'était-ce pas une réalité d'avance entrevue : le glorieux avenir de la France !

TABLE

PREMIÈRE PARTIE

LES TREIZE ÉPÉES DU MOINE

Chapitres.	Pages.
I. — Efflam et Clothilde..	3
II. — Comme quoi, pour la seconde épée, il se trouve deux élus au lieu d'un..	15
III. — Le rendez-vous...	33
IV. — Le champ du mensonge...	49
V. — Démons et archanges...	59
VI. — L'Astrologue...	73
VII. — Landrik...	81
VIII. — Le Bingerloch..	93
IX. — Qui de treize retire un, reste treize.............................	103
X. — Aix-la-Chapelle...	109

DEUXIÈME PARTIE

LA REVANCHE DU CHAMP-ROUGE

I. — Le château de Tortone...	127
II. — Du trop de confiance que montra le gouverneur Maugis, et de ce qui s'ensuivit..	139
III. — Au monastère de Prüm..	153
IV. — Empereur et martyr...	161
V. — De la pénitence de Saint-Médard et de ses résultats................	175
VI. — Quiconque s'élève sera abaissé, quiconque s'abaisse sera élevé....	185
VII. — Un seul amour pour deux cœurs....................................	199
VIII. — Jehanne..	221
IX. — Le pendant de Roncevaux..	235
X. — Châtiment et séparation...	251

TROISIÈME PARTIE

LE POISON DE MORGANE

Chapitres.	Pages.
I. — Romarik	271
II. — Marche de nuit	289
III. — Clothilde	303
IV. — Sur la piste	313
V. — Le secret de Morgane	332
VI. — Bugh	349
VII. — Le tombeau de Morvan	355
VIII. — Dehors et dedans	369
IX. — Minuit	373
X. — La veille du dernier combat	383
XI. — Ensemble	389
XII. — La couronne de Karle	399
XIII. — Châtiments	403
ÉPILOGUE	411

FIN DE LA TABLE

BOURLOTON. — Imprimeries réunies, B, rue Mignon, 2.

LIBRAIRIE HACHETTE ET Cie, 79, BOULEVARD SAINT-GERMAIN, A PARIS

COLLECTION IN-8 A L'USAGE DE LA JEUNESSE

1re SÉRIE, FORMAT IN-8 JÉSUS

ILLUSTRÉE

PAR E. COURBOIN, LIX, A. MARIE, PHILIPPOTEAUX, ZIER, ETC.

Prix du volume : broché, 7 fr. Cartonné, tranches dorées, 10 fr.

ABOUT (Ed.) : **Le roman d'un brave homme**, 1 vol.
— **L'homme à l'oreille cassée**, 1 vol.
CAHUN (L.) : **Les aventures du capitaine Magnon**, 1 vol.
— **La bannière bleue**, 1 vol.
DESLYS (Ch.) : **L'héritage de Charlemagne**, 1 vol.

DILLAYE (Fr.) **Les jeux de la jeunesse**, leur origine, leur histoire, avec l'indication des règles qui la régissent, 1 vol.
EMERY (H.) **La vie végétale**, histoire des plantes, 1 vol. contenant 10 planches tirées en couleurs.
POUCHET (F.-A.) : **L'univers, les infiniment grands et les infiniment petits**, 1 vol. contenant 4 planches en couleurs.

2e SÉRIE, FORMAT IN-8 RAISIN

ILLUSTRÉE PAR E. BAYARD, C. DELORT, GILBERT, KAUFFMANN, A. MARIE
MYRBACH, SAHIB, TOFANI, VAUTIER, E. ZIER, ETC.

Prix du volume : broché, 4 fr. Cartonné, tranches dorées, 6 fr.

ASSOLLANT (A.) **Montluc le Rouge**, 2 vol.
— **Pendragon**, 1 vol.
AUERBACH : **La fille aux pieds nus**. Nouvelle imitée de l'allemand par J. Gourdault, 1 vol.
BAKER (S.-W.) : **L'enfant du naufrage**, 1 vol. traduit de l'anglais par par Mme Fernand.
BLANDY (Mme S.) : **Rouzétou**, 1 vol.
CAHUN (L.) : **Les pilotes d'Ango**, 1 vol.
— **Les Mercenaires**, 1 vol.
CHÉRON DE LA BRUYÈRE (Mme) : **La Tante Berbier**, 1 vol.
COLOMB (Mme) : **Le Violoneux de la Sapinière**, 1 vol.
— **La fille de Carilès**, 1 vol.
— **Deux mères**, 1 vol.
— **Le bonheur de Françoise**, 1 vol.
— **Chloris et Jeanneton**, 1 vol.
— **L'héritière de Vaucluse**, 1 vol.
— **Franchise**, 1 vol.
— **Feu de paille**, 1 vol.
— **Les étapes de Madeleine**, 1 vol.
— **Denis le Tyran**, 1 vol.
— **Pour la muse**, 1 vol.
— **Pour la patrie**, 1 vol.
— **Hervé Plémeur**, 1 vol.
— **Jean l'Innocent**, 1 vol.
CORTAMBERT (E.) : **Voyage pittoresque à travers le monde**, 1 vol.
— **Mœurs et caractères des peuples** (Europe, Afrique), 1 vol.
— **Mœurs et caractères des peuples** (Asie, Amérique, Océanie), 1 vol.
CORTAMBERT (E.) et Ch. DESLYS : **Le pays du soleil**, 1 vol.
DAUDET (E.) : **Robert Darnetal**, 1 vol.
DEMOULIN (Mme Gustave) : **Les animaux étrangers**, 1 vol.
— **Les gens de bien**, 1 vol.
— **Les maisons des bêtes**, 1 vol.
DESLYS (Ch.) : **Courage et dévouement**, 1 vol.

DESLYS (Ch.) : **L'Ami François**. — **Le Noménné**. — **La petite Reine**, 1 vol.
— **Nos Alpes**. — **Le musc de Brides**. — **Les légendes d'Evian**, 1 vol.
— **La mère aux chats**. — **La balle d'Iéna**. — **La fille du rebouteur**. — **Le bien d'autrui**, 1 vol.
ÉNAULT (L.) : **Le chien du capitaine**. — **Trop curieux**. — **Les roses du docteur**. — **Le Mont Saint-Michel**, 1 vol.
ERWIN (Mme E. D') : **Heur et malheur**, 1 vol.
FATH (G.) **Le Paris des enfants**, 1 vol.
FLEURIOT (Mlle Z.) : **M. Nostradamus**, 1 vol.
— **La petite duchesse**, 1 vol.
— **Grandeœur**, 1 vol.
— **Raoul Daubry, chef de famille**, 1 vol.
— **Mandarine**, 1 vol.
— **Cadok**, 1 vol.
— **Câline**, 1 vol.
— **Feu et flamme**, 1 vol.
— **Le clan des Têtes chaudes**, 1 vol.
GIRARDIN (J.) : **Les braves Gens**, 1 vol.
— **Nous autres**, 1 vol.
— **Fausse route**, 1 vol.
— **L'oncle Placide**, 1 vol.
— **La toute petite**, 1 vol.
— **Le neveu de l'oncle Placide**, 1re partie, 1 vol.
— **Le neveu de l'oncle Placide**, 2e partie, 1 vol.
— **Le neveu de l'oncle Placide**, 3e et dernière partie, 1 vol.
— **Grand-Père**, 1 vol.
— **Maman**, 1 vol.
— **Le roman d'un cancre**, 1 vol.
— **Les millions de la tante Zézé**, 1 vol.
— **La famille Gaudry**, 1 vol.
— **Histoire d'un Berrichon**, 1 vol.
— **Le capitaine Bassinoire**, 1 vol.
GIRON (Aimé) : **Les trois rois mages**, 1 vol.

GAUD (Mlle J.) : **Cousine Marie**, 1 vol.
HAYES (le Dr I.-J.) : **Perdus dans les glaces**, 1 vol. traduit de l'anglais par L. Renard.
HENTY (G.-A.) : **Les jeunes francstireurs**, 1 vol. traduit de l'anglais par Mme L. Rousseau.
KINGSTON (W.-H.) : **Une croisière autour du monde**. Ouvrage imité de l'anglais par J. Belin de Launay, 1 vol.
PAULIAN (L.) : **La hotte du chiffonnier**, 1 vol.
ROUSSELET (L.) : **Le charmeur de serpents**, 1 vol.
— **Le fils du Connétable**, 1 vol.
— **Les deux mousses**, 1 vol.
— **La peau du tigre**, 1 vol.
— **Le tambour du Royal-Auvergne**, 1 vol.
SAINTINE : **La nature et ses trois règnes**, causeries et contes d'un bon papa sur l'histoire naturelle, 1 vol.
— **La mythologie du Rahut** ; les Contes de la Mère-Grand, 1 vol.
STANLEY (H.) : **En terre de servitude**, 1 vol. traduit de l'anglais par Levoisin.
TISSOT et AMÉRO : **Aventure de trois fugitifs en Sibérie**, 1 vol.
TOM BROWN, **Scènes de la vie de collège en Angleterre**. Ouvrage imité de l'anglais par J. Girardin, 1 vol.
WITT (Mme de) née Guizot : **Une sœur**, 1 vol.
— **Scènes historiques**, 2e série, 1 vol.
— **Lutin et démon**. — **A la rescousse**. — **De glaçons en glaçons**, 1 vol.
— **Normands et Normandes**, 1 vol.
— **Notre-Dame-Guesclin**. — **La Jacquerie**. — **Delhi et Cawnpore**, 1 vol.
— **Légendes et récits pour la jeunesse**, 1 vol.
— **Un nid**, 1 vol.
— **Un jardin suspendu**. — **Un village primitif**. — **Le tapis des quatre Facardins**, 1 vol.

COURLOTON. — Imprimeries réunies, B, rue Mignon, 2.

www.ingramcontent.com/pod-product-compliance
Lightning Source LLC
Chambersburg PA
CBHW070621230426
43670CB00010B/1604